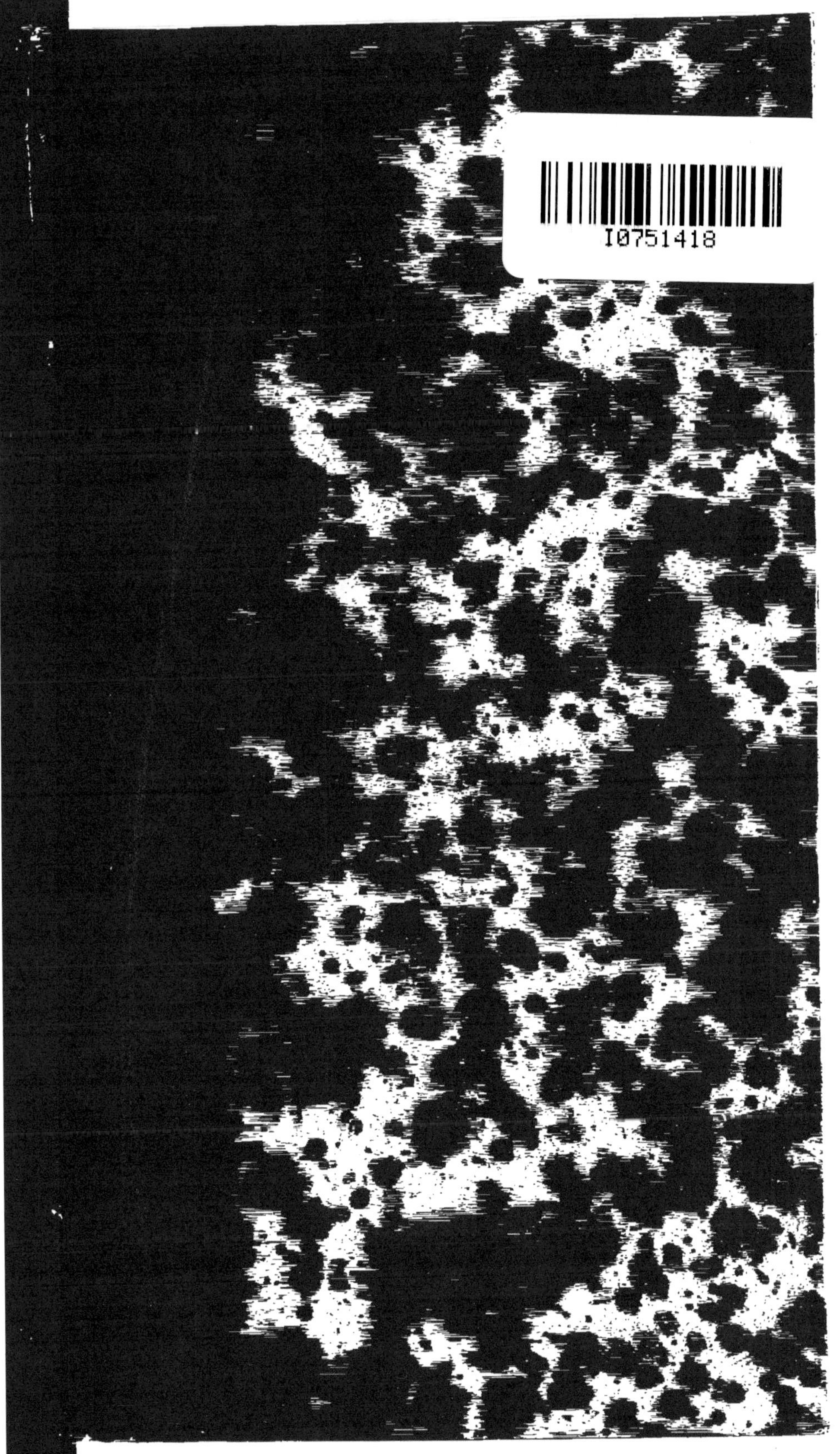

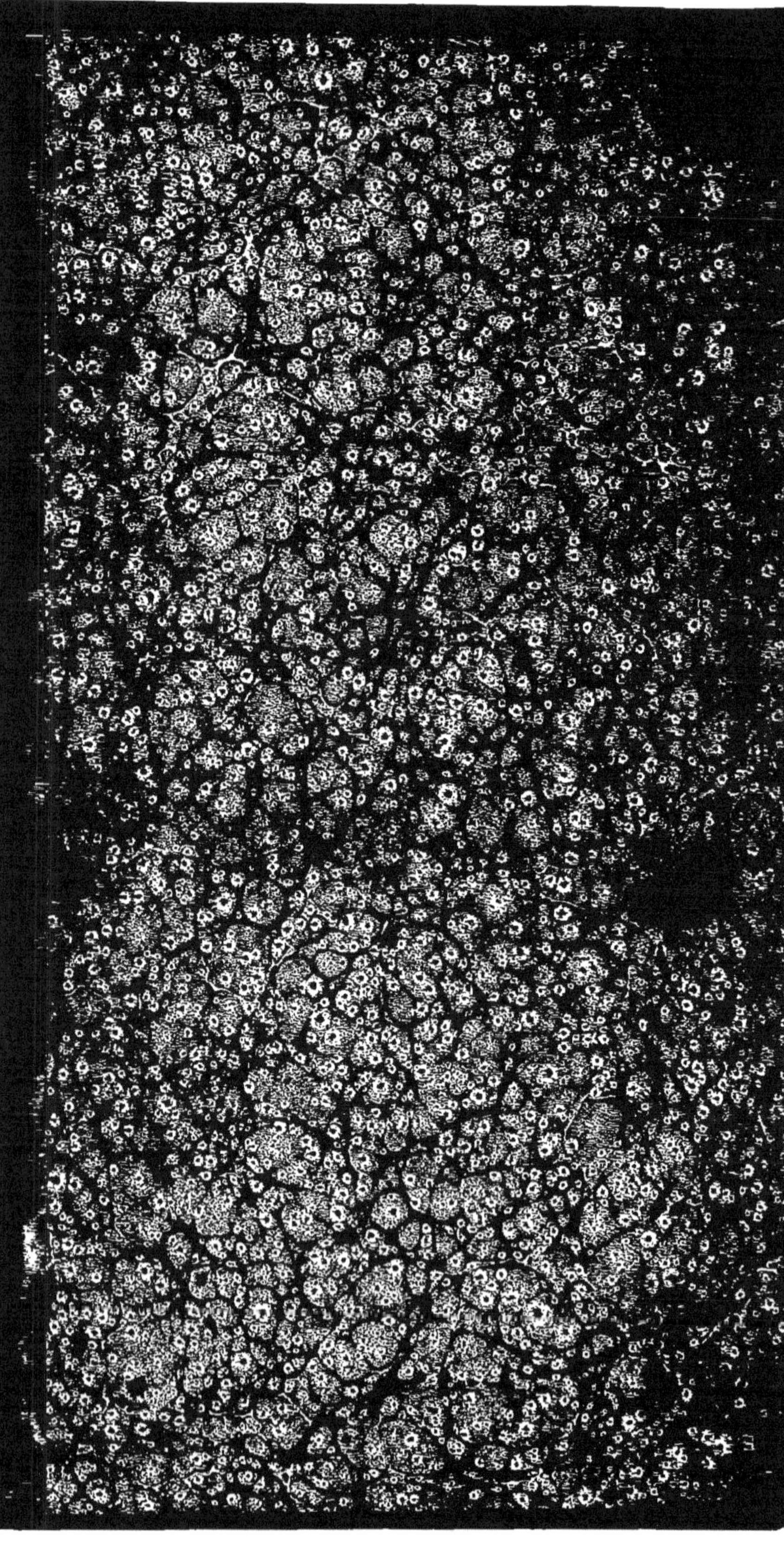

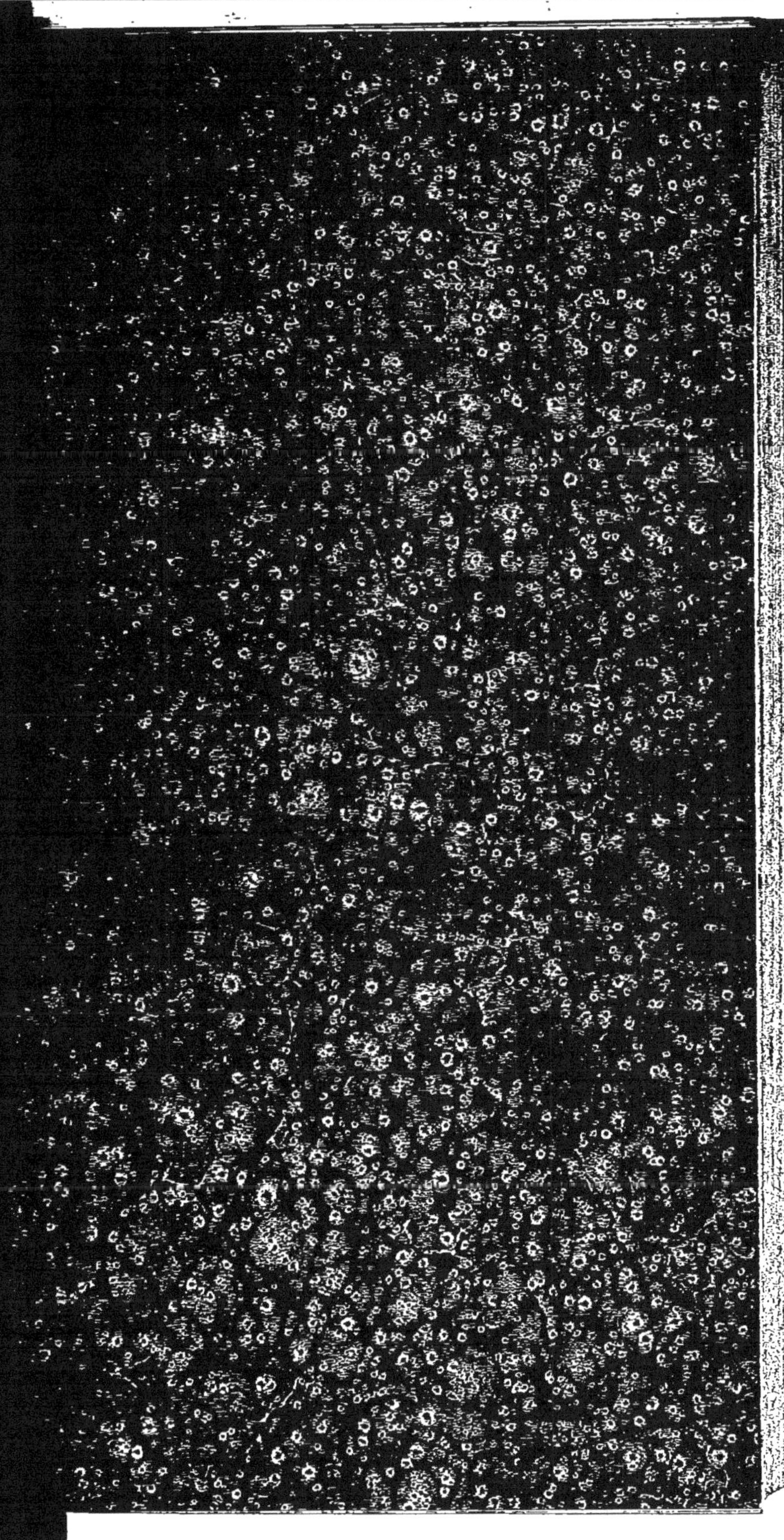

LE DISCIPLE DE LHOMOND.

TOME PREMIER.

LE DISCIPLE DE LHOMOND,

OU

RECUEIL DE PHRASES QUI ONT RAPPORT AUX DIFFÉRENTES RÈGLES CONTENUES DANS LES ÉLÉMENS DE LA GRAMMAIRE LATINE PAR LHOMOND.

PAR J. B. B.***,
Bachelier ès lettres, Auteur du Petit Élève de Lhomond et autres ouvrages classiques.

NOUVELLE ÉDITION, revue et corrigée avec soin.

TOME PREMIER.

A LYON,
CHEZ RUSAND, LIBRAIRE, IMPRIMEUR DU ROI.
A PARIS,
A LA LIBRAIRIE ECCLÉSIASTIQUE DE RUSAND,
Rue du Pot-de-Fer-Saint-Sulpice, n.° 8.
1826.

AVIS DE L'ÉDITEUR.

Toutes les connoissances humaines ont leur degré d'utilité relative ; mais parmi celles qui entrent dans un bon système d'éducation, il n'en est pas de plus essentielle que celle de la langue latine, qui est la véritable base de toute instruction solide. Les chefs-d'œuvre qu'elle offre en tous genres sont autant de modèles devenus classiques, qu'on ne sauroit trop consulter, et où l'on trouve les règles immuables du vrai goût puisées dans la nature. Soit qu'on en approfondisse les beautés, soit qu'on se borne à une connoissance plus superficielle, elle est d'un admirable secours pour nous aider dans l'étude des autres sciences ; et il est même difficile, sans elle, d'apprendre à parler et à écrire le français correctement. Si, comme langue morte, elle n'est pas d'un usage habituel dans nos relations ordinaires, elle a, d'un autre côté, l'avantage d'être fixe et de ne plus éprouver de variations; et si la langue française est devenue, par circonstance, la langue de l'Europe, on peut dire avec plus de certitude que la langue latine n'a pas cessé d'être celle du monde entier. Aussi, dans quelque position que l'on se trouve, quelque carrière qu'on veuille parcourir, son étude a toujours été reconnue d'une utilité incontestable, et comme le préliminaire obligé pour parvenir à des connoissances plus étendues.

Tout ce qui peut offrir à la jeunesse un moyen plus sûr et plus prompt de se familiariser avec ses difficultés, est donc d'un avantage réel; sous ce point de vue, l'Auteur du *Disciple de Lhomond* lui a rendu un véritable service, et c'est avec une égale confiance que nous en présentons cette nouvelle édition aux maîtres et aux élèves. Le succès que les premières ont obtenu nous donne l'espoir que celle-ci ne sera pas accueillie moins favorablement, et il nous paroît d'autant mieux fondé, qu'elle a été revue et corrigée avec soin, et que l'Auteur y a fait quelques changemens qui la rendent plus commode que les précédentes.

Nous croyons devoir appeler particulièrement l'attention des maîtres sur la Préface de l'Auteur : il y indique la manière dont ils doivent se servir du premier volume pour faire faire à leurs élèves l'application successive des règles contenues dans la *Grammaire de Lhomond*. Cette observation est d'autant plus essentielle, que si l'on suivoit l'ordre des numéros pour chaque règle, les élèves rencontreroient des difficultés au-dessus de leurs forces; aussi, et pour les enfans surtout, convient-il qu'ils soient dirigés dans le choix des phrases qui leur sont offertes comme modèles à traduire pour l'application de chaque règle.

PRÉFACE.

Avant de mettre ce recueil de phrases entre les mains des Elèves, il est à propos qu'ils aient déjà fait quelques Thèmes. Car les premiers numéros ne sont destinés que pour le commencement de la sixième, ou peut-être pour la fin de la septième. Dans la première édition je renvoyois au cours de Thèmes fait pour les septièmes; mais je crois devoir prévenir le public que, suivant ma promesse, j'ai fait imprimer, pour les commençans, un cours de Thèmes intitulé : *le petit Elève de Lhomond.* Je crois pouvoir dire qu'on y trouve la clarté, la simplicité et la précision.

Le but que je me suis proposé dans cette quatrième édition, comme dans les précédentes, c'est de familiariser les enfans avec les difficultés de la langue latine; ce qui, de l'aveu de tout le monde, est absolument nécessaire. Mais, dira quelqu'un, pourquoi citer les règles? ne vaudroit-il pas mieux que l'enfant cherchât lui-même la règle à laquelle a rapport la difficulté qu'on lui propose? Il ne lui sera pas difficile d'observer une règle qu'on lui aura citée.

J'avoue qu'il ne seroit pas à propos de citer toujours les règles, et qu'il est bon que les enfans s'accoutument à les trouver par eux-mêmes; mais je crois aussi que s'il faut s'en rapporter à l'expérience, on aura beau citer les règles à des enfans qui commencent à faire des Thèmes, la plupart pécheront encore souvent contre ces règles. D'ailleurs, dans le troisième numéro de chaque règle et les suivans, on trouvera pour l'ordinaire une ou deux difficultés, outre celle qui a rapport à la règle citée. De plus, à la suite de ce Recueil où je cite les règles, on en trouvera un autre où elles ne seront point citées,

Rome. -- L'empereur Sévère prit et ruina la ville de Bysance.

III.e Règle : I. n.o L'olivier est le symbole de la paix. -- Le règne de Cyrus fut le règne de la liberté.

IV.e Règle : I. n.o Rébecca étoit une fille d'une excellente beauté. -- Eléazar étoit un vieillard d'une constance admirable.

V.e Règle : I. n.o Le perfide Judas conçut le projet de trahir J. C.

Et ainsi de suite jusqu'à la 464.e règle (à moins qu'on ne juge à propos de s'arrêter, comme je l'ai dit plus haut, à la 184.e, ou à la 270.e règle); ensuite on passera aux seconds numéros, depuis la I.re règle, jusqu'à la 464.e, puis aux troisièmes numéros.

Nota. L'Auteur a jugé à propos de mettre dans le premier volume les 60 premières pages du deuxième volume de l'édition précédente, de sorte que le second volume de la nouvelle édition ne contiendra que les Thèmes où les règles ne sont point citées. Par ce moyen, chaque volume pourra se vendre séparément.

LE DISCIPLE
DE LHOMOND.

I.re RÈGLE : *Ludovicus rex*, et autres règles.

I. SAINT Louis, roi de France, règne maintenant dans le Ciel avec Jésus-Christ.

II. Le roi Salomon, fils du roi David, bâtit au vrai Dieu un temple magnifique. — Pilate, juge lâche et inique, préféra Barabbas, voleur et meurtrier, à J. C. auteur de la vie.

III. La cruauté d'Ochus, roi des Perses, est connue de tout le monde. — La terre se tut devant Alexandre, roi de Macédoine.

IV. Cyrus étoit fils de Cambyse, roi de Perse, et de Mandane, fille d'Astyage roi des Mèdes. — Saül, premier roi des Hébreux, étoit d'une haute taille et d'un port majestueux.

V. Alexandre, roi de Macédoine, vainquit Darius, dernier roi des Perses. — Zacharie, fils du pontife Joaïda, fut assommé à coups de pierres, par l'ordre du roi Joas.

VI. Artabase se révolta contre Ochus, roi des Perses, et fut obligé de se réfugier chez Philippe, roi de Macédoine. — La conjuration de Catilina, homme pervers et sanguinaire, fut découverte par Cicéron, consul vigilant et célèbre orateur.

2.e Règle : *Urbs Roma*, et autres règles.

I. Romulus fonda la ville de Rome. — L'empereur Sévère prit et ruina la ville de Byzance.

II. Les troupes de l'empereur Sévère pillèrent et brûlèrent la ville de Lyon, où Albin vaincu s'étoit réfugié. — L'empereur Marc-Aurèle combla de ses faveurs la ville d'Athènes.

III. L'empereur Antonin fit réparer les villes de Rome, de Narbonne, d'Antioche et de Carthage, considérablement endommagées par divers incendies.

IV. Un tremblement de terre renversa la ville d'Antioche, où Trajan étoit en quartier d'hiver. — Marc-Aurèle fit rebâtir la ville de Smyrne qui avoit été renversée par un tremblement de terre.

V. Le roi Pharaon, pour détruire les Hébreux, ordonna qu'on jetât dans le fleuve du Nil les enfans mâles, après leur naissance. — La peste, les tremblemens de terre et les incendies ont souvent ravagé la ville de Constantinople.

VI. Ce ne fut pas sans peine qu'Alexandre se rendit maître de la ville de Tyr. — Cyrus désespérant de prendre d'assaut la ville de Babylone, fit semblant de vouloir la réduire par la famine.

3.e RÈGLE : *Liber Petri*, et autres règles.

I. L'OLIVIER est le symbole de la paix. — Le règne de Cyrus fut le règne de la liberté.

II. Les amis sont les trésors des rois. — Job étoit l'œil de l'aveugle, le pied du boiteux et le père des pauvres.

III. L'oisiveté est la mère de tous les vices. — La frugalité est la mère d'une bonne santé.

IV. Alcibiade fut successivement l'appui et la terreur des Lacédémoniens et des Perses.

V. L'agneau est le symbole de la douceur et de l'innocence; le chien, celui de la fidélité et de l'amitié : au contraire, le loup, le lion et le tigre sont l'image de la violence, de la rapacité et de la cruauté.

VI. La première fois qu'Alexandre commanda l'armée, il montra la capacité d'un vieux général, et la bravoure d'un jeune officier. — Agrippine, fille d'un prince destiné à l'empire, fut sœur, épouse et mère d'empereur (Germanicus, Caligula, Claude, Néron).

4.e Règle : *Puer egregiâ indole*, etc.

I. Rébecca étoit une fille d'une excellente beauté. — Eléazar étoit un vieillard d'une constance admirable.

II. Sisygambis, mère de Darius, étoit une femme d'une rare prudence. — Darius étoit un prince d'un caractère doux et pacifique.

III. Galetes, qui vivoit dans la cour du roi Ptolémée, étoit un jeune homme d'une belle figure et d'un très-bon naturel.

IV. Je plains les parens qui, comme Héli, ont des enfans de mœurs dépravées. — Qui ne sait pas que Samson fut un homme d'une force extraordinaire ?

V. Taxile fit présent à Alexandre de 56 éléphans d'une grandeur merveilleuse. — Saint Louis avoit une mère d'une éminente piété.

VI. Socrate eut le malheur d'avoir une femme d'une humeur bizarre et querelleuse, et des enfans d'un caractère peu docile (1).

5.e Règ. : *Tempus legendi*, et autres règles.

I. Le perfide Judas conçut le projet de trahir Jésus-Christ.

II. Nabuchodonosor forma le dessein de subjuguer tous les peuples de la terre.

---

(1) Si l'on ne trouve aucune proportion entre cette dernière phrase et la première, on voudra bien considérer qu'en suivant la méthode indiquée dans la préface, l'enfant qui traduit aujourd'hui la première, ne traduira la dernière qu'après avoir parcouru cinq fois toutes les règles du rudiment.

III. Annibal cherchant une occasion de renouveler la guerre, assiégea la ville de Sagonte, alliée des Romains.

IV. Heureux l'enfant qui n'a d'autre désir que de servir Dieu et d'acquérir le ciel. — Pharaon, enfin vaincu par la dernière plaie, donna aux Hébreux la permission de se retirer.

V. Ce fut Cyrus qui donna aux Juifs la permission de retourner à Jérusalem.

VI. A peine Dion eut donné la permission de tuer Héraclide, qu'il ne goûta plus ni joie ni repos. — Les Grands de Sparte étoient si acharnés contre Alcibiade, qu'ils formèrent le projet de s'en défaire.

6.e Règle : *Scelus est mentiri.*

I. C'est une bonne œuvre de visiter les prisonniers et d'instruire les ignorans.

II. C'est une cruauté de refuser aux pauvres les choses qui leur sont nécessaires.

III. Chez les Spartiates, c'étoit une infamie de mettre bas les armes, et de fuir devant l'ennemi.

IV. C'est le comble du malheur de tomber entre les mains du Dieu vivant.

V. L'empereur Marc-Aurèle prenoit soin des malheureux ; son plus grand plaisir étoit de les soulager.

VI. C'étoit un crime pour les Romains d'écrire ou de prononcer le nom de Geta, que le cruel Caracalla avoit fait assassiner entre les bras de Julie leur mère.

7.e Règle : *Deus sanctus*, et autres règles.

I. Le paradis terrestre étoit un jardin délicieux.

II. L'écolier diligent sera récompensé, et l'écolier paresseux sera puni.

III. Les enfans indociles et rebelles seront punis de Dieu souverainement juste.

IV. Un prince juste, chaste et modéré est l'image la plus parfaite de la Divinité.

V. Les crimes horribles de l'abominable ville de Sodome, étoient pour Loth, homme juste, un tourment continuel.

VI. Marc-Antonin, empereur Romain et prince fort pieux, rendoit grâces aux dieux de lui avoir donné de bons parens, d'excellens maîtres et des amis sincères.

8.e Règle : *Pater et Filius boni, Mater et Filia bonæ.*

I. Messaline et Agrippine, épouses de l'empereur Claude, étoient fort méchantes.

II. Julie et sa fille étoient fort vicieuses.

III. Le roi Numa et l'empereur Antonin se montrèrent fort pieux.

IV. L'aïeule et la mère de Claude s'étoient montrées fort dures à l'égard de cet empereur.

V. Marc-Aurèle et Commode étoient portés, le premier à la douceur et à la tempérance, et l'autre à la cruauté et à la débauche.

VI. Il s'en faut bien que Marc-Aurèle et Lucius Verus qui régnèrent ensemble quelque temps, fussent également vertueux.

9.e Règle : *Pater et Mater boni.*

I. Antoine et Cléopatre étoient prodigues.

II. Adam et Eve, après leur péché, devinrent sujets aux plus grandes misères.

III. Zacharie et Elisabeth étoient doués d'une grande vertu.

IV. Louis IX et sa mère étoient fort pieux. — Pison et son épouse Plancine étoient odieux aux Romains.

V. Le père et la mère de saint Basile étoient recommandables par leur piété ; et leurs dix enfans leur ressemblèrent. — Joseph et Marie étoient fort inquiets au sujet de Jésus qui étoit demeuré à Jérusalem à leur inscu.

VI. Tibère et Livie sa mère étoient fourbes et dissimulés. — Commode et sa sœur se montrèrent tout autres que Marc-Aurèle leur père.

10.e Règle : *Virtus et vitium contraria.*

I. Le pain et le vin sont nécessaires à l'homme.

II. La peste et la guerre sont funestes au genre humain.

III. Le mensonge et la vérité sont opposés.

IV. Le parjure et la calomnie ont toujours paru détestables.

V. L'eau et le feu sont fort utiles, mais quelquefois bien funestes.

VI. La famine et la guerre parurent au roi David plus horribles que la peste.

11.e Règle : *Verè sapientes*, et autres règles.

I. L'avare craint la pauvreté, et le véritable pauvre redoute les richesses.

II. Tôt ou tard le faux brave est connu. — Un vrai savant avoue, comme Socrate, qu'il ne sait rien.

III. Le faux pénitent peut tromper les hommes, mais il ne trompe pas Dieu. — Les vrais nobles sont les enfans de Dieu.

IV. Le vrai humble est-il obligé de parler de lui-même, il craint toujours d'en dire trop.

V. Où trouvera-t-on, dit Sénèque, un vrai sage qu'on a beau chercher depuis tant de siècles ?

VI. Trouverez-vous un homme assez fou pour acheter un empire au prix de sa vie ? Mais combien ne voit-on pas de faux sages abondonner leur salut pour un vain plaisir, une poignée d'argent et un pouce de terre !

12.e Règle : *Turpe est mentiri.*

I. Il est doux de soulager les malheureux.

II. Il est beau d'oublier une injure.

III. Le Seigneur dit à Saul : il vous est dur de regimber contre l'aiguillon.

IV. Qu'il est dur de servir le démon! mais qu'il est doux de servir J. C.!

V. N'est-il pas honteux, dit Sénèque, de dormir long-temps après le lever du soleil, et de bouleverser les fonctions du jour et de la nuit? — Qu'il est dangereux de s'attacher aux richesses, puisqu'il est si aisé d'en faire son Dieu!

VI. Tobie disoit qu'il lui étoit plus avantageux de mourir que de vivre. — Ne doutez pas qu'il ne soit plus glorieux de refuser un royaume que de le posséder.

13.e Règle : *Deus est sanctus*, et autres règles.

I. Je suis bon, dit le Seigneur; ma colère ne sera point éternelle.

II. Cyrus étoit doux, affable, bienfaisant et libéral.

III. S. Auxence d'abord fut tout à la fois un brave soldat et un humble chrétien.

IV. Le lion est quelquefois la pâture des plus petits oiseaux.

V. Le peuple, dit Platon, est un animal inconstant, ingrat, cruel et jaloux.

VI. Je suis le seul Dieu, dit le Seigneur; vous n'en adorerez point d'autre que moi.

14.e Règle : *Credo Deum esse sanctum. Mihi non licet esse pigro.*

I. Nous croyons que Dieu est tout-puissant. — Il vous est permis d'être libéral ; mais il ne vous est pas permis d'être dissipateur.

II. Nous croyons que Dieu est souverainement juste. — Jeunes gens, il ne vous est pas permis d'être oisifs.

III. Vous avez appris que Jésus-Christ est le rédempteur de tous les hommes. — Il vous est permis d'être savant, mais non pas d'être orgueilleux.

IV. Jésus-Christ nous dit qu'il est le bon pasteur. — Il est permis à un jeune homme d'être enjoué dans la conversation, mais non d'être menteur ou médisant.

V. Pierre, nous avouons que vous étiez fort courageux et fort attaché à Jésus votre maître ; mais il ne vous étoit pas permis d'être présomptueux et téméraire.

VI. Tous les historiens conviennent qu'Alexandre-Sévère, Empereur Romain, étoit pieux, équitable, porté à la douceur et à la clémence. — Combien n'est-il pas honteux pour des chrétiens d'être moins vertueux que n'étoient quelques païens !

15.e Règle : *Refert adolescentis esse impigrum.*

I. Il importoit à Minucius, maître de la cavalerie, d'être prudent et docile.

II. Il importe à un riche d'être bienfaisant et libéral envers les pauvres.

III. Il importe grandement à une mère chrétienne d'être modeste.

IV. Il importoit à Vitellius, Empereur Romain, de n'être pas si cruel et si gourmand. — Il importoit à Niger, qui disputoit l'empire à Sévère, d'être plus actif et moins adonné aux plaisirs.

V. Il importoit grandement à Julie, fille de l'Empereur Auguste, d'être plus modeste.

VI. Il importoit sans doute à Pilate d'être plus humain que les Juifs à l'égard de Jésus; mais il ne lui importoit pas moins d'être plus équitable et moins timide.

15.e * Règle : *Graculus rediit mœrens*, et autres règles.

I. David devenoit tous les jours plus puissant.

II. Le premier enfant d'Adam et d'Eve fut appelé Caïn, et le second Abel.

III. Cyrus mourut également regretté de tous les peuples.

IV. Tobie le père mourut âgé de 99 ans. — Dathan et Abiron descendirent tout vivans dans l'enfer.

V. Abraham revint d'Egypte, riche en troupeaux, en or et en argent.

VI. Les enfans d'Israel sortirent de l'Egypte, chargés des dépouilles des Egyptiens. — Epaminondas ayant été dangereusement blessé, fut porté à demi-mort dans le camp.

16.e Règle : *Avidus laudum*, et autres règles.

I. Les Athéniens étoient habiles dans la navigation.

II. Auguste, premier Empereur Romain, n'étoit pas curieux de parure.

III. David jouoit de la harpe ; il étoit fort habile dans cet art.

IV. Alexandre avoit du goût pour l'éloquence, la poésie et les belles-lettres. — Aristide n'étoit pas plus avide de la gloire que des richesses.

V. Memnon, Rhodien, passoit pour un homme très-vaillant et fort habile dans l'art de la guerre. — Ne vous imaginez pas que Socrate, ce grave philosophe, fût ignorant dans l'art militaire.

VI. Plusieurs monumens prouvent combien les Egyptiens avoient de goût pour l'architecture, la peinture, la sculpture et tous les autres arts. — Tacite dit que Vespasien souffroit la vérité avec une extrême patience.

17.e Règle : *Cupidus videndi.*

I. Cyrus étoit désireux d'apprendre, et d'acquérir de la gloire.

II. Jugurtha étoit habile à lancer le javelot, et à monter à cheval.

III. Socrate étoit fort habile dans l'art de parler par ironie.

IV. Denis étoit extrêmement curieux de voir Platon.

V. Qui fut jamais plus habile que Datames et Annibal à inventer des ruses et des stratagèmes ?

VI. Philippe se montroit plus habile à amasser des richesses qu'à les garder. Aussi dit-on que malgré ses rapines journalières, il étoit toujours pauvre.

18.e Règle : *Similis patris* ou *patri*, et autres règles.

I. L'Empereur Antonin ressembloit à Numa, roi des Romains.

II. L'homme a été créé semblable à Dieu même. — Le Fils est égal au Père, et le Saint-Esprit est égal au Père et au Fils.

III. Rémus par les traits du visage ressembloit à sa mère. — Jean-Baptiste étoit allié à la Sainte Vierge.

IV. Les enfans de Socrate ressemblèrent plus à leur mère qu'à leur père.

V. Alexandre de Phères ressembloit beaucoup moins à un homme qu'à une bête féroce. — La famille de saint Loup, Archevêque de Sens, étoit alliée aux Rois.

VI. Les ongles du roi Nabuchodonosor changé en bête, s'allongèrent et devinrent semblables aux griffes des oiseaux. — Sainte Mustiole étoit alliée à Claude, Empereur Romain.

19.e RÈGLE : *Mihi utile est.... Corpus assuetum labori*, etc.

I. LA demande de Salomon fut agréable au Seigneur. — Le roi Saül étoit irrité contre David.

II. Socrate, dès l'enfance, étoit accoutumé à une vie sobre, dure et laborieuse. — Les malheurs de Manassès lui furent utiles.

III. Le Seigneur irrité contre les Israélites, leur dit : Je ne vous délivrerai plus à l'avenir ; allez, invoquez les dieux que vous vous êtes choisis. — S. Paul avoit d'abord été acharné contre les Chrétiens.

IV. Voici ce que dit le Seigneur des armées : montez sur la montagne, apportez du bois, bâtissez ma maison, et elle me sera agréable. — Quand les Juifs ne seront-ils plus acharnés contre les Chrétiens?

V. Les Cadusiens accoutumés de bonne heure à une vie dure et laborieuse, comptoient pour rien les fatigues et les dangers ; et pour cette raison, ils étoient fort propres au métier de la guerre.

VI. Les Grecs furent fidèles à Darius jusqu'à la fin, malgré les malheurs que ce prince éprouva. — Alexandre étoit si irrité contre Clitus, qu'il le perça d'une lance.

20.e RÈGLE : *Corpus assuetum tolerando laborem.... ou tolerando labori.*

I. LES Spartiates étoient accoutumés à supporter les railleries.

II. Les soldats sont accoutumés à supporter le froid et la chaleur.

III. Les Lacédémoniens, dès l'enfance, étoient accoutumés à obéir sans délai, premièrement aux maîtres, ensuite aux magistrats.

IV. Socrate étoit accoutumé à supporter la mauvaise humeur de son épouse.

V. Dès l'enfance, les Spartiates étoient accoutumés à marcher nu-pieds, à coucher sur la dure, et à souffrir le froid et le chaud.

VI. Je doute qu'il y ait jamais eu un homme plus accoutumé à supporter les saisons les plus rigoureuses, qu'Agésilas, roi de Sparte.

20.e * RÈGLE : *Aptus ad militiam, natus ad arma.*

I. EPAMINONDAS étoit né pour les grandes choses.

II. L'homme est né pour le travail, comme l'oiseau pour voler.

III. Le cheval est propre à la course, et le bœuf au labourage.

IV. L'homme né pour la liberté, ne s'apprivoise point avec la servitude.

V. Annibal n'étoit pas moins propre aux emplois civils qu'aux fonctions militaires.

VI. On peut dire qu'Alcibiade n'étoit pas né pour le repos. — On dit que les Crétois étoient fort propres aux stratagèmes et aux ruses de la guerre.

21.e RÈGLE : *Propensus ad lenitatem*, et autres règles.

I. L'ÉPOUSE de Socrate étoit portée à la colère.

II. Tobie étoit porté à la compassion envers les pauvres. — Vespasien étoit porté à la plaisanterie.

III. Les habitans de Capoue étoient naturellement portés au plaisir et à la débauche.

IV. A cause du péché de nos premiers parens, nous sommes plus portés au mal qu'au bien.

V. Gillias étoit si porté à la bienfaisance, qu'on a dit qu'il avoit des entrailles de libéralité.

VI. Denis le jeune, loin d'être naturellement méchant, paroissoit porté au bien et à la vertu.

22.e RÈGLE : *Pronus ad irascendum*, et autres règles.

I. TOBIE étoit porté à soulager les malheureux.

II. Les Crétois étoient fort portés à mentir et à tromper.

III. Xantippe étoit prompte à vomir des injures.

IV. Vitellius étoit enclin à répandre le sang.

V. L'Empereur Théodose, malgré les belles qualités dont il étoit doué, étoit trop prompt à se mettre en colère. — Titus étoit porté à faire du bien à tout le monde.

VI. Le maître de Tibère avoit prévu qu'il seroit prompt à répandre le sang. — On trouvoit Vespasien toujours prêt à oublier les injures et à pardonner à ses ennemis.

23.e Règle : *Populabundus agros*, (*mirabundus*, *populabundus*, *venerabundus*).

I. L'Ange Gabriel, plein de vénération pour Marie, lui annonça un mystère ineffable.

II. Attila, plein d'admiration pour la vertu de S. Loup, épargna la ville de Troyes.

III. Les soldats d'Annibal s'avancèrent jusques dans la Pouille, ravageant les campagnes, et faisant main-basse sur les Romains qu'ils rencontroient.

IV. Lorsque Porus fut proche, Alexandre s'arrêta tout émerveillé, tant de sa taille que de sa bonne mine.

V. Sisygambis, remplie d'admiration pour la générosité d'Alexandre, avouoit qu'elle étoit sa captive.

VI. David demeura long-temps devant l'arche, rempli d'admiration pour la bonté de Dieu qui, après l'avoir comblé de tant de bienfaits, lui en promettoit de si grands pour l'avenir.

24.e RÈGLE : *Prœditus virtute...... dignus laude*, etc.

I. L'HYPOCRITE est digne de l'exécration de Dieu et des hommes.

II. Le spectacle du juste mourant, disoit un orateur fort célèbre, est digne de Dieu, des Anges et des hommes.

III. Dion qui délivra sa patrie de la tyrannie, étoit doué de très-belles qualités.

IV. Le roi David s'endormit avec ses pères, comblé d'années, de richesses et de gloire.

V. Personne n'ignore qu'Annibal étoit doué de toutes les qualités d'un habile général.

VI. La lettre que Philippe écrivit à Aristote qui devoit un jour élever son fils Alexandre, étoit certainement digne d'un grand prince et d'un bon père.

25.e RÈGLE : *Mirabile visu*, et autres règles.

I. LA ville de Babylone n'étoit pas facile à assiéger.

II. Un homme de bien, disoit Cicéron, n'est pas facile à trouver.

III. La ville de Tyr fut plus difficile à prendre qu'Alexandre n'avoit d'abord pensé.

IV. La volupté, disoit Cyrus, est un lien plus difficile à rompre que les chaînes de fer les plus fortes.

V. Socrate, en supportant la mauvaise humeur de son épouse, imitoit ces écuyers qui choisissent le cheval le plus difficile à dompter, pour manier plus facilement les autres.

VI. A en croire Juvénal, une femme accomplie est aussi difficile à trouver qu'un phénix. Au reste, Sénèque en dit autant d'un homme de bien.

26.e Règle : *Difficile est studere lectioni meæ*, et autres règles. (*Arceo*, *ferio*, *præsum*, *prodigo*, *refello*.)

I. L'Histoire naturelle est agréable à étudier.

II. Une armée sans discipline est difficile à commander.

III. Les objections des philosophes sont faciles à réfuter.

IV. Les richesses sont plus difficiles à ramasser qu'à prodiguer.

V. Un cheveu n'est pas facile à frapper d'une pierre lancée avec la fronde (1).

VI. Le démon, pour peu qu'on le laisse approcher, n'est pas facile à repousser.

27.e Règle : *Doctior Petro*, et autres règles.

I. Alexandre étoit plus courageux que Darius ; Philippe étoit plus prudent qu'Alexandre.

II. Qui est plus sage que Daniel ? — Les Grecs n'avoient rien de plus cher que la liberté.

---

(1) On fait allusion à ce que rapporte l'histoire sainte de l'adresse des habitans de Gabaa.

III. Le prophète Elie dit à Dieu : Seigneur, ôtez-moi la vie ; car je ne suis pas meilleur que mes pères.

IV. Le plus petit de mes doigts, disoit l'insensé Roboam, est plus gros que le corps de mon père.

V. On doute qu'il y ait jamais eu un général plus habile qu'Annibal. — Saül ne put s'empêcher de s'écrier : mon fils David, vous êtes plus juste que moi.

VI. Comme on vantoit la puissance du grand roi des Perses devant Agésilas, celui-ci s'écria : est-il plus grand qu'Agésilas, s'il n'est plus juste que lui ?

28.e Règle : *Felicior quàm prudentior*, et autres règles.

I. Pélopidas étoit plus hardi que prudent.

II. Démosthène étoit plus éloquent orateur qu'habile général.

III. Le Scythe Anacharsis désiroit retourner de la Grèce dans sa patrie, non plus riche que savant, mais plus savant que riche.

IV. Alexandre étoit-il plus libéral que courageux, ou plus courageux que libéral ? — Je ne le sais.

V. Que dites-vous de Périclès? étoit-il plus habile général qu'éloquent orateur, ou plus éloquent orateur qu'habile général? — Je l'ignore.

VI. Je ne sais si l'Empereur Sévère étoit

ami plus généreux et constant, qu'ennemi violent et dangereux.

29.e Règle : *Magis pius quàm tu*, etc. (*Assiduus*, *conspicuus*, *impius*, *necessarius*, *pius*, *strenuus.*)

I. L'eau est plus nécessaire que le vin.

II. Numa Pompilius étoit plus pieux que Romulus, premier roi des Romains.

III. La guérison de l'ame est bien plus nécessaire que celle du corps. — Achab fut encore plus impie que son père.

IV. Bétis, gouverneur de Gaza, se montra plus fidèle à Darius et en même temps plus vaillant que les gouverneurs des autres villes. — Il n'y eut jamais chez les Romains un orateur plus remarquable que Cicéron.

V. Antiochus, tout impie qu'il étoit, établit en autorité à Jérusalem des hommes qui étoient encore plus impies que lui. — Je doute qu'aucun des disciples de Pythagore fût plus assidu que le fameux Milon de Crotone.

VI. Quelque estimable que soit la science, ne doutez pas que la vertu ne soit plus nécessaire que la science. — Manassès, à la fin de son règne, se montra plus pieux qu'au commencement.

30.e RÈGLE : *Majori virtute prœditus*, *etc.* (*irâ incitatus*, *a*, *um*..... *misericordiâ commotus*..... *saccharo aspersus*.... *veneno infectus*, *a*, *um*.....)

I. OCTAVIE, sœur d'Auguste, étoit plus vertueuse que Livie, épouse de cet empereur.

II. Samuel fut plus vertueux que ses fils.

III. Domitien fut moins vertueux que Tite son frère. — Alexandre rendant visite aux reines captives, parut plus attendri qu'Ephestion.

IV. Je ne comprends pas, disoit Agésilas, comment le roi des Perses est plus grand que moi, s'il n'est pas plus vertueux. — Nous mangeons aujourd'hui les fraises plus sucrées qu'auparavant.

V. Marc-Aurèle avoit été plus vertueux que Commode son fils qui lui succéda. — Galère étoit plus enragé que Dioclétien contre les disciples de J. C.

VI. Antonin étoit fort pieux ; mais son épouse étoit beaucoup moins vertueuse. — On dit que les œuvres de quelques poètes modernes sont plus empoisonnées que celles des poètes païens.

31.e RÈGLE : *Doctior est quàm putas*, etc. *Nihil turpius est quàm mentiri.*

I. BRUTUS étoit plus rusé que ne pensoient les fils de Tarquin. — Rien n'est plus honteux que de tromper.

II. Philippe promettoit plus qu'il ne donnoit. — Rien n'est plus glorieux que de pardonner à un ennemi.

III. Après le déluge, les hommes se montrèrent pires qu'ils n'avoient été auparavant. — Rien n'est plus difficile que d'oublier une injure; mais aussi rien n'est plus beau.

IV. Pierre étoit plus foible qu'il ne s'imaginoit. — Il est plus avantageux de donner que de recevoir.

V. Dieu donne souvent plus qu'on n'avoit osé lui demander. — Rien n'est plus royal, disoit Alexandre, que d'entendre tranquillement dire du mal de soi en faisant du bien.

VI. La croix est moins pesante que nous ne pensons. Rien n'est plus doux que de la porter avec Jésus-Christ.

32.ᵉ Règle : *Altissima arborum*, ou *ex arboribus*, etc.

I. Cicéron est le plus éloquent des orateurs latins.

II. Socrate et Platon sont les plus célèbres des anciens philosophes.

III. L'éléphant est le plus gros de tous les animaux terrestres.

IV. Qui ne sait pas que Samson fut le plus robuste des hommes ?

V. Dion, qui étoit le beau-frère de Denis le jeune, passoit pour le plus sage des Syracusains.

VI. Dieu bénit tellement le travail du saint homme Job, qu'il devint le plus riche et le plus puissant des Orientaux.

33.e Règle : *Ditissimus urbis*, et autres règles.

I. Homère est le poëte le plus célèbre de la Grèce.

II. Lysias passoit pour le plus habile orateur de son temps.

III. Les Thessaliens passoient pour les meilleurs cavaliers de la Grèce.

IV. Il est constant qu'Ochus fut le prince le plus cruel et le plus méchant de sa race.

V. A s'en rapporter à Cicéron, Epaminondas fut le personnage le plus illustre de toute la Grèce.

VI. Alexandre se repentit bientôt d'avoir mis le feu à Persépolis, ville la plus opulente de la Perse. On ne put éteindre le feu, malgré l'ordre qu'il en donna.

34.e Règle : *Validior manuum*, et autres règles.

I. Rome et Carthage furent long-temps rivales : à la fin Rome fut la plus forte.

II. Titus et Domitien étoient frères ; Titus sans contredit fut le meilleur.

III. Alexandre épousa Statira, l'aînée des deux filles de Darius, et Ephestion épousa la plus jeune.

IV.

IV. Joseph et Benjamin étoient nés de la même mère ; Benjamin étoit le plus jeune.

V. Caracalla et Geta, fils de l'empereur Sévère, régnèrent ensemble quelque temps ; Geta, le plus jeune, étoit le meilleur.

VI. Vous savez que les deux Denis ont régné l'un après l'autre en Sicile ; l'aîné se montra le plus cruel.

35.e Règ. : *Maximè omnium conspicuus*, etc. (*anxius*, *impius*, *conspicuus*, *industrius*, *magnanimus*, *necessarius*, *temerarius*).

I. L'avare est le plus inquiet de tous les hommes.

II. La grâce de J. C. est la chose du monde la plus nécessaire à l'homme.

III. Varron passe pour le plus téméraire des généraux Romains. — Archimède est regardé comme le plus industrieux des architectes.

IV. David pleurant amèrement la mort de Saül son ennemi, se montra le plus magnanime de tous les héros.

V. Manassès se montra d'abord le plus impie de tous les rois de Juda. Mais ensuite il se repentit de ses crimes.

VI. Cicéron paroît ne pas douter qu'Epaminondas n'ait été le personnage le plus remarquable de tous les Grecs.

36.e Règle : *Unus militum*, ou *ex militibus*, *etc.*

I. Un des douze Apôtres trahit J. C.

II. Solon fut un des sept sages de la Grèce.

III. Hippocrate passe pour un des plus habiles médecins.

IV. On regarde Cyrus comme un des plus grands capitaines qui aient jamais existé.

V. Un des soldats qui gardoient J. C. attaché à la croix, perça son côté d'une lance, et il en sortit du sang et de l'eau.

VI. Un des trois scélérats qui avoient calomnié le saint évêque Narcisse, fut brûlé avec sa famille; le second fut attaqué d'une lèpre qui le rongea en peu de temps; et le troisième pleura si amèrement son crime qu'il en devint aveugle.

37.e Règle : *Optimus quisque illi favet*, et autres règles.

I. Les plus riches doivent secourir les pauvres.

II. Que les plus savans instruisent les ignorans.

III. Les plus humbles obtiendront la première place dans le royaume de J. C.

IV. Les plus honnêtes gens embrassèrent le parti du roi David contre Absalon son fils.

V. Les plus savans alloient entendre

Socrate qui étoit regardé comme l'oracle de la Grèce.

VI. Catilina ayant juré la perte de sa patrie, les plus scélérats se joignirent à lui; mais les plus gens de bien se réunirent à Cicéron.

38.e Règle : *Ego audio*, et autres règles.

I. Le général commande, et les soldats obéissent.

II. Le père parle, et les enfans écoutent.

III. Le maître dicte, et les écoliers écrivent.

IV. S. Louis sauta le premier dans la mer tout armé, et ses soldats l'imitèrent.

V. Darius craignant pour sa vie, prit la fuite, et ses troupes le suivirent.

VI. Les Athéniens, au jugement de Démosthène, parloient mieux que Philippe: mais Philippe agissoit mieux que les Athéniens.

39.e Règle : *Tu rides, ego fleo.... tu loqui sic audes.*

I. Saul, je suis Jésus, et tu me persécutes! — Judas, tu oses trahir le Fils de l'homme!

II. Je suis le Seigneur votre Dieu, et vous êtes mon peuple. — Pierre, tu oses renier ton maître!

III. Je suis captive, disoit Sisygambis à Alexandre, et vous m'honorez du nom de reine ! — Brutus mon fils, s'écria César, tu oses me poignarder !

IV. Cinna, dit Auguste, tu veux m'assassiner, et moi je te donne le consulat que tu n'oses me demander. — Nicanor, tu oses insulter le Dieu du ciel et de la terre !

V. O mon peuple, que t'ai-je fait ? Je t'ai nourri de la manne dans le désert, et tu m'abreuves de fiel et de vinaigre ! — Pilate, tu as la force de condamner à mort l'innocent !

VI. Nisus voyant Euryale sur le point d'être tué, s'écria : Rutules ! il n'a rien fait, c'est moi qui ai lancé le trait : il est innocent, je suis le seul coupable. — Mondains, vous êtes maintenant dans la joie, et nous gémissons ; un jour viendra que nous nous réjouirons et que vous pleurerez.

40.e Règle : *Petrus et Paulus ludunt*, et autres règles.

I. Jacques et Jean, fils de Zébédée, étoient Apôtres.

II. Pierre et André, Apôtres de J. C., furent crucifiés.

III. S. Pierre et S. Paul furent martyrisés le même jour.

IV. Romulus et Rémus, s'il est permis de le croire, furent nourris par une louve.

V. Titus et Domitien occupèrent successivement le trône de Vespasien leur père.

— Le roi et Aman se rendirent chez la reine.

VI. Nabarzane, général de la cavalerie, et Bessus, général des Bactriens, tramèrent le détestable complot d'enchaîner Darius leur maître et leur roi.

41.° Règle : *Ego et tu valemus*, et autres règles.

I. Samuel dit au roi Saül, demain vous et vos fils vous serez avec moi.

II. Abraham dit à Loth : vous et moi nous ne pouvons habiter dans la même contrée. — Mon père et moi, dit J. C., nous sommes une même chose.

III. Samuel dit au peuple : craignez le Seigneur ; alors vous et le roi vous serez heureux. — Toi et les tiens, disoit le loup à l'agneau, vous ne m'épargnez guère.

IV. Jacob dit à Joseph qui lui avoit rapporté deux songes : est-ce que votre mère, vos frères et moi nous vous adorerons un jour sur la terre ? — Le roi et moi, disoit l'orgueilleux Aman, nous devons dîner demain chez la reine.

V. David dit au fils du grand prêtre : demeurez avec moi ; vous et moi nous aurons un même sort : nous périrons ensemble, ou nous nous sauverons ensemble. — Abraham dit à ses serviteurs : attendez ici, nous allons mon fils et moi offrir un sacrifice sur la montagne.

VI. Isaïe dit au roi Ezéchias : un jour viendra que tout ce que vous et vos pères avez amassé de richesses, sera transporté à Babylone. — Saint François disoit aux pécheurs et même aux apostats : venez, mes enfans, Dieu et moi nous vous assisterons.

42.e Règle : *Turba ruit* ou *ruunt*.

I. La multitude ne suit point les maximes de J. C.

II. Le peuple Athénien aimoit la plaisanterie.

III. Tout le peuple pleura durant trente jours Moïse qui mourut âgé de cent vingt ans.

IV. La famille de Jacob passa en Egypte. — L'armée de Pharaon périt dans les flots de la mer.

V. Dieu dit au prophète Ezéchiel : la maison d'Israel ne veut point vous écouter, parce qu'elle ne veut point m'écouter moi-même.

VI. Le peuple courut à Moïse et lui dit : nous avons péché ; priez le Seigneur qu'il nous délivre des serpens qu'il a envoyés contre nous. — La populace se mit à crier : qu'il soit crucifié.

43.e Règle : *Amo Deum*, et autres règles.

I. Dieu a créé le soleil, la lune et les étoiles.

II. Caïn cultivoit la terre, et Abel nourrissoit du bétail. — L'empereur Antonin ne pouvoit supporter l'oisiveté.

III. Après le déluge Noé se mit à planter la vigne.

IV. Les soldats crucifièrent J. C., et avec lui deux voleurs.

V. O Marie, que vous êtes heureuse d'avoir trouvé grâce devant le Seigneur! voilà que vous concevrez et enfanterez un fils.

VI. Alexandre, après avoir vaincu Darius, roi de Perse, livra plusieurs batailles, prit les villes les plus fortes, subjugua les peuples et les rois.

44.e Règle : *Imitor patrem*, et autres règles.

I. Nous admirons la vertu et nous détestons le crime.

II. L'ange Raphael accompagna le jeune Tobie.

III. Joseph embrassa Benjamin et ensuite ses autres frères.

IV. S. Clou imita parfaitement S. Arnou son père, qui avoit été avant lui évêque de Metz.

V. S. Thibault, après avoir admiré longtemps la vie qu'avoient menée dans les déserts le prophète Elie, S. Jean-Baptiste, saint Paul ermite et S. Antoine, voulut les imiter.

VI. Attila, après avoir ravagé les plus fortes villes de la France, fut défait par les Romains et les Français ; et il voulut que saint Loup, dont il respectoit la vertu, accompagnât le reste de ses troupes jusqu'au Rhin.

45.e Règle : *Musica me juvat..... id te non fugit*, etc.

I. Le chant du rossignol nous fait plaisir. — Les plus savans ignorent bien des choses.

II. Des supplices éternels sont réservés aux impies. — Auguste ignoroit les désordres de Julie.

III. La chasse contre les lions et les autres bêtes féroces faisoit plaisir à Jugurtha. — La modestie convient à un jeune homme.

IV. Cicéron n'ignoroit pas les horribles projets de Catilina. — La joie ne convient qu'à l'innocence.

V. Je ne conçois pas comment les combats des gladiateurs pouvoient faire plaisir aux Romains. — Régulus partant de Rome pour Carthage, n'ignoroit pas quels supplices lui étoient réservés.

VI. Si tu persistes dans ta résolution, disoit Véturie à Coriolan, une prompte mort, ou une longue servitude est réservée à tes enfans. — S. Xiste qu'on conduisoit au supplice dit à saint Laurent, pour le consoler : mon fils, je ne vous abandonne point ; mais un plus grand combat vous est réservé : vous me suivrez dans trois jours.

46.e RÈGLE : *Studeo grammaticæ*, et autres règles.

I. L'EMPEREUR Auguste favorisoit les gens de lettres. — Saül n'obéit point à Dieu.

II. Les mauvais livres nuisent prodigieusement aux jeunes gens. — L'empereur Adrien portoit envie aux savans.

III. Caïn portoit envie à Abel son frère, dont les présens avoient plu au Seigneur. — On dit que Coriolan contentoit en tout Véturie sa mère.

IV. Jeunes gens, n'oubliez pas que J. C., le Fils de Dieu, a voulu obéir à ses parens. — Dieu n'épargna que Noé et sa famille.

V. Dieu bénit Abraham qui, pour lui obéir, n'avoit pas épargné son fils unique.

VI. Qui n'admirera pas la bonté de Dieu le père, qui n'a pas épargné son Fils bien-aimé pour sauver les coupables? — Le poëte Aristophane, loin de ménager les plus grands hommes d'Athènes, n'épargnoit pas même les dieux.

47.e RÈGLE : *Defuit officio*, et autres règles.

I. LES ruses ne manquèrent jamais à Annibal.

II. S. Louis assista aux funérailles de Ste. Isabelle sa sœur.

III. N'ayant rien, disoit Abdalonyme, rien cependant ne m'a manqué. — Titus commandoit les troupes romaines qui assiégèrent la ville de Jérusalem.

IV. Le pape Innocent voulut assister aux funérailles de Ste. Claire avec toute la cour romaine. — Les Lacédémoniens vouloient que quelques vieillards assistassent toujours aux amusemens de leurs enfans.

V. Caligula venoit d'assister à un spectacle, lorsqu'il fut poignardé. — David ne se trouva point au combat où son fils Absalon fut tué.

VI. Socrate fit plusieurs campagnes, se trouva à plusieurs batailles, et l'on dit qu'il se distingua par sa bravoure autant que qui que ce soit.

48.e Règle : *Magna calamitas mihi imminet*, et autres règles.

I. Une prompte mort menace les impudiques.

II. Les plus cruelles maladies menacent les enfans qui commettent le crime.

III. Quels malheurs menaçoient Vitellius qui montoit sur le trône !

IV. La mort nous menace à chaque instant, et la plupart ne pensent point à la mort.

V. Antiochus fait la guerre aux Juifs ; mais il ne sait pas qu'une mort horrible le menace. — Que de maux menaçoient les Juifs qui avoient fait mourir J. C. !

VI. Quel malheur menace Hérode qui monte sur son tribunal ! l'Ange de Dieu va le frapper, et son corps sera rongé par les vers.

49.e Règle : *Id mihi accidit, expedit, placet*, etc.

I. Le conseil de Joseph plut au roi Pharaon.

II. Le malheur qui arriva à Absalon arrivera aussi aux enfans rebelles.

III. Caïphe dit aux Juifs : il vous est avantageux qu'un seul homme meure pour tout le peuple.

IV. Le conseil des vieillards ne plut point à Roboam qui, pour son malheur, préféra celui des jeunes gens.

V. Riches, que ne comprenez-vous combien il vous est avantageux de secourir les pauvres !

VI. Raguel craignoit que le même malheur qui étoit arrivé aux sept maris de sa fille, n'arrivât aussi à Tobie.

50.e Règle : *Homo irascitur mihi*, etc.

I. Le Seigneur se fâcha contre Moïse. — Alexandre menaça la ville de Jérusalem.

II. Coriolan exilé de Rome menaça son ingrate patrie.

III. L'empereur Théodose se fâcha contre S. Amphiloque qui avoit caressé son fils Arcade comme un enfant ordinaire.

IV. Putiphar trop crédule se mit en colère contre Joseph, et le fit mettre en prison.

V. Les Sarrasins se fâchèrent contre saint Louis, et eurent la hardiesse de menacer ce saint roi, ainsi que les autres prisonniers.

VI. Alexandre étoit si irrité contre les Tyriens, qu'il fit attacher en croix deux mille hommes le long du rivage de la mer.

51.e Règle : *Est mihi liber*, et autres règles.

I. Xerxès avoit des troupes innombrables.

II. Alexandre avoit un cheval fort industrieux et très-propre aux combats.

III. Les renards ont des tanières, les oiseaux ont des nids; le Fils de l'homme n'avoit point de maison.

IV. Cyrus avoit 300 chariots armés de faux, dont chacun étoit tiré par quatre chevaux.

V. J'ai lu dans quelqu'auteur qu'Epaminondas, le plus illustre capitaine des Thébains, n'avoit qu'un habit.

VI. On dit que Sertorius avoit une biche blanche qui entendoit sa voix, et le suivoit partout.

52.e Règle : *Hoc erit tibi dolori*, et autres règles.

I. La mort d'Abel causa une vive douleur à Adam et à Eve.

II. Le crime de Judas causa une grande douleur à J. C.

III. Les délices de Capoue firent plus de tort aux troupes d'Annibal que les Alpes.

IV. La bienfaisance et la compassion pour les malheureux font plus d'honneur à un prince que les plus éclatantes victoires.

V. La résurrection de J. C. causa autant de joie aux Apôtres, que sa mort leur avoit causé de douleur. — Annibal désarmé, et âgé de 70 ans, ne laissoit pas d'être pour les Romains un sujet de terreur.

VI. Ce qui est pour l'empereur Tite un grand sujet de gloire, c'est qu'après sa mort on le loua encore plus que pendant sa vie (1).

53.e Règle : *Crimini dedit mihi meam fidem.*

I. Riches, J. C. vous fera un crime de votre dureté envers les pauvres.

II. Varron, les Romains t'ont blâmé avec raison de ta témérité.

III. L'épouse de Job faisoit à ce saint homme un crime de sa patience.

IV. Philippe se faisoit un honneur d'avoir été le disciple et l'élève d'Epaminondas, célèbre philosophe et habile capitaine.

V. On faisoit un crime à un cavalier romain de son embonpoint, et les censeurs lui ôtoient son cheval.

VI. Philippe, père d'Alexandre, se faisoit un sujet de gloire de ne se laisser vaincre en bienfaits par personne. — S. Louis se faisoit un plus grand sujet de gloire d'avoir été baptisé à Poissy, que d'avoir reçu la couronne royale à Reims.

(1) Cette phrase paroîtra sans doute beaucoup plus difficile que la première; l'auteur renvoie donc à la préface, où il expose la manière dont il désire qu'on se serve de son cours de thèmes.

54.e Règle : *Abundat divitiis...... nullâ re caret.*

I. Les Juifs s'abstiennent de la chair de porc. — Les affranchis de l'empereur Claude regorgeoient de richesses.

II. L'enfant qui craint le Seigneur ne manquera de rien. — Hannon ne se réjouissoit pas des victoires d'Annibal.

III. Malheur aux riches qui, regorgeant de biens, ne donnent rien aux pauvres qui manquent de tout. — Véturie se réjouissoit des victoires de son fils Coriolan.

IV. Lycurgue mourut volontairement à Delphes, pour s'être abstenu de toute nourriture. — Les Romains se réjouirent beaucoup de la victoire navale que Duillius avoit remportée sur les Carthaginois.

V. David ayant appris la mort de Saül, versa des larmes, loin de se réjouir de la mort de son ennemi. — On dit que la mère de Darius, ayant appris la mort d'Alexandre, s'abstint de toute nourriture.

VI. Le corps d'Antiochus frappé de Dieu, fourmilloit de tant de vers, que ses membres pourris exhaloient au loin une puanteur insupportable tant à l'armée qu'au malade lui-même. — On dit que les anciens Bretons s'abstenoient du lièvre par superstition.

55.e Règle : *Fruor otio, vescor pane*, etc.

I. Les Cadusiens se nourrissoient de pommes, de poires et d'autres fruits de cette espèce.

II. Pendant quelque temps les Lacédémoniens ne se servirent que de monnoie de fer. — Sous le règne de Salomon, les Juifs jouissoient du repos.

III. En Egypte, les ouvriers ne se nourrissoient presque que de fruits et de légumes.

IV. Cyrus jouissoit du fruit de ses travaux et de ses victoires, également aimé des Perses et des nations conquises. — Nabuchodonosor changé en bête ne se nourrissoit que d'herbe.

V. Chez les Perses, du temps de Cyrus, les enfans et les jeunes gens ne se nourrissoient que de pain et de cresson, et ne buvoient que de l'eau. — Combien imitent le geai qui se glorifioit de la dépouille du paon!

VI. Les soldats de Xerxès ayant pris la fuite après la bataille de Salamine, furent contraints de se nourrir d'herbes, et même de feuilles et d'écorces d'arbres. — On dit que Cléon, comme beaucoup d'autres, se servoit mieux de la langue que de l'épée.

56.e Règle : *Miserere pauperum*, etc.

I. Cimon Athénien avoit pitié des citoyens pauvres.

II. Après le déluge, les hommes oublièrent peu à peu la loi naturelle. — Dieu se souvint de Noé et de ses enfans.

III. L'impie Antiochus, lorsqu'il se vit frappé de Dieu, se souvint des crimes qu'il avoit commis. — J. C. eut pitié du bon larron crucifié avec lui.

IV. Dieu eut pitié de Joseph que Putiphar, trompé par son épouse, avoit fait mettre en prison. — Dieu se ressouvint de l'alliance qu'il avoit faite avec les pères ; et eut pitié des enfans.

V. S. Paul n'eut garde d'oublier jamais la grande miséricorde qu'il avoit reçue de Dieu. — J. C. a promis de donner une place dans son royaume à ceux qui auront eu pitié des pauvres.

VI. Que les Lyonnais n'oublient jamais que S. Patient, leur évêque, avoit pitié des pauvres, et avoit soin de les nourrir.

57.e Règle : *Do stipem pauperi*, et autres règles.

I. Joseph vendoit du blé aux Egyptiens et aux autres peuples.

II. Daniel dit au roi Nabuchodonosor : vous êtes le Roi des rois ; et le Dieu du ciel vous a donné la force, l'empire et la gloire. — J. C. attaché à la croix promit au bon larron une place dans son royaume.

III. Les vieillards de Lacédémone préféroient la sauce noire aux mets les plus exquis.

IV. Cyrus rendit aux Juifs les vases sacrés qu'on avoit transportés de Jérusalem à Babylone.

V. La bataille de Cannes soumit à Annibal les plus puissans peuples de l'Italie, et enleva aux Romains leurs plus anciens alliés.

VI. Alexandre étoit indigné de n'avoir vaincu Darius, que pour livrer son empire au perfide Bessus.

58.e Règle : *Minari mortem alicui*, etc.

I. Esaü supplanté osa menacer Jacob de la mort.

II. Sainte Mustiole menaça le juge Turcius de la vengeance divine.

III. Toute la ville d'Antioche alla au-devant de saint Jean-Chrysostôme, et le félicita de son retour.

IV. Les Athéniens et les Lacédémoniens menacèrent en vain le roi Admète de la guerre, s'il ne leur livroit Thémistocle.

V. Les Babyloniens irrités contre Daniel, allèrent trouver le roi, et le menacèrent de la mort, s'il ne leur livroit Daniel. — Les évêques qui assistèrent au concile de Nicée félicitèrent l'empereur Constantin du zèle qu'il montroit pour l'Eglise.

VI. Quoique Dieu eût menacé Adam et Eve de la mort, s'ils mangeoient du fruit qu'il leur avoit interdit, Satan eut la hardiesse d'assurer qu'ils ne mourroient point.

59.e Règle : *Hæc via ducit ad vitam*, et autres règles.

I. La fourmi invite au travail les enfans paresseux.

II. Hannon exhortoit en vain les Carthaginois à la paix. — Le chemin par où marchent les méchans est semé de roses, mais il conduit au précipice ; la voie étroite au contraire conduit au salut.

III. Pour l'ordinaire, la prospérité conduit aux plus grands malheurs. — La mère des Machabées encourageoit ses fils au martyre.

IV. Le saint évêque Alexandre, qui d'abord avoit été charbonnier, animoit son troupeau à la constance et au désir du ciel.

V. La ruse et la finesse, dit un auteur en parlant des Carthaginois, conduisent naturellement au mensonge, à la duplicité et à la mauvaise foi.

VI. Caton étoit bien éloigné d'exhorter les Romains à la paix avec les Carthaginois. — Sous le règne de Vitellius, les fêtes et les repas étoient l'unique chemin qui conduisît aux honneurs.

60.e Règle : *Doceo pueros grammaticam*, et autres règles.

I. Samuel dit aux Israélites : je vous enseignerai toujours la bonne voie. — Livie cacha long-temps aux Romains la mort d'Auguste.

II. L'ange dit à Tobie et à son fils : je vous découvrirai la vérité, et je ne vous cacherai point mon secret. — Aristote enseigna la rhétorique et la philosophie à Alexandre-le-Grand.

III. Les officiers de Cimon cachèrent sa mort aux ennemis et même aux alliés.

IV. Ochus céla aux Perses, l'espace de dix mois, la mort d'Artaxerxe son père. — Alexandre fit un crime à Philotas de lui avoir caché le complot de Dymnus.

V. Samson pour son malheur apprit à son épouse le secret qu'il avoit caché à son père et à sa mère.

VI. Pourquoi ne m'avez-vous point appris la fuite de votre mari? disoit Denis à sa sœur Thesta, épouse de Dion: c'est que mon mari, répondit-elle, me l'a cachée à moi-même.

61.e Règ. : *Scribo*, *fero*, *mitto tibi* ou *ad te*, et autres règles.

I. Les frères de Joseph portèrent à Jacob les présens du roi Pharaon. — Darius écrivit à Alexandre une lettre peu modeste.

II. Les Mages portèrent à l'enfant Jésus de l'or, de l'encens et de la myrrhe. — Saint Paul envoya deux fois saint Tite aux Corinthiens.

III. Constantin écrivit à tous les évêques des lettres dignes d'un empereur chrétien. — Les Samnites envoyèrent à Fabricius une grande somme d'argent qu'il refusa.

IV. Le satrape d'Arménie envoyoit régulièrement chaque année au roi de Perse vingt mille poulains. — L'empereur Constantin et ses fils écrivirent à saint Antoine une lettre fort respectueuse.

V. Ruben et ses frères envoyèrent à Jacob leur père, la robe de Joseph, après l'avoir trempée dans le sang d'un chevreau. — Annibal envoya aux Carthaginois trois boisseaux des anneaux qu'on avoit ôtés du doigt des chevaliers et des sénateurs.

VI. Scipion ayant surpris des espions Carthaginois, loin de les punir, les renvoya sains et saufs à Annibal, après qu'ils eurent examiné à loisir le camp des Romains.

62.e RÈGLE : *Accepi litteras à patre meo*, et autres règles.

I. SALOMON demanda au Seigneur la sagesse. — Nous avons tout reçu de Dieu.

II. Nous recevrons du Seigneur une grande récompense. — S. Antoine reçut une lettre fort respectueuse de l'empereur Constantin.

III. Les pauvres demandent l'aumône aux riches ; mais souvent ils n'en obtiennent rien. — Les Hébreux obtinrent enfin du roi Pharaon la permission de partir.

IV. Le philosophe Anaximène usa de ruse pour obtenir du roi Alexandre la conservation de Lampsaque sa patrie.

V. Le saint évêque Flavien parla à Théodose avec tant d'éloquence, qu'il obtint de cet empereur le pardon des habitans d'Antioche.

VI. Héraclide et Théodote connoissant quelle étoit la clémence de Dion, n'hésitèrent pas à lui demander pardon, quelque indignes qu'ils fussent de l'obtenir d'un homme contre lequel ils avoient conjuré.

63.e Règle : *Cepi magnam voluptatem ex tuis litteris ; haurire aquam ex fonte*, etc.

I. Alexandre ressentit la plus vive douleur de la mort d'Ephestion.

II. Un jour Placide, disciple de saint Benoît, alla puiser de l'eau à un lac et tomba dedans.

III. Carthage tiroit de la Numidie une cavalerie hardie et infatigable ; des îles Baléares, les plus adroits frondeurs du monde ; et de l'Espagne, une infanterie ferme et invincible.

IV. Trois officiers, les plus braves de l'armée de David, traversèrent le camp des Philistins, et allèrent puiser de l'eau à la citerne de Bethléem.

V. Lorsque S. Germain, encore laïque, avoit pris quelque bête à la chasse, il en pendoit la tête à un poirier qui étoit au milieu de la ville d'Auxerre, afin qu'on vît qu'il étoit bon chasseur.

VI. Cléanthe se distingua par son amour pour la philosophie ; car, afin de pouvoir assister aux leçons de Zénon pendant le jour, il passoit la nuit à puiser de l'eau à un puits, pour avoir de quoi vivre.

64.e Règle : *Id audivi ex* ou *ab amico meo ; Ex tuis litteris cognovi*, etc.

I. Cinna avoit conjuré contre Auguste ; l'empereur l'apprit de l'un des complices.

II. Dymnus et plusieurs autres conjurèrent

contre Alexandre ; le roi l'apprit de Cébalinus, frère de Nicomaque, qui l'avoit appris de Dymnus lui-même.

III. Il y a un Dieu en trois personnes ; les Apôtres l'ont appris de J. C., et nous l'avons appris des Apôtres. — David s'informa de ses serviteurs si l'enfant vivoit encore, et il connut à leur mine et à leur discours qu'il étoit mort.

IV. Plus de quarante Juifs formèrent le complot de tuer S. Paul : il l'apprit du fils de sa sœur.

V. Le prophète Elisée connut par les larmes de la Sunamite qu'il lui étoit arrivé quelque malheur. — Pyrrhus apprit des messagers de Fabricius que son médecin avoit pensé à l'empoisonner.

VI. Porsenna apprit de Mucius Scevola que trois cents Romains avoient conjuré contre lui. — Le maître de Tibère connut à sa mine qu'il seroit sanguinaire.

65.e Règle : *Christus redemit hominem à morte*, etc.

I. Jésus-Christ nous a délivrés de la servitude du démon.

II. L'aumône, disoit Tobie à son fils, délivre l'homme de la mort éternelle. — J. C. séparera un jour la paille du froment.

III. Les Hébreux furent délivrés par le ministère de Moïse de l'injuste servitude des Egyptiens. — Dieu sépara la lumière des ténèbres, et les eaux de la terre.

IV. L'Ange dit en parlant de Samson : c'est lui qui commencera à délivrer le peuple d'Israël de la tyrannie des Philistins. — J. C., en mourant pour ses brebis, les a délivrées de la gueule des loups et de l'épée des voleurs.

V. David dit au roi Saül : je ne doute point que le Seigneur qui m'a délivré de la gueule du lion et de la griffe de l'ours, ne me délivre aussi de la main du Philistin.

VI. Thrasybule et Pélopidas eurent le bonheur de délivrer, le premier, la ville d'Athènes, le second la ville de Thèbes, du joug des tyrans.

66.e Règle : *Implere dolium vino*, etc.

I. Dieu dit au prophète Samuel : emplissez votre fiole d'huile.

II. Remercions sans cesse le Seigneur qui nous comble tous les jours de nouveaux bienfaits. — Caïn souilla la terre du sang de son frère Abel.

III. Joseph fit remplir de blé les sacs de ses frères.

IV. Lorsque Socrate faisoit bâtir pour lui une petite maison, il ne désiroit pas moins la remplir d'amis véritables, qu'un avare désire remplir la sienne d'or et d'argent.

V. Ce qui fait beaucoup d'honneur à Alexandre, c'est d'avoir comblé de bienfaits la mère, l'épouse, le fils et les filles de Darius son ennemi.

VI. Les Tyriens assiégés par Alexandre,

remplissoient de sable embrasé des boucliers d'airain qu'ils tiroient tout rouges du feu, et les jetoient promptement du haut de la muraille sur les ennemis.

67.e Règle : *Admonui eum periculi* ou *de periculo*, etc.

I. Joseph avertit Pharaon de l'arrivée de Jacob.

II. Le peuple de Constantinople, averti du retour de S. Jean Chrysostôme, alla au-devant de lui.

III. Noé, pendant qu'il bâtissoit l'arche, avoit beau avertir les hommes du déluge dont ils étoient menacés.

IV. On eut beau avertir Darius du complot tramé contre lui : il ne put y ajouter foi.

V. Dès que Joseph eut été averti de l'arrivée de son père, il alla au-devant de lui.

VI. Alexandre n'eut pas plus tôt été averti du complot que Dymnus et plusieurs autres avoient tramé contre lui, qu'il envoya des gardes pour arrêter Dymnus.

68.e Règle : *Hoc eos moneo*, *unum te moneo*, etc.

I. Nous mourrons : la nuit qui succède au jour nous avertit de cela.

II. Je vous avertis d'une chose, dit Tobie à son fils ; j'ai prêté dix talens d'argent à Gabelus.

III.

III. Callippe attentoit à la vie de Dion : sa sœur et son épouse l'avoient averti de cela.

IV. Notre juge viendra comme un voleur : c'est J. C. lui-même qui nous en a avertis. — Athéniens, dit l'extravagant Timon, je vous avertis d'une chose : si quelqu'un veut se pendre à un figuier qui est au milieu de mon champ, qu'il se dépêche ; car je pense à l'abattre.

V. Il y a eu, et il y aura des hérésies et des scandales ; J. C. et S. Paul nous en ont avertis. — J. C. avertit ses Apôtres d'une chose, c'est qu'un d'entr'eux le trahiroit.

VI. Il ne tenoit qu'à Darius de se dérober à la perfidie de Bessus qui avoit résolu de l'enchaîner. Patron l'avoit averti de cela.

69.e Règle : *Insimulare aliquem furti* ou *furto*, etc.

I. Trois scélérats accusèrent d'un crime atroce le saint évêque Narcisse.

II. La femme de Putiphar n'eut pas honte d'accuser le chaste Joseph d'un crime horrible. — S. Jean l'évangéliste fut condamné à l'exil.

III. Deux infâmes vieillards accusèrent la chaste Susanne du crime d'adultère ; mais Daniel les convainquit de faux témoignage, et ils furent condamnés à mort.

IV. Mélitus, un des accusateurs de Socrate, fut condamné à mort, et les autres à l'exil. — Quelques historiens ont accusé Trajan de gourmandise et d'ivrognerie.

V. L'empereur Tite étoit si porté à la clémence, qu'il prit la résolution de ne condamner jamais à mort aucun de ses sujets.

VI. Qui pourroit croire que S. Athanase, cet illustre docteur de l'Eglise, fut accusé par les Ariens de meurtre et de sortilége? — O Pilate, tu es assez inique pour condamner à mort Jésus, dont tu viens de reconnoître l'innocence!

70.e Règle : *Arguitur prodidisse rempublicam; jussus est ab urbe discedere*, etc.

I. Socrate fut accusé de trahir la religion, et fut condamné à boire la ciguë.

II. Les enfans de Jacob furent accusés d'avoir dérobé la coupe de Joseph. — Alcibiade fut condamné à sortir d'Athènes.

III. Pausanias ayant été accusé d'avoir voulu trahir sa patrie, fut condamné à mort par les Athéniens. — Caïn, après avoir tué Abel, fut condamné à errer toute sa vie.

IV. Daniel fut accusé par ses ennemis d'avoir violé les ordres du roi, et il fut condamné à être jeté dans la fosse aux lions.

V. Protagoras, le plus fameux sophiste de son temps, fut accusé d'avoir douté s'il existoit des dieux, et il fut condamné à sortir d'Athènes.

VI. Philotas accusé, peut-être à tort,

d'avoir tramé un complòt contre Alexandre, fut condamné à être assommé à coups de pierres.

71.e RÈGLE : *Deus amat virum bonum, illique favet*, etc.

I. MON fils, honorez et contentez vos parens.

II. L'empereur Trajan aimoit et favorisoit les savans et les bons philosophes.

III. Samuel dit aux Israélites : craignez et servez le Seigneur.

IV. Les Romains, dit Tacite, ont toujours condamné et cependant toujours étudié l'astrologie judiciaire.

V. David exhorta son fils Salomon à craindre et à servir fidèlement le Seigneur.

VI. Thébé fut curieuse de voir et d'entretenir Pélopidas, général des Thébains : Alexandre son mari l'avoit fait prisonnier par la plus noire trahison. — Denis le jeune étoit aussi désireux qu'homme du monde, de voir et d'entretenir Platon.

72.e RÈGLE : *Amor à Deo*, et autres règles.

I. Saül fut dangereusement blessé par les archers des ennemis.

II. La ville de Troie fut prise par les Grecs après un siége de dix ans. — Apollonius, un des officiers d'Antiochus, fut défait et tué par Judas Machabée.

III. Amnon, fils de David, fut assassiné au milieu d'un festin par les officiers d'Absalon. — Timoléon étoit aimé des Syracusains, comme un père de ses enfans.

IV. Esaü et Jacob étoient frères : le premier étoit plus aimé de son père, et le second étoit plus chéri de sa mère.

V. La ville de Cyropolis, bâtie par le grand Cyrus, fut rasée jusqu'aux fondemens par Alexandre-le-Grand.

VI. Voici ce que le Prophète annonça à la femme de Jéroboam : j'exterminerai la maison de Jéroboam : ceux qui mourront dans la ville seront mangés par les chiens, et ceux qui mourront dans la campagne seront mangés par les oiseaux du ciel.

73.e Règle : *Mœrore conficior*, et autres règles.

I. Le roi Ezéchias fut attaqué d'une maladie mortelle.

II. Régulus ne fut point ébranlé par la crainte de la prison, de l'exil, et même de la mort la plus cruelle.

III. Le saint homme Job fut frappé d'une plaie horrible depuis la plante des pieds jusqu'à la tête. — L'impie sera dévoré par un feu qui n'a point été allumé par la main d'un homme.

IV. Sous le règne de David, le royaume d'Israël fut ravagé par la peste : et dans l'espace de trois jours, il y mourut soixante et dix mille hommes. — Le fer, malgré sa dureté, est consumé par la rouille.

V. La ville de Tyr étoit défendue par une forte muraille qui avoit 150 pieds de haut, et qui étoit baignée par les flots de la mer.

VI. Ce n'est pas par les armes ou par l'or qu'on acquiert les amis, mais par les bienfaits et la fidélité.

74.e RÈGLE : *Hæc sententia neque nobis, neque illi probatur*, etc.

I. L'HISTOIRE de Joseph est connue de tout le monde.

II. L'avis de Mucius Scévola fut approuvé des sénateurs.

III. La haine d'Annibal contre les Romains est connue de tous ceux qui ont lu l'histoire romaine.

IV. L'avis de sainte Geneviève fut approuvé des dames Troyennes, mais non des hommes.

V. Il s'en fallut beaucoup que l'avis de Thémistocle fût approuvé d'Aristide.

VI. N'ai-je pas lieu de douter que la loi de Dracon qui condamnoit à mort un citoyen convaincu d'oisiveté, soit approuvée de la plupart des jeunes gens ?

75.e RÈGLE : *Hoc ad me pertinet*, et autres règles.

I. LES maximes de l'Evangile regardent les riches et les pauvres.

II. Dieu prescrivit à Moïse la forme des

habits des sacrificateurs, et les autres choses qui regardoient le culte divin.

III. Les promesses de la loi regardoient plus les Chrétiens que les Juifs.

IV. Toutes les lois de Sparte regardoient la guerre; et toute autre profession étoit interdite aux Spartiates.

V. Un lévite rempli de l'esprit de Dieu dit à Josaphat et au peuple : ne craignez point, ce n'est pas vous que cette guerre regarde, c'est Dieu.

VI. Qu'il soit lié avec des chaînes de fer, et qu'il paisse l'herbe des champs avec les bêtes sauvages. Telles sont les paroles qu'entendit le roi Nabuchodonosor, sans savoir qu'elles le regardoient.

76.e Règle : *Me pœnitet culpæ meæ*, etc.

I. Tobie avoit pitié des pauvres.

II. Androcle s'ennuya de la société du lion, et s'enfuit.

III. L'empereur Auguste eut honte des désordres de Julie sa fille. — L'empereur Dioclétien s'ennuya de la souveraineté.

IV. Les enfans de Jacob n'eurent pas pitié de Joseph leur frère; mais ensuite ils se repentirent de leur cruauté envers lui.

V. Judas se repentit de sa perfidie; mais le démon l'empêcha d'implorer la miséricorde de Dieu.

VI. Les malheurs de Manassès lui furent utiles; car ayant été mis en prison, il se repentit de tous ses crimes et en obtint le pardon. — L'empereur Adrien s'ennuya de la chasse qu'il avoit beaucoup aimée dans sa jeunesse.

77.e Règle : *Incipit me pœnitere*, etc.

I. L'Empereur Claude auroit dû avoir honte des désordres de Messaline.

II. Absalon dut se repentir de sa révolte contre son père.

III. Saül et Hérode durent se repentir de leur serment téméraire.

IV. A peine Adam et Eve eurent mangé du fruit défendu, qu'ils commencèrent à avoir honte de leur nudité.

V. Ruben qui étoit l'aîné des enfans de Jacob, ne dut pas se repentir d'avoir détourné ses frères du crime qu'ils avoient médité contre Joseph.

VI. Les Thébains durent se repentir d'avoir ôté le commandement de l'armée à Epaminondas, pour le donner à un général peu habile dans l'art de la guerre.

78.e Règle : *Refert*, *interest regis*, etc.

I. Il importoit au roi Roboam de suivre le conseil des vieillards.

II. Il importe grandement aux parens d'élever chrétiennement leurs enfans.

III. Il Importoit grandement au roi Darius d'écouter le conseil de Caridème.

IV. Après tant de défaites, il importoit à Fabius de n'en point venir aux mains avec Annibal.

V. Quoiqu'il fût de l'intérêt de toute la Grèce de secourir la ville d'Olynthe assiégée par Philippe, il n'y eut que les Athéniens qui lui envoyèrent des troupes.

VI. Il importoit aux peuples de la Grèce de réunir leurs forces contre Philippe, roi de Macédoine, au lieu de se laisser subjuguer les uns après les autres.

79.e Règle : *Refert meâ, tuâ, nostrâ.... Hic philosophus dicebat parvi suâ referre.*

I. Il nous importe de nous aimer réciproquement.

II. Jeunes gens, il vous importe d'éviter le danger. — Les Lacédémoniens crurent qu'il leur importoit de profiter de l'absence d'Alexandre, pour recouvrer leur liberté.

III. Mon fils, disoit le pieux Tobie, il vous importe de servir Dieu et d'honorer vos parens. — Porsenna, comprenant combien il lui importoit de faire la paix avec les Romains, reçut des otages, et mit fin à la guerre.

IV. Mes chers enfans, disoit la mère des Machabées, il vous importe grandement de ne point abandonner la loi du Seigneur. — Cambyse, averti par Crésus, dut enfin comprendre combien il lui importoit d'être aimé de ses sujets.

V. Mes amis, il vous importe d'acquérir

la science, mais plus encore la sagesse. — Le mage Smerdis, qui se disoit fils de Cyrus, sentant combien il lui importoit de tenir son imposture cachée, n'avoit garde de paroître en public.

VI. Jeunes gens, que ne comprenez-vous combien il vous importe de porter de bonne heure le joug du Seigneur! — Les Scythes vivant dans les bois pensoient qu'il leur importoit peu de savoir qui étoit Alexandre, et d'où il venoit.

80.e Règle : *Refert meâ Cæsaris.... utriusque nostrûm, vestrûm, illorum interest.*

I. Il importe à nous tous de penser souvent à la mort.

II. Il importe à nous chrétiens de mépriser les biens de la terre.

III. Il importe à nous frères de J. C. de désirer les biens du ciel. — Othon et Vitellius ne régnèrent pas long-temps. Il leur importoit à tous deux de ne point aspirer à la couronne.

IV. Il importe à vous juges, de ne point condamner l'innocent à cause de sa pauvreté. — Parysatis et Statira, vous vous haïssiez mortellement. Il vous importoit à toutes deux de vous aimer, comme il convenoit à la mère et à l'épouse du même roi.

V. Il importe à vous notre pasteur, de nous enseigner la bonne voie, et à nous tous de la suivre. — Rome et Carthage, combien il vous importoit à toutes deux de faire une alliance éternelle !

VI. Il importe à vous pères et mères, d'exhorter vos enfans à la vertu, et à vous enfans, d'obéir à vos parens. — César et Pompée se faisoient la guerre; Cicéron pensoit avec raison qu'il leur importoit à tous deux de vivre en bonne intelligence.

81.e Règle : *Ad honorem nostrum interest*, et autres règles.

I. Il importe au bonheur d'un enfant (*ut* prés. subj.) de pratiquer de bonne heure la vertu.

II. Il importoit au bonheur des Athéniens et des Lacédémoniens de ne point se faire la guerre.

III. Il importoit à la gloire d'Alexandre de traiter avec bonté l'épouse et la mère de Darius.

IV. Parménion conseillant à Alexandre d'attaquer de nuit l'ennemi ; je ne suis pas homme, répondit-il avec fierté, à dérober la victoire ; et il importe à la gloire de mon nom de combattre et de vaincre en plein jour.

V. Il n'importe pas au bonheur de l'homme qu'il possède de vastes champs, qu'il repose dans un lit somptueux, mais qu'il soit homme de bien.

VI. Il importe beaucoup à la renommée d'Alexandre que l'on considère comment il usa de la victoire après la bataille d'Issus ;

on peut assurer avec raison que jamais il ne se montra plus grand qu'en cette occasion.

82.e RÈGLE : *Est regis*, et autres règles.

I. Il appartient à Dieu seul de prévoir l'avenir.

II. Il est d'un bon pasteur de mourir pour ses brebis.

III. Il est du devoir des maîtres d'enseigner, comme il est du devoir des disciples de se montrer dociles.

IV. Joseph dit aux deux officiers de Pharaon : n'est-ce pas à Dieu seul qu'il appartient d'interpréter les songes ?

V. Il est d'un homme de bien de secourir sa patrie, ses parens, lorsqu'il apprend qu'ils sont en danger. — A qui appartient-il, sinon au pasteur, d'avoir soin de son troupeau ?

VI. Le monde, disoit Alexandre, ne peut souffrir ni deux soleils ni deux maîtres : c'est à Darius de voir s'il veut se rendre aujourd'hui, ou combattre demain.

83.e RÈGLE : *Meum est loqui, magister credit suum esse docere*, etc.

I. Seigneur, il vous appartient de commander; c'est à nous d'obéir à vos ordres.

II. Juges, c'est à vous de protéger la veuve et l'orphelin. — Burrhus et Sénèque dirent à Néron : c'est à vous de régner, et non à votre mère; et Néron les crut.

III. Joseph répondit au roi Pharaon : ce n'est pas à moi, mais à Dieu seul qu'il appartient de vous donner une réponse favorable.

IV. Seigneur, vous avez les paroles de la vie éternelle : c'est à vous notre maître, de nous instruire; et c'est à nous vos disciples, de vous écouter. — Que les riches sachent que c'est à eux de secourir les malheureux.

V. Aristide étoit persuadé qu'il étoit de son devoir de servir sa patrie, sans attendre aucune récompense.

VI. Le pontife Azarias et quatre-vingts prêtres avec lui, eurent le courage de dire au roi Ozias : ce n'est pas à vous qu'il appartient d'offrir l'encens au Seigneur; cela n'appartient qu'aux prêtres qui ont été consacrés pour ce ministère.

84.e Règle : *Hic liber est meus*, etc.

I. Les cieux sont à vous, Seigneur, et la terre est à vous.

II. Les Scythes dirent à Alexandre : le pays que nous habitons est à nous, et non pas à toi.

III. Tout ce qui est à moi est à vous, dit J. C. à son Père, et tout ce qui est à vous est à moi. — Chrétiens, réjouissez-vous de ce que tous les trésors de J. C. sont à vous.

IV. La victoire sera à nous, pourvu que nous ne mettions qu'en Dieu notre confiance.

V. Vous sied-il, écrivoit Alexandre à Darius, d'offrir ce qui n'est plus à vous, et de vouloir partager ce qui est maintenant à moi ?

VI. J'ai de grandes richesses, disoit Cyrus à ses courtisans, je l'avoue volontiers, et je suis bien aise qu'on le sache ; mais vous devez être persuadés qu'elles ne sont pas moins à vous qu'à moi.

85.e Règle : *Mihi opus est amico*, etc.

I. Un roi a besoin d'amis prudens et fidèles.

II. Nous avons tous besoin de la grâce de Jésus-Christ.

III. Job, couvert de plaies, eut besoin d'une grande patience. — La république romaine avoit besoin des conseils de Caton.

IV. Moïse eut besoin d'une grande fermeté, pour conduire le peuple rebelle dont Dieu l'avoit chargé.

V. Le roi saint Louis comprit qu'il avoit besoin d'une grande sagesse pour gouverner le peuple qui lui avoit été confié.

VI. De quelle sagesse n'eut pas besoin Salomon, pour découvrir à laquelle des deux appartenoit l'enfant que deux femmes se disputoient !

86.e Règle : *Interdico tibi domo meâ*, etc.

I. La loi interdisoit aux Juifs la chair de porc.

II. Dieu avoit interdit à Adam et à Eve le fruit de l'arbre de la science du bien et du mal.

III. Une des lois de Lycurgue interdisoit aux Lacédémoniens l'or et l'argent. — Saint Augustin avoit interdit sa table à ceux qui médisoient des absens.

IV. Sainte Marcelle et sainte Paule qui avoient été élevées fort délicatement, ne laissèrent pas de s'interdire, la première, la chair, et la seconde, le vin.

V. Trajan, un des empereurs romains les plus célèbres, haïssoit trop les flatteurs pour ne pas leur interdire l'entrée de son palais.

VI. Auguste, après avoir délibéré s'il feroit mourir Julie sa fille, la relégua dans une île de la Campanie, et lui interdit le vin, les mets délicats et les riches habits.

87.e Règle : *Amat ludere*, et autres règles.

I. Les disciples de Pythagore apprenoient d'abord à écouter et à se taire.

II. Jugurtha, dans sa jeunesse, apprit à lancer le javelot et à monter à cheval. — Les Scythes ne vouloient commander ni obéir à personne.

III. Les Tyriens vouloient bien avoir Alexandre pour ami, mais non pour maître.

IV. Thémistocle apprit en une année à parler très-bien la langue persanne. — Si nous cessons de pécher, Dieu cessera de punir.

V. Cyrus apprit à obéir avant de commander.

VI. Maharbal fâché qu'Annibal ne marchât

point droit à Rome après la bataille de Cannes, ne put s'empêcher de lui dire : vous savez vaincre, Annibal, mais vous ne savez pas profiter de la victoire.

88.e RÈGLE : *Eo lusum*, et autres règles.

I. AUGUSTIN, encore pécheur, alloit entendre saint Ambroise.

II. Saül alloit chercher les ânesses de son père, lorsque Samuel le sacra roi d'Israël.

III. Allons nous promener, dit le méchant Caïn à son frère Abel ; et s'étant jeté sur lui, il le tua.

IV. Nabuchodonosor, après avoir battu les Egyptiens, revint assiéger Jérusalem.

V. Quand Jésus-Christ dit à ses disciples : Je vais réveiller Lazare, ils ne comprirent pas qu'il alloit ressusciter cet ami mort depuis quatre jours.

VI. Telle étoit la réputation de Socrate, que les jeunes gens d'Athènes renonçoient à leurs parties de plaisir pour aller l'entendre.

89.e RÈGLE : *Venio ad studendum*, etc.
(*Arcere*, *clangere*, *discere*, *mederi*, *refellere*, *stertere*, *studere*.)

(*in* acc.)

I. Saint Germain et saint Loup allèrent en Angleterre réfuter les erreurs des Pélagiens. — Manlius réveilla les Romains, et ils vinrent promptement repousser les Gaulois.

II. Saint Vincent, âgé de vingt ans, alla à Toulouse étudier en théologie. — S. Antoine alla à Alexandrie réfuter l'erreur des Ariens.

III. Saint François alla à Paris étudier la rhétorique, la philosophie et la théologie ; et six ans après, on l'envoya à Padoue étudier le droit.

IV. S. Athanase alla d'Alexandrie à Nicée, réfuter les Ariens. — S. Thomas alla à Cologne étudier en théologie sous Albert-le-Grand. — Tu dors, laquais, va ronfler dans ton lit.

V. S. Grégoire alla à Athènes apprendre (1) ce qu'il n'avoit pu apprendre dans son pays. Dans la suite il fut député à Constantinople où il alla réfuter les Ariens. — Soldats, préparez-vous au combat, je viens sonner de la trompette.

VI. S. Apphien né en Lycie, alla à Bérite apprendre les lettres humaines. — Nos maux étoient incurables à tout autre qu'à J. C. qui est venu y remédier.

90.e RÈGLE : *Redeo ab ambulando ; redibam ab agris invisendis*, et autres règles.

I. CAÏN revenoit de tuer Abel, et le Seigneur lui annonça la punition de ce crime.

II. Le roi Antiochus revenoit de chasser lorsqu'il entra dans une chaumière.

III. Jacob dit à Esaü qui revenoit de par-

(1) On trouve *discitum* dans quelques dictionnaires ; mais la grammaire de Port-Royal dit expressément que *discitum* n'est pas latin.

courir les champs : vendez-moi votre droit d'aînesse, et Esaü le lui vendit.

IV. Saül revenoit de labourer, lorsqu'il apprit que les Ammonites avoient assiégé une ville voisine (Jabès en Galaad.).

V. Jephté revenoit de tailler en pièces les Ammonites, lorsqu'il aperçut sa fille qui venoit au-devant de lui.

VI. Samson revenoit de demander en mariage une fille des Philistins, lorsqu'il vit venir à lui un lion furieux et rugissant qu'il mit en pièces comme il auroit déchiré un chevreau.

91.e Règle : *Te hortor ad legendum*, etc.

I. Agis engagea les Lacédémoniens à secouer le joug d'Alexandre.

II. S. Numidique, prêtre de Carthage, exhortoit les Chrétiens à souffrir les pierres et le feu.

III. Sainte Julitte encourageoit les autres femmes chrétiennes à souffrir tous les tourmens pour J. C.

IV. Alexandre animoit ses soldats à poursuivre vivement l'infâme Bessus, meurtrier de Darius son maître et son roi.

V. Sainte Geneviève exhorta les dames de Paris à détourner la colère de Dieu par les prières, les veilles et les jeûnes.

VI. Pendant que tout le monde exhortoit Annibal à livrer bataille à Scipion, il étoit le seul qui songeât à faire la paix.

92.e Règle : *Consumit tempus legendo*, et autres règles.

I. Les Germains passoient volontiers la nuit et le jour à boire.

II. S. Antoine et S. Paul ermites passèrent la nuit à chanter des psaumes.

III. S. Lucien gagnoit sa vie à copier des livres. — Tobie perdit la vue à ensevelir les morts.

IV. Protagoras, encore jeune, gagnoit sa vie à faire le métier de portefaix ; mais Démocrite ayant admiré son adresse, lui fournit son entretien, et lui enseigna la philosophie.

V. Sylla, après avoir abdiqué la dictature, passoit sa vie à chasser. — Le roi Artaxerxès sembloit goûter plus de plaisir à répandre partout ses bienfaits, que d'autres à en recevoir.

VI. Autant Scipion l'Africain montra de grandeur d'ame à mériter les plus grands honneurs, autant en montra-t-il à les refuser. — Caridème conseilloit à Darius d'employer à lever des troupes dans la Grèce, l'or et l'argent dont son armée brilloit inutilement.

93.e Règle : *Dedit mihi libros legendos*, et autres règles.

I. Moïse dit au peuple : le Seigneur vous donnera aujourd'hui de la chair à manger, et demain il vous rassasiera de pain.

II. Goliath maudissant David, lui dit :

viens, et je donnerai ta chair à manger aux bêtes et aux oiseaux.

III. Servius Térence présenta sa tête à couper, pour sauver la vie à Décimus Brutus poursuivi par des cavaliers.

IV. La langue de Nicanor fut coupée en petits morceaux, et Judas la fit donner à manger aux oiseaux.

V. Judith ayant dit qu'elle avoit des secrets à découvrir à Holoferne, on la mena à la tente de ce général. — Daniel ayant fait une pâte, la donna à avaler au dragon qu'on adoroit à Babylone ; et le dragon étant crevé, voila, dit Daniel, le dieu que vous adoriez.

VI. S. Paul, S. François-Xavier et plusieurs autres ne redoutoient ni voyages, ni fatigues, tant qu'ils voyoient des peuples à assujettir au joug de J. C.

94.e Règle : *Vidi eum ingredientem*, etc.

I. S. Ignace entendant rugir les lions affamés, fut comblé de joie. — Jamais les Athéniens ne virent Phocion rire ou pleurer.

II. Moïse voyant le peuple danser autour du veau d'or, entra dans une grande colère. —Elisée voyant Elie monter au ciel, crioit : mon père ! mon père !

III. Rebecca sentant deux enfans s'entrechoquer dans son sein, fut effrayée et consulta le Seigneur. — Les Philistins voyant approcher Samson lié de deux grosses cordes, allèrent au-devant de lui en poussant des cris de joie.

IV. Le roi Assuérus voyant Esther venir à lui sans avoir été mandée, entra d'abord dans une grande colère. — Les Tyriens insultoient aux Macédoniens qu'ils voyoient porter des fardeaux sur leur dos, comme des bêtes de charge.

V. C'est avec peine que je vois Alexandre insulter à son père par une raillerie outrageante dans un repas public. — Qui a jamais vu sur la terre un père nourrir ses oiseaux, et abandonner ses enfans? qui peut donc craindre cela du Père céleste?

VI. Pharaon dans un songe vit sortir du Nil sept vaches grasses ; il vit ensuite sortir du même fleuve sept autres vaches fort maigres qui dévorèrent les premières, sans en devenir plus grasses. — De quelle frayeur ne furent pas saisis Alexandre et ses favoris, lorsqu'étant à table ils entendirent les princesses captives crier, ou plutôt hurler, à la manière des Barbares !

95.e RÈGLE : *Deus qui regnat..... Refert meâ qui doceo.*

I. DARIUS qui étoit un roi fort puissant, périt misérablement.

II. Sisygambis qui étoit la mère de Darius, devint la captive d'Alexandre.

III. Le temple qui avoit été bâti par Salomon fut brûlé par le roi de Babylone. — S. Macaire qui d'abord avoit été marchand de dragées ou de gâteaux, pratiqua long-temps la pénitence la plus austère dans les déserts de l'Egypte.

IV. Timoléon se joua fort adroitement des Carthaginois qui passoient pourtant pour les plus grands fourbes du monde. — Il importe à nous qui aspirons au royaume du ciel, de le mériter par nos œuvres.

V. Dieu éclaire les ignorans qui sont humbles, au lieu qu'il aveugle les savans qui sont orgueilleux. — C'est à moi qui me glorifie du nom de chrétien, d'imiter mon chef et mon maître.

VI. Il importe à vous qui combattez contre le prince des ténèbres, de vous revêtir des armes de lumière. — Salomon comprit combien il importoit à lui qui étoit roi, de demander à Dieu la sagesse. — Dieu est souverainement grand ; c'est à nous qui sommes devant lui des vers de terre, d'adorer sa majesté suprême.

96.e Règle : *Pater et mater quos amo*, etc.

I. Dieu exauça en même temps Tobie et Sara (1) qui avoient eu recours à lui.

II. Joseph et Marie, dont nous devons imiter les vertus, vécurent dans la pauvreté et inconnus au monde.

III. Adam et Eve que Dieu avoit chassés du paradis terrestre, pleurèrent leur péché.

IV. Socrate et Xantippe dont le caractère étoit bien différent, vivoient à Athènes, ville fort célèbre.

---

(1) Fille de Raguel.

V. Dieu consola enfin Tobie et son épouse que la trop longue absence de leur fils affligeoit extrêmement.

VI. Dieu entra en colère contre Aaron et Marie, sa sœur, qui avoient osé murmurer contre Moïse, leur frère et le plus doux de tous les hommes.

97.e Règle : *Virtus et vitium quæ sunt contraria*, et autres règles.

I. L'eau et le vin que le prêtre mêle en offrant le saint Sacrifice, représentent un grand mystère.

II. Recourons au jeûne et à la prière (*oratio*) que redoute l'ennemi de notre salut.

III. L'homme est composé d'un corps et d'une ame que Dieu a unis d'une manière admirable.

IV. C'est Dieu qui envoie la guerre et la famine que les hommes redoutent.

V. La couronne et le sceptre que porta J. C. dans sa passion, sont aujourd'hui l'objet de notre vénération.

VI. Saint Jean atteste avoir vu couler l'eau et le sang qui sortirent du côté de J. C. après sa mort.

98.e Règle : *Deus qui regnat.... Puer quem pœnitet.... Magister cui opus est*, etc.

I. Daniel répondit au roi : Mon Dieu a envoyé un Ange qui a fermé la gueule des lions.

II. Sylla qui s'ennuyoit de la dictature, abdiqua cette dignité.

III. Les Lacédémoniens envoyèrent Xantippe aux Carthaginois qui avoient besoin d'un général habile. — Eve cueillit du fruit qui lui avoit été interdit, en mangea et en présenta à son mari.

IV. Dioclétien qui s'ennuyoit de la vie, ne vouloit ni dormir ni manger, et soupiroit sans cesse. — Darius qui avoit besoin des conseils de Caridème, ne laissa pas de le faire mourir.

V. Manassès qui se repentit sincèrement de ses crimes, obtint miséricorde. — Alexandre n'étoit pas peu irrité contre Philippe son père qui n'avoit pas eu honte de répudier Olympias.

VI. Dioclétien qui s'ennuyoit de la souveraineté, ou qui, pour mieux dire, fut contraint par Galère de renoncer à l'empire, s'occupa à cultiver ses jardins et ses vergers.

99.e Règ. : *Mitte quem voles*, et autres règles.

I. Le Seigneur choisit roi qui il veut.

II. Si un roi choisit qui il veut pour ses ministres, combien plus le Roi des rois!

III. J. C. choisissant ses Apôtres, appela qui il voulut.

IV. Héliodore ne voulant pas retourner à Jérusalem, dit au roi : envoyez-y qui vous voudrez ; mais je doute qu'il en revienne.

V. Alexandre ayant jugé Straton indigne de régner, donna à Ephestion le pouvoir de nommer roi qui il voudroit parmi les Sydoniens.

VI. On ne peut pas dire que les Apôtres aient choisi qui ils voulurent pour succéder à Judas ; car après qu'on leur eut présenté deux disciples, ils eurent recours au sort.

100.e Règ. : *Deus quem amo... Grammatica cui studeo*, et autres règles.

I. Le Seigneur répondit à Saul : je suis Jésus que vous persécutez. — Le Dieu que nous devons servir nous promet une récompense éternelle.

II. Joseph rapporta à Jacob un grand crime que ses frères avoient commis. — Alexandre, en faveur de ses amis, fit quelquefois usage de la médecine qu'il avoit étudiée.

III. Babylone fut tout à coup accablée de maux qu'elle n'avoit pu prévoir. — Les habitans de Jérusalem que l'épée des Chaldéens avoit épargnés furent emmenés captifs à Babylone.

IV. Daniel, par un innocent artifice, fit périr le dragon que les Babyloniens adoroient comme un Dieu. — Samuel fit tuer et couper

par

par morceaux Agag, roi des Amalécites, que Saül avoit épargné.

V. La mère de Moïse le mit dans un panier de jonc qu'elle avoit enduit de bitume et de poix, et l'exposa parmi les roseaux du fleuve. — Bessus et Nabarzanes que Darius avoit favorisés, furent assez perfides pour l'enchaîner et le percer de traits.

VI. Judas Machabée se servoit dans les combats de l'épée qu'il avoit enlevée à Apollonius, après l'avoir tué. — Le démon engagea la femme à manger du fruit que Dieu lui avoit interdit ainsi qu'à son mari.

101.e Règle : *Pauperes quos amare et quibus opitulari debemus*, et autres règles.

I. Dieu que nous devons adorer et remercier sans cesse, sera notre récompense.

II. J. C. que nous devons aimer et servir fidèlement, nous prépare une place dans son royaume.

III. Le figuier que J. C. maudit et frappa de stérilité, figuroit les Chrétiens dont la foi n'est pas accompagnée de bonnes œuvres.

IV. Adam et Eve que Dieu avoit avertis et menacés de la mort, ne laissèrent pas de lui désobéir.

V. Le serpent que Dieu maudit et condamna à ramper sur son ventre, étoit la figure du démon. — Les Lacédémoniens se laissèrent peu à peu séduire par l'éclat de l'or et de l'argent, que Lycurgue regardoit comme nuisibles, et leur avoit interdits.

VI. Quelle horreur du péché ne doivent pas avoir les Chrétiens que J. C. a sanctifiés (*alicui sanctitatem conferre*) et lavés dans son sang!

102.e Règle : *Animal quem vocamus leonem.*

I. La ville que nous appelons Lyon est fort ancienne.

II. J. C. qu'on appelle aussi le Verbe ou la parole de Dieu a instruit les hommes.

III. L'insecte que nous appelons chenille ravage les plantes et les arbres.

IV. Le monstre que nous appelons antechrist doit opérer des prodiges étonnans.

V. La machine que nous appelons télégraphe est aujourd'hui d'un grand usage.

VI. Les prodiges étonnans que nous appelons les plaies de l'Egypte ne furent pas capables de vaincre l'opiniâtreté du roi Pharaon.

103.e Règle : *Quas scripsisti litteras, eæ mihi fuerunt jucundissimæ.*

I. L'arche que bâtit Noé figuroit l'Eglise de J. C.

II. L'âne que nous méprisons tant, est cependant fort utile.

III. Goliath que David terrassa avec sa fronde, étoit d'une taille gigantesque.

IV. La ville que bâtit Romulus est devenue la capitale du monde chrétien.

V. L'épée que David reçut dans sa fuite, avoit appartenu au géant Goliath.

VI. Le serpent que les Romains écrasèrent sous le poids des pierres, avoit été fort préjudiciable à leur armée.

104.e RÈGLE : *Deus cujus providentiam miramur... Libri quibus utor*, etc.

I. LES pauvres dont nous négligeons le soin sont pourtant les frères de J. C.

II. Le soleil dont nous admirons l'éclat, fut créé le quatrième jour.

III. Socrate dont le père étoit sculpteur, devint lui-même fort habile dans la sculpture. — L'impie Antiochus invoquoit le Seigneur de qui il ne devoit recevoir aucune miséricorde.

IV. Noé ayant bu du vin dont il ne connoissoit pas la force, devint ivre et s'endormit dans sa tente. — J. C. délivra Marie-Magdeleine de sept démons dont elle étoit tourmentée.

V. Joab prit trois dards dont il perça Absalon suspendu à un chêne. — La grâce dont nous avons sans cesse besoin nous sera accordée, si nous la demandons avec persévérance.

VI. L'empereur Tite fut regretté des Romains, à cause des belles qualités dont il étoit doué. — Alexandre, après avoir arraché la javeline dont il avoit percé Clitus son ami, s'en seroit percé lui-même, si les gardes ne l'eussent emporté par force dans sa chambre.

105.e Règle :

Homo *cui officium præstitisti* / *in quem.... contulisti* ... *cujus interest.*

I. Un roi d'Egypte à qui Joseph étoit inconnu accabla les Israélites de rudes travaux.

II. Le Chrétien à qui la grâce de J. C. est si nécessaire, doit la demander sans cesse à Dieu.

III. S. Innocent élevé au souverain pontificat, n'eut recours qu'à Dieu, à qui il demanda, comme Salomon, l'esprit de sagesse et de prudence.

IV. Le jeune Cyrus tomba mort dans le combat aux pieds de son frère, à qui il vouloit arracher et le sceptre et la vie. — Dieu à qui Salomon n'avoit demandé que la sagesse, le combla encore de gloire et de richesses.

V. Les Juifs à qui il importoit de suivre le conseil de Jérémie, ne voulurent point se rendre aux Babyloniens.

VI. Les hommes à qui il importoit d'écouter les avis de Noé, furent punis de leur indocilité et périrent par le déluge.

106.e Règle : *Romulus à quo Roma condita fuit... Is per quem veniam impetravi.*

I. Honorons Marie par qui nous avons reçu Jésus ; et adorons Jésus par qui nous avons été rachetés.

II. Les Tyriens tuèrent les héraults par qui Alexandre les convioit à la paix. — César par qui la Gaule fut subjuguée, fut tué par ses amis dans le sénat.

III. Quoi donc! disoient Aaron et sa sœur, Moïse est-il le seul par qui le Seigneur ait parlé? — Cicéron, par qui la conjuration de Catilina fut découverte, étoit un consul très-vigilant.

IV. Tobie dit à son père : que pourrons-nous offrir à cet homme, par qui j'ai été conduit si heureusement, et par qui Dieu nous a comblés de tant de bienfaits?

V. De quels éloges ne fut pas comblée Judith, par qui Dieu déroba son peuple à la tyrannie d'Holoferne! — Vous n'ignorez pas que Scipion, par qui Carthage fut détruite, fut surnommé l'Africain.

VI. Josaphat, voyant son armée sur le point de périr de soif dans un désert, demanda s'il n'y avoit point quelque prophète du Seigneur, par qui ils pussent implorer sa miséricorde. — Titus, par qui Jérusalem fut détruite, ne voulut point recevoir les couronnes qu'on lui offroit, disant qu'il n'avoit fait qu'exécuter les ordres de Dieu irrité contre les Juifs.

107.e Règle : *Mihi paruit.... me laudas, id nobis erit utile*, etc.

I. Le roi dit à Daniel : le Dieu que vous adorez vous délivrera.

II. Guérissez-moi, Seigneur, et je serai guéri; sauvez-moi, et je serai sauvé.

III. Saul entendit une voix qui lui dit :

Saul, Saul, pourquoi me persécutez-vous ?

IV. Sion a dit : le Seigneur m'a abandonnée ; pour moi, dit le Seigneur, je ne vous oublierai jamais.

V. Dieu dit à Abraham : prenez votre fils qui vous est cher, et allez me l'immoler sur la montagne que je vous montrerai.

VI. Joab eut la hardiesse de dire à David qui pleuroit la mort d'Absalon · vous aimez ceux qui vous haïssent, et vous haïssez ceux qui vous aiment. — Dieu dit à Abraham : votre foi m'est maintenant connue : puisque donc vous m'avez obéi, je vous bénirai et vous comblerai de faveurs.

108.e RÈGLE : *Tibi promisi librum, hunc tibi dabo*, etc.

I. MES brebis, dit J. C., entendent ma voix ; je les connois, et nul ne pourra me les ravir.

II. Un jour le jeune Cyrus soutint l'attaque d'un ours, et le terrassa.

III. Moïse prit le veau d'or, le mit dans le feu et le réduisit en poudre.

IV. Timoléon purgea toute la Sicile des tyrans qui l'avoient si long-temps infestée. — Bucéphale étoit si farouche que Philippe étoit sur le point de le renvoyer.

V. Tobie avoit 56 ans lorsqu'il perdit la vue, et il la recouvra à 60.

VI. Esope étoit esclave ; et le marchand qui l'avoit acheté eut de la peine à le vendre tant à cause de sa mine qu'à cause de sa taille.

109.e RÈG. : *Hoc non agam*, et autres règles.

I. Vous n'aurez point double poids et double mesure ; Dieu le défend.

II. La superbe Babylone est devenue la retraite des bêtes sauvages et des oiseaux nocturnes. Isaïe l'avoit prédit.

III. Le roi Balthasar ne fut point enseveli dans le tombeau de ses ancêtres. Le prohète Isaïe l'avoit annoncé.

IV. Une femme ne prendra point un habit d'homme, un homme ne prendra point un habit de femme ; quiconque le fait est abominable devant Dieu.

V. Joachas chargé de chaînes fut emmené en Egypte où il mourut. Jérémie l'avoit dit.

VI. Jacob entendant dire que Joseph étoit vivant, ne put d'abord le croire, et demeura tout interdit.

110.e RÈGLE : *Dices ei... id illis facile est*, et autres règles.

I. NOÉ dressa un autel au Seigneur, et lui offrit un sacrifice.

II. Saül haïssoit David et lui portoit envie.

III. J. C. aime ses brebis, et leur donne la vie éternelle.

IV. Adam et Eve mangèrent du fruit qui leur avoit été interdit ; ce qui leur fut bien funeste ainsi qu'à nous.

V. Le peuple Egyptien pressé de la faim alla trouver Pharaon, et lui demanda des vivres ; mais il leur dit : allez à Joseph, et faites ce qu'il vous dira.

VI. Callisthène ne faisoit pas difficulté d'appeler Alexandre le plus grand des rois ; mais il ne voulut jamais lui donner le titre de dieu.

111.e Règle : *en* se tourne par *de lui*, *d'elle*, *d'eux*, etc. *Voyez* les questions de lieu.

I. Daniel dit au roi Balthazar : Dieu a compté les jours de votre règne, et en a marqué la fin. — Considérez les étoiles, et admirez-en le nombre prodigieux.

II. Rien ne charmoit plus Epaminondas, lorsqu'il remportoit une victoire, que la joie qu'en ressentoient ses parens. — L'Ange dit à Tobie : je conduirai votre fils en Médie, et je l'en ramenerai.

III. Evagore, roi de Salamine, ne chérissoit pas moins son peuple qu'il n'en étoit chéri. — Samson prit une mâchoire d'âne et en tua mille Philistins. — Le bouc imprudent, dit la fable, sauta dans le puits, mais il n'en put sortir.

IV. Jugurtha, quoique supérieur à tous ceux de son âge, ne laissoit pas d'en être chéri et estimé. — Le jeune Tobie exécutoit avec soin ce que son père lui commandoit, et il n'oublia jamais les sages avis qu'il en avoit reçus. — Auguste voulant parcourir les provinces de l'empire, alla d'abord en Sicile, et il en partit pour aller en Grèce.

V. C'est Dieu qui transporte les montagnes ; c'est lui qui remue la terre, et en ébranle les fondemens. — Moïse dépouilla Aaron de ses habits de grand-prêtre, et en revêtit Eléazar son fils aîné. — L'empereur Auguste passa l'hiver dans l'île de Samos, et il en partit au retour du printemps.

VI. Judas ayant vaincu et tué Apollonius, prit son épée, et s'en servit depuis dans les combats. — Si Socrate, comme on l'assure, épousa Xantippe pour exercer sa patience, il ne faut pas douter qu'il n'en ait été content. — L'empereur Adrien, après avoir parcouru les provinces de l'Orient, retourna à Rome, et en partit bientôt après pour parcourir d'autres provinces.

112.e Règ. : *Y* se tourne par *à lui*, *à elle*, etc. *y* se rapportant aux questions de lieu, etc.

I. Nabuchodonosor prit et pilla la ville de Jérusalem, et y mit le feu.

II. Alexandre, admirant la magnanimité du roi Porus, lui laissa son royaume, et y ajouta d'autres provinces. — Les Perses mettoient le feu à la ville de Tarse, lorsqu'Alexandre y arriva.

III. J. C. est descendu du ciel pour guérir les plaies de notre ame ; prions-le d'y appliquer le fer et le feu. — J. C. fut conduit sur le Calvaire, et y fut crucifié entre deux voleurs.

IV. L'armée d'Annibal se plongea dans les délices avec d'autant plus d'avidité, qu'elle n'y étoit point accoutumée. — S. François alla d'Avignon à Lyon, et y mourût le 28.e jour du mois de décembre.

V. Les 300 renards à la queue desquels Samson avoit attaché des flambeaux allumés, se mirent à courir à travers les vignes, et y mirent le feu. — Drusus retournant à Rome, mourut avant d'y arriver.

VI. L'exemple de Salomon prouve que rien n'est plus opposé à la vertu que la volupté ; ce prince, après s'y être livré, ne tarda pas à perdre la sagesse. — La mort de Drusus affligea extrêmement la ville de Rome, parce qu'il y étoit généralement aimé et estimé.

113.e RÈGLE : *Superbus se laudat*, etc.

I. L'ORGUEILLEUSE ville de Tyr se disoit la reine de la mer. — Marie, reine des Anges et des hommes, s'appeloit l'humble servante du Seigneur.

II. Darius premier s'appeloit le meilleur et le plus beau des hommes : quelle vanité !

III. Samuel dit à Saül : le Seigneur s'est choisi un homme selon son cœur. — Philippe se félicitoit d'avoir trouvé Aristote pour lui confier Alexandre.

IV. Judas se pendit à un arbre : le traître ne pouvoit mourir d'une main plus infâme.

V. Le roi Ozias, saisi de frayeur, se hâta de sortir du temple, parce qu'il se sentit frappé de Dieu.

VI. Ochus, roi des Perses, après avoir

conquis l'Egypte, s'abandonna aux plaisirs et à la mollesse, et fut empoisonné par Bagoas son favori.

114.e RÈGLE : *Vox illa invenitur apud Phædrum.... Minis non movetur tuis*, etc.

I. LES Juifs ne s'effrayoient point des menaces de Jérémie.

II. La coupe de Joseph se trouva dans le sac de Benjamin. — Jonas dit aux matelots : jetez-moi dans la mer, et la tempête s'apaisera.

III. Le corps de Nabuchodonosor se couvrit de plumes, et ses ongles s'allongèrent comme les griffes des oiseaux. — Pensons à éviter les feux qui ne s'éteindront jamais.

IV. Tant que les lois de Lycurgue s'observèrent exactement à Sparte, cette ville fut très-puissante et très-florissante.

V. Cyrus ne s'effrayoit jamais d'aucun péril, et ne se rebutoit d'aucun travail, quand il s'agissoit d'acquérir de la gloire.

VI. L'éléphant, malgré la pesanteur énorme de son corps, est d'une docilité et d'une industrie qui ne peuvent se concevoir. — Moïse voyant un buisson qui brûloit sans se consumer, s'avança pour voir quelle étoit cette merveille.

115.e Règle : *Venenum sese in venas insinuat.*

I. Le poison se glissa dans les veines d'Annibal, et il mourut.

II. Cimon Athénien rendoit service aux malheureux, lorsque l'occasion s'en présentoit. — Clodius fut tué par les serviteurs de Milon : Cicéron nous apprend comment la chose se passa.

III. Dès que l'occasion se présenta, Androcle sortit de la caverne, et quitta la compagnie du lion. — La ville de Persépolis fut brûlée par Alexandre ; on voit dans Quinte-Curce comment la chose se passa.

IV. Socrate qui n'avoit point voulu sortir de prison, quoique l'occasion s'en fût présentée, avala la ciguë ; et lorsqu'il sentit le poison se glisser dans ses veines, il se coucha et mourut.

V. Ste. Pompose, renfermée dans un monastère, s'échappa, lorsque l'occasion s'en présenta, et alla à Cordoue pour recevoir la couronne du martyre. — Les Romains, ayant été surpris dans un défilé, furent obligés de passer sous le joug ; Tite-Live rapporte comment la chose se passa.

VI. C'est surtout dans les spectacles, dit Sénèque, que le poison du vice, par l'appas du plaisir, s'insinue dans le cœur. — Les Romains n'ayant point de femmes, enlevèrent les filles des Sabins ; on peut voir dans Tite-Live comment la chose se passa.

116.e RÈGLE : *Petrus et Joannes se invicem laudant*, etc.

I. ROME et Carthage se haïssoient mortellement.

II. Brutus, et Arons fils de Tarquin, se percèrent de leur lance.

III. Alexandre et le gendre de Darius se blessèrent, mais légèrement.

IV. Jacob et Laban son beau-père se jurèrent une amitié sincère.

V. David, et Jonathas fils du roi Saül, s'embrassèrent en répandant beaucoup de larmes, et se jurèrent une amitié éternelle.

VI. Je ne saurois dire combien Polybe et Scipion, surnommé Emilien, se chérissoient. — Damon et Pythias s'aimoient si tendrement, que l'un ne craignoit pas de s'exposer à mourir pour l'autre.

117.e RÈGLE : *Quis vestrûm* ou *ex vobis*, etc. *Quis suâ sorte contentus est*?

I. QUI fut plus sage que Daniel ?

II. Qui fut jamais plus fort que Samson ?

III. Qui des Apôtres trahit son Maître ?

IV. Qui fut jamais plus fécond en ressources qu'Annibal ?

V. Qui fut jamais plus patient que Job et Tobie ?

VI. Qui des généraux d'armée fut jamais plus habile qu'Alexandre à manier les esprits ? — Le Seigneur dit à Moïse : qui a formé la bouche de l'homme, et qui lui a donné la parole ?

118.e Règle : *Uter est doctior, tune an frater?*

I. Lequel des deux est le plus éloquent, de Démosthène ou de Cicéron? — Je l'ignore.

II. Pilate osa dire au peuple : lequel des deux délivrerai-je, de Jésus ou de Barabbas?

III. Alexandre vainquit Porus ; mais on ne sait lequel des deux on doit le plus admirer, ou du vainqueur ou du vaincu.

IV. Lequel des deux doit nous paroître le plus digne d'admiration, ou du roi des Perses qui envoya une somme considérable à Epaminondas, ou d'Epaminondas qui la refusa, quelque pauvre qu'il fût?

V. Lequel des deux vous paroît le plus détestable, ou de Cambyse qui avec une flèche perça le cœur du fils de Prexaspes, ou de Prexaspes qui eut la force d'applaudir à ce trait de barbarie?

VI. Valère demande lequel des deux on doit plutôt féliciter, ou Alexandre qui dit en parlant d'Ephestion : c'est ici un autre moi-même, ou Ephestion qui eut le bonheur d'entendre prononcer ces paroles à Alexandre.

119.e Règle : *Quis te vocavit?... quem vocas?* et autres règles.

I. Qui peut résister au bras d'un Dieu tout-puissant? — J. C. apparut à Magdeleine et lui dit : femme, pourquoi pleurez-vous? qui cherchez-vous?

II. Qui trahit J. C.? Judas. — Perfide Judas, qui as-tu trahi? ton maître.

III. Qui condamna J. C. à mort ? Pilate. — Pilate, qui as-tu condamné ? ton juge.

IV. Qui renia trois fois J. C. ? Pierre. — Foible disciple, qui avez-vous renié ? votre Dieu.

V. Qui abandonna J. C. livré aux Juifs ? les Apôtres. — Apôtres infortunés, qui avez-vous abandonné ? votre chef et votre roi.

VI. Qui crucifia J. C. ? les soldats. — Barbares, qui avez-vous attaché à la croix ? votre juge et votre Dieu.

120.e RÈGLE : *Quid agis ? cui rei studes ?* et autres règles.

I. DIEU dit à Caïn : qu'avez-vous fait ? le sang de votre frère crie vers moi.

II. Qu'étudioient autrefois les Chrétiens ? l'Evangile.

III. Saul tout tremblant et effrayé dit à Dieu : Seigneur, que voulez-vous que je fasse ? — Qu'avoit interdit Lycurgue aux Lacédémoniens ? l'or et l'argent.

IV. Que gagne-t-on à servir le démon ? l'enfer. — Qu'étudioit S. Paul ? J. C. et J. C. crucifié.

V. Saül dit à la magicienne : ne craignez point, qu'avez-vous vu ? j'ai vu, dit-elle, un Dieu sortir de la terre. — Qu'avoit étudié Alexandre dans sa jeunesse ? la rhétorique, la philosophie et même la médecine.

VI. Qu'aurons-nous en horreur, sinon le péché qui a crucifié J. C. ? — Qu'avoit interdit le Seigneur à Adam et à Eve ? le fruit d'un seul arbre.

121.e RÈGLE : *Quid virtute pulchrius? quid futurum est si?...* etc.

I. QUOI de plus désirable que la sagesse ?

II. Quoi de plus détestable que l'hypocrisie ?

III. Quoi de plus pernicieux à la jeunesse que les mauvais livres ? — Que seroit-il arrivé, si Roboam eût suivi le conseil des vieillards ?

IV. Quoi de plus difficile et en même temps de plus glorieux que l'oubli des injures? — Que seroit-il arrivé, si Alexandre eût tourné ses armes contre les Romains ?

V. Qu'y a-t-il de plus doux que le miel, et de plus fort que le lion ? — Esaü dit : à quoi me servira mon droit d'aînesse ? et il le vendit à Jacob son frère.

VI. Que seroit-il arrivé, si Annibal eût suivi le conseil de Maharbal ? nous n'en savons rien. — Quoi de plus bizarre que Caligula ? tantôt il défioit la colère des Dieux, tantôt la peur du tonnerre le faisoit cacher sous son lit.

122.e RÈGLE : *Quæ* ou *quænam mater liberos suos non amat ? Quod commodum*, ou *quid commodi habet vita ?*

I. QUEL général d'armée a jamais surpassé Epaminondas ? — Seigneur, s'écrioit David, quel mal ont fait ces brebis ? frappez-moi, mais épargnez votre peuple.

II. Quel architecte a jamais égalé Archimède? — Quel titre ambitionnoit Alexandre? le titre de dieu.

III. Quel apôtre a parcouru plus de provinces que S. Paul? — Quel métier exerçoit S. Alexandre, avant d'être évêque? le métier de charbonnier.

IV. Quel ancien philosophe mettrez-vous en parallèle avec Socrate? — Quel orateur eut plus d'obstacles à surmonter que Démosthène qui se rendit ensuite si redoutable à Philippe? — Quelle ville Annibal assiégea-t-il avant d'entrer en Italie? Sagonte alliée des Romains.

V. Quel docteur de l'Eglise a essuyé plus de maux que S. Athanase qui fut contraint cinq fois de sortir d'Alexandrie? — Quel général mettrez-vous au-dessus de Scipion qui eut la gloire de vaincre le fameux Annibal? — Quel stratagème imagina Annibal pour sortir du territoire de Falerne où il étoit renfermé avec son armée?

VI. Quel empereur fut jamais plus chéri des Romains que Titus, qui mérita d'être appelé les délices du genre humain? — Quelle réponse donnèrent les Carthaginois à Fabius Maximus qui leur proposoit la guerre ou la paix?

123.e Règle : *Quota hora est? Septima*, et autres règles.

I. J. C. expira entre deux voleurs : quelle heure étoit-il? trois heures après midi.

II. Quel jour Dieu créa-t-il le soleil, la lune et les étoiles? le quatrième jour.

III. Quel jour du mois de décembre célébrons-nous la naissance de J. C ? le vingt-cinquième.

IV. Quel jour Dieu créa-t-il l'homme, et forma-t-il la femme d'une de ses côtes ? le sixième.

V. En quel mois célèbre-t-on la fête de la résurrection de J. C. ? le troisième ou le quatrième.

VI. En quelle année fut brûlé le corps de S. Claude qui s'étoit conservé entier pendant plusieurs siècles ? en 1793.

124.e Règle : *Quanta nobis instat pernicies !*

I. Quelle fut la joie des Apôtres après la résurrection de J. C. !

II. Quels maux souffrirent les Juifs assiégés par les Romains dans la ville de Jérusalem !

III. Quels supplices ne menacent pas les ennemis de la croix de J. C. !

IV. Quel fut l'effroi du roi de Babylone, lorsqu'il vit une main tracer certains caractères sur la muraille !

V. De quelle horreur ne serions-nous pas saisis, si Dieu ouvroit l'enfer à nos yeux ! — Quel fut l'étonnement des enfans de Jacob, lorsqu'ils entendirent leur frère s'écrier : je suis Joseph !

VI. De quelle douleur ne fut pas saisie Sisygambis, lorsqu'elle vint à apprendre la mort d'Alexandre qu'elle regardoit comme son fils, et qui la révéroit et la chérissoit elle-même comme sa mère !

25.e RÈGLE : *Quis te redemit? Jesus Christus*, et autres règles.

I. Qui bâtit à Dieu un temple magnifique? Salomon fils de David. — Qui vit Darius rendre le dernier soupir? Polystrate, soldat Macédonien.

II. Qui tua Xerxès, roi des Perses? Artaban, un de ses généraux. — Qui vengea Xerxès? Artaxerxès son fils, à qui Artaban dressoit aussi des embûches.

III. A qui Philippe confia-t-il le soin d'élever son fils Alexandre? A Aristote, le plus savant et le plus célèbre des philosophes de ce temps-là.

IV. Par qui fut tué Philippe, roi de Macédoine? par Pausanias, jeune Macédonien, qui le perça d'un coup de poignard, et qui fut lui-même mis en pièces sur-le-champ.

V. Auquel des deux, de Perdiccas ou de Ptolémée, la couronne de Macédoine fut-elle adjugée par Pélopidas, général des Thébains? A Perdiccas.

VI. A qui comparez-vous le pécheur? à un captif: quel est son maître? le démon: quelle est sa chaîne? son crime: quelle est sa prison? sa conscience: qui peut le délivrer? J. C.

126.e Règle : *Cujusnam interest? meâ...* (1) *cujus est loqui? tuum*, etc.

I. Roboam, à qui importoit-il de suivre le conseil des vieillards? à moi.

II. A qui appartient-il de prédire l'avenir et de gouverner le monde? à vous seul notre Dieu.

III. A qui importoit-il de modérer sa colère? à vous Théodose.

IV. A qui importe-t-il de fuir l'oisiveté? à vous jeunes gens, pour ne pas tomber dans les piéges du démon.

V. A qui importoit-il de ne pas aspirer à la couronne? A vous Othon et Vitellius.

VI. A qui appartenoit-il de commander? A vous Fabius dictateur. A qui d'obéir? à toi Minucius, maître de la cavalerie.

127.e Règle : *Num dormis? non dormio. Vidistine regem? vidi.*

I. Alexandre poursuivit-il Bessus, meurtrier de Darius? oui. — Fit-il grâce à Philotas? non.

II. Jacques et Jean ont-ils bu le calice qu'avoit bu J. C.? oui. — Obtinrent-ils les deux premières places dans le royaume de J. C.? non.

III. César vainquit-il Pompée? oui. — Put-il retenir ses larmes en voyant la tête de son gendre? non.

---

(1) Voyez la règle 80.e *Refert meâ Cæsaris.*

IV. Brutus abolit-il la royauté à Rome ? ui. — Epargna-t-il ses fils qui favorisoient es Tarquins ? non.

V. Domitien monta-t-il sur le trône après a mort de Titus ? oui. — Imita-t-il son frère ui s'étoit fait chérir des Romains ? non.

VI. Manlius Torquatus prit-il la défense e son père, qui l'avoit relégué à la campagne ? oui. — Pardonna-t-il son fils qui avoit ombattu sans son ordre ? non.

28.e Règle : Avoit-il soupé, il s'en alloit, *cùm cœnaverat*, *abibat*, etc.

I. Abraham et Loth apercevoient-ils un tranger ; ils lui offroient l'hospitalité.

II. Tobie apprenoit-il la mort d'un Israélite ; il sortoit de table, pour aller l'ensevelir.

III. Annonçoit-on quelque malheur au saint iomme Job ; il bénissoit Dieu qui l'avoit rappé.

IV. Pomponius Atticus recevoit-il quelque njure ; il aimoit mieux l'oublier que de s'en enger. — Alcibiade embrassoit-il le parti des Athéniens ; ils triomphoient de leurs ennemis : tournoit-il contre eux ses armes ; ils étoient vaincus.

V. Moïse tenoit-il les mains élevées ; les Israélites étoient victorieux : les baissoit-il ; es Amalécites avoient l'avantage.

VI. L'empereur Tite avoit-il passé un jour sans faire du bien à personne ; il croyoit avoir perdu sa journée.

129.e Règle : *Annon, nonne vidisti regem? non vidi.*

I. Le prophète Elie n'est-il pas mort ? non.

II. L'armée de Pharaon ne traversa-t-elle pas la mer Rouge ? non.

III. Moïse n'entra-t-il pas dans la terre promise ? non.

IV. Daniel ne fut-il pas dévoré par les lions ? non.

V. Pilate ne renvoya-t-il pas J. C. dont il avoit reconnu l'innocence ? non.

VI. Antiochus qui parut se repentir n'obtint-il pas miséricorde ? non.

130.e Règle : *Puer, abige muscas.... Abeat proditor.*

I. David dit à Joab et aux autres généraux : conservez-moi mon fils Absalon.

II. Interrogez les animaux, et ils vous enseigneront : consultez les oiseaux du ciel, et ils vous instruiront. — Le peuple s'écria : que Jésus soit crucifié !

III. Assuérus dit : qu'on appelle Aman, et qu'il fasse ce que la reine désire de lui. — Dieu dit à Abraham âgé de soixante et quinze ans : sortez de la maison de votre père, et venez dans le pays que je vous montrerai.

IV. Que le Seigneur vous donne la sagesse, dit David à Salomon qui devoit régner après lui ; qu'il vous apprenne à garder fidèlement sa loi. — Après la défaite de Varus, Auguste ıeurtant de sa tête les murailles, s'écrioit : /arus, rends-moi mes légions.

V. Que les jeunes gens aillent à l'école de ᵓythagore; il leur dira : parlez peu, écoutez ɔeaucoup.

VI. Les Carthaginois étoient si acharnés :ontre l'ennemi, qu'ils ne cessèrent de tuer, usqu'à ce qu'Annibal eût crié plusieurs fois : ırrête, soldat, épargne le vaincu.

131.e Règle : *Ne insultes.*
Ne insulta miseris.
Noli insultare.

I. L'Ange Gabriel dit à Zacharie : ne craignez point; votre épouse concevra et enfantera un fils qui sera grand devant le Seigneur.

II. Mon fils, dit le Sage, ne regardez point le vin, lorsqu'il brille dans le verre; il entre agréablement, mais il mord à la fin comme un serpent.

III. Ruben dit à ses frères : ne tuez point Joseph, jetez-le plutôt dans cette citerne; mais ne souillez point vos mains du sang de votre frère.

IV. L'Ange, à l'aspect duquel les gardes du tombeau furent épouvantés, dit aux saintes Femmes : pour vous, ne craignez point.

V. Tyriens, ne fermez point vos portes à Alexandre; sachez que le Seigneur lui a livré votre ville.

VI. Juifs, meurtriers de votre Dieu, ne

doutez point que votre ville assiégée par les Romains, ne soit entièrement détruite.

132.e RÈGLE : *Ne dicat... Domo ne exeat*, et autres règles.

I. Que le riche ne méprise pas le pauvre.

II. Que Babylone ne compte point sur ses fortes murailles ; car le Seigneur a résolu de la détruire.

III. Que Balaam ne maudisse point le peuple que le Seigneur a béni.

IV. Abraham dit à Loth : qu'il n'y ait point, je vous prie, de dispute entre vous et moi, et entre vos pasteurs et les miens.

V. Que l'impie ne doute point que tôt ou tard il ne soit puni.

VI. Qu'un jeune homme ne compte point sur la vigueur de son âge : car l'impitoyable mort moissonne les jeunes gens comme les vieillards.

133.e RÈGLE : *Gallus quærens escam..... Cicero orationem habiturus.*

I. DARIUS écrivant à Alexandre, osa lui refuser le titre de roi. — Tobie devant entreprendre un voyage, chercha un guide fidèle.

II. Coriolan exilé de sa patrie se réfugia chez les Volsques. — J. C. devant monter au ciel, conduisit ses Disciples à Béthanie.

III. L'échanson du roi Pharaon, rétabli dans son ancienne charge, oublia Joseph son bienfaiteur.

faiteur. — César poursuivant Pompée apprit qu'il avoit été tué.

IV. David devant combattre contre Goliath, prit son bâton, sa fronde et cinq pierres bien polies. — Elie devant être enlevé au ciel, voulut en vain éloigner de lui le prophète Elisée. — J. C. ayant été condamné à mort par Pilate, et devant être crucifié, fut conduit sur la montagne du Calvaire.

V. Alexandre devant, le lendemain, livrer bataille à Darius, ne laissa pas de dormir d'un profond sommeil pendant la nuit. — Joseph ayant été accusé par la femme de Putiphar, fut mis en prison, quelqu'innocent qu'il fût. — Cicéron devant être mis à mort par les satellites d'Antoine, ne fit pas difficulté de leur présenter sa tête.

VI. Salomon devant bâtir un temple au Seigneur, demanda au roi de Tyr des bois de cèdre et de sapin. — Porus combattant contre Alexandre, n'eut garde d'imiter Darius qui avoit été le premier à prendre la fuite. — Les Carthaginois devant être assiégés par Scipion, résolurent de souffrir toutes les extrémités plutôt que d'abandonner leur patrie.

134.e Règle : *Urbem captam hostis diripuit*, et autres règles.

I. J. C. étant né, les bergers et les Mages l'adorèrent.

II. L'homme ayant été créé, Dieu le plaça dans le paradis terrestre. — J. C. étant mort, Joseph et Nicodème l'ensevelirent.

III. J. C. montant au ciel, quarante jours après sa résurrection, les Apôtres et les Disciples l'adorèrent, et retournèrent à Jérusalem. — Jacob continuant sa route, des Anges vinrent à sa rencontre.

IV. Le roi Ezéchias étant mort après un règne de vingt-neuf ans, le peuple le pleura. — Alcibiade revenant de l'Asie, les Athéniens allèrent en foule au-devant de lui.

V. Tobie le jeune étant effrayé à la vue d'un poisson monstrueux, l'Ange le rassura. — Alexandre entrant dans l'Inde, plusieurs petits rois allèrent à sa rencontre pour recevoir ses ordres.

VI. Le roi des Assyriens ayant vaincu les Israélites, les transporta en Assyrie. — Laban, frère de Rébecca, ayant fait entrer Eliézer, lui fit servir à manger. — Joseph ayant salué ses frères avec bonté, leur demanda si leur père vivoit encore, et comment il se portoit.

135.e Règle : *Partibus factis, sic locutus est leo*, etc.

I. Le pasteur ayant été frappé, les brebis du troupeau furent dispersées.

II. Carthage étant détruite, Scipion retourna à Rome.

III. Tarquin l'ancien ayant été tué, Servius-Tullius monta sur le trône.

IV. Memnon étant mort, Darius résolut de commander en personne.

V. Les Scythes étant vaincus, Alexandre

eut la générosité de renvoyer tous les prisonniers sans rançon.

VI. Quelqu'un demandant à Socrate si le roi des Perses devoit être regardé comme heureux: je n'en sais rien, répondit ce philosophe, parce que j'ignore s'il est juste.

136.ᵉ Règle : *Vas ex auro*, et autres règles.

I. Nos chaînes de fer, disoient les martyrs, sont plus précieuses que l'or. — Le sénat et le peuple élevèrent des statues d'or à l'empereur Marc-Aurèle.

II. La femme de Loth trop curieuse fut changée en une statue de sel. — César assis sur un trône d'or ne refusa point le diadème qu'Antoine lui mit sur la tête.

III. Joseph fit mettre sa coupe d'argent dans le sac de Benjamin. — Le corps de S. Claude avoit été renfermé dans une châsse d'argent.

IV. On voyoit l'empereur Caligula tantôt sans barbe, tantôt décoré d'une longue barbe d'or. — Les Athéniens, après avoir puni de mort ou par l'exil les accusateurs de Socrate, lui firent élever une statue de bronze.

V. Nabuchodonosor vit en songe une statue dont la tête étoit d'or, la poitrine et les bras d'argent, le ventre et les cuisses d'airain, les jambes de fer, et les pieds en partie de fer, et en partie d'argile.

VI. S. Etienne, troisième abbé de Cîteaux, voulut avoir des croix de bois, des encensoirs de cuivre ou de fer, et un seul chandelier de fer. Il n'y avoit que les calices qui fussent d'argent.

137.e Règle : *Velum longum tres ulnas*, ou *tribus ulnis..... Distat viginti passus*, ou *passibus*, et autres règles.

I. Les murs de Ninive avoient cent pieds de hauteur (*tournez*,.... étoient hauts de cent pieds). — Paris est éloigné de Rome d'environ trois cent trente lieues.

II. Le lac Mœris avoit trois cents pieds de profondeur. — Mâcon est éloigné de Lyon d'environ douze lieues.

III. Les murailles de Babylone avoient soixante et quinze pieds d'épaisseur et trois cents pieds de hauteur. — La Sardaigne est éloignée d'environ trois lieues de l'île de Corse.

IV. S. Siméon se fit faire une colonne haute de trente-six coudées. — La Sicile n'est éloignée que de quinze cents pas de l'Italie.

V. Philippe, pour assiéger la ville de Périnthe, fit élever des tours qui avoient cent vingt pieds de hauteur. — La ville de Lyon est distante de la ville de Paris d'environ cent lieues.

VI. Parmi les temples magnifiques qu'Amasis fit bâtir, on admiroit surtout une chapelle faite d'une seule pierre qui, en dehors, avoit trente-une coudées de longueur, quatorze de largeur et huit de hauteur. — Calais n'est éloigné de Douvres que d'environ sept lieues.

138.e Règle : *Duobus digitis major me non es*, etc.

I. Saül parut plus grand que tous les autres de toute la tête.

II. Ephestion étoit plus grand qu'Alexandre de quelques pouces ou au moins de quelques lignes.

III. Goliath que David terrassa avec sa fronde étoit plus grand que lui au moins de quatre pieds.

IV. Le catafalque d'Ephestion avoit plus de cent quatre-vingt-quinze pieds de hauteur. — Maximin, empereur romain, avoit, dit-on, plus de huit pieds de hauteur.

V. Moïse Ethiopien, qui d'abord avoit été chef d'une troupe de voleurs, poursuivant un berger, traversa à la nage le Nil qui avoit plus de neuf cent quatre-vingts pas de large.

VI. Le canal par lequel la mer Rouge communiquoit autrefois avec la Méditerranée, avoit plus de cent cinquante lieues de longueur.

139.e Règle : *Cecidit decimo abhinc passu*, ou *ad decimum abhinc passum*, etc.

(Le nom d'où il y a distance à l'abl. avec *ab.*)

I. Coriolan campa à quatre milles de Rome. (*Tournez*,... à la quatrième pierre.)

II. César livra une bataille mémorable environ à cinq lieues de Lyon.

III. Pline l'historien fut étouffé par la fumée environ à trois lieues de Naples.

IV. Pyrrhus campa à vingt milles de Rome. — Saint Bonaventure reçut le chapeau de cardinal environ à quatre lieues de Florence.

V. Il se donna une sanglante bataille entre les troupes de Septime-Sévère et celles d'Albin à deux ou trois lieues de Lyon.

VI. L'infortuné Julien croyant acheter sa fortune, avoit acheté sa mort; l'empereur Sévère permit qu'on ensevelît son corps dans le tombeau de ses ancêtres, à deux lieues de Rome.

140.e Règle : *Ferire ense*, etc.

I. Nabarzane et Bessus lièrent Darius avec des chaînes d'or.

II. Samson tua mille Philistins avec une mâchoire d'âne.

III. Les Scythes combattoient de loin à coups de flèches, et de près avec le javelot.

IV. Ceux qui avoient reçu ordre d'arrêter Samson, le lièrent de deux grosses cordes neuves, et l'emmenèrent hors de la caverne. — Moïse frappa deux fois le rocher avec sa verge, et il en sortit de l'eau en abondance.

V. Lactance nous apprend que tout Chrétien, avec le signe de la croix seulement, rendoit les démons muets. — Démade disoit que les lois de Dracon avoient été plutôt écrites avec du sang qu'avec de l'encre.

VI. Telle étoit l'intrépidité de Cynégire, soldat Athénien, qu'après qu'on lui eut coupé l'une après l'autre les deux mains, il ne laissa pas de retenir un vaisseau avec les dents. — Un jour que Cambyse montoit à cheval, il se blessa à la cuisse avec son épée qui s'échappa du fourreau, et il mourut peu de temps après.

140.e RÈGLE : * *Fame interiit*, etc.

I. SAMSON mourant de soif eut recours à Dieu qui l'exauça.

II. Darius mouroit de soif, lorsqu'un soldat Macédonien lui apporta de l'eau. — Cœnus, un des meilleurs officiers d'Alexandre, mourut dans l'Inde de maladie.

III. Le philosophe Chilon voyant son fils remporter la victoire du pugilat dans les jeux olympiques, en mourut de joie.

IV. Jérémie avoit beau prédire qu'un nombre infini de Juifs périroient par l'épée, par la famine, par la mortalité ; ils n'en vouloient rien croire.

V. Diagoras de Rhode eut trois fils qu'il vit couronner le même jour à Olympie : ce spectacle le toucha si vivement qu'il en mourut de joie.

VI. Peu s'en fallut que les soldats d'Alexandre ne périssent de soif dans les déserts sablonneux de la Lybie, lorsque ce prince les conduisit au temple de Jupiter Ammon.

140.e RÈGLE : ** *Vincis formâ, vincis magnitudine*, etc.

I. LE parricide surpasse les bêtes féroces en barbarie.

II. La ville de Tyr que le prophète Isaïe appelle la fille de Sidon, ne tarda pas à surpasser sa mère en grandeur, en richesses et en puissance.

III. Le Seigneur dit à Salomon : vous surpasserez en lumière et en sagesse ceux qui ont été avant vous et ceux qui seront après vous.

IV. Magon, général fort célèbre, n'a pas moins illustré Carthage par ses ouvrages que par ses victoires. — Je doute que jamais capitaine ait surpassé Datames en hardiesse et en valeur.

V. Carthage pouvoit le disputer aux plus grands empires du monde, tant par son opulence et par son commerce, que par ses nombreuses armées, ses flottes redoutables, et surtout par la valeur de ses capitaines.

VI. Alexandre, pour tromper Porus lorsqu'il fut question de passer l'Hydaspe, fit prendre la robe royale à Attalus qui étoit de son âge, et qui lui ressembloit assez de la taille et du visage.

140.e Règle : *** *Teneo lupum auribus*, etc.

I. Miphiboseth, fils de Jonathas, étoit boiteux des deux jambes.

II. Moïse, par l'ordre de Dieu, prit le serpent par la queue, et le serpent fut changé en baguette.

III. Un ange prit le prophète Habacuc par les cheveux, et le transporta à Babylone.

IV. Achior, par l'ordre d'Holoferne, fut lié à un arbre par les mains et par les pieds. — Judith ayant saisi Holoferne par les cheveux, le frappa de deux coups et lui coupa la tête.

V. Samson ayant pris trois cents renards, les lia deux à deux par la queue. — Abraham ayant aperçu un bélier arrêté par les cornes au milieu des buissons, l'immola au Seigneur, au lieu de son fils Isaac.

VI. La crainte s'étoit tellement emparée de Jugurtha, qu'au moindre bruit il trembloit de tous ses membres, et qu'il couchoit tantôt dans un lieu, tantôt dans un autre. — Philippe avoit reçu une blessure près du gosier : comme son chirurgien lui demandoit une grâce, prends tout ce que tu voudras, lui dit ce roi qui aimoit à plaisanter, car tu me tiens à la gorge.

141.e Règle : *Hic liber constat viginti assibus*, et autres règles.

I. Joseph fut vendu vingt pièces d'argent.

II. Lorsque la ville de Samarie fut assiégée par le roi de Syrie, la tête d'un âne se vendoit quatre-vingt pièces d'argent.

III. Un repas ordinaire du gourmand Vitellius coûtoit douze mille écus.

IV. Le perfide Judas qui avoit estimé trois cents deniers une livre de parfum, c'est-à-dire, un peu d'odeur et de fumée, n'eut pas honte de vendre trente deniers J. C., le fils unique de Dieu.

V. Le tombeau d'Ephestion et la pomp funèbre coûtèrent douze mille talens; mai combien valoit le talent ? mille écus.

VI. Je ne sais s'il y eut jamais un cheva plus beau que Bucéphale qu'on amena d Thessalie à Philippe; on vouloit, dit-on, l vendre treize talens, c'est-à-dire treize mill écus.

142.e Règle : *Veniet die dominicâ*, etc.

I. Dieu se reposa le septième jour.

II. J. C. mourut à trois heures après midi.

III. La ville de Jérusalem fut rasée l'an soixante et dix de J. C.

IV. En Egypte on sème ordinairement dans le mois d'octobre ou celui de novembre, et on fait la récolte dans le mois de mars ou celui d'avril.

V. Platon mourut l'an 348 avant J. C. — Darius Nothus, après avoir régné dix-neuf ans, mourut environ l'an 404 avant J. C.

VI. Charlemagne, qui avoit été sacré à Noyon le même jour que son frère (1) à Soissons, mourut le 28 de janvier, en l'an de J. C. 814.

143.e Règle : *Regnavit tres annos* ou *tribus annis*, etc.

I. Pharaon qui persécuta cruellement les Israélites régna soixante-six ans. — L'éléphant vit cent et quelquefois cent vingt ans.

---

(1) Carloman.

II. Jonas fut renfermé trois jours et trois nuits dans le ventre d'un énorme poisson. — Noé demeura une année entière renfermé dans l'arche avec sa famille.

III. Joseph, fils de Jacob, vécut cent dix ans. — Socrate demeura trente jours en prison.

IV. Josias reçut une blessure dont il mourut, après avoir régné trente-un ans. — Mathusalem vécut 969 ans.

V. Carthage demeura plus de six cents ans maîtresse de la mer. — Les deux Denis, tyrans de Syracuse, régnèrent, le premier trente-huit ans, et le second douze ans.

VI. Le roi Nabuchodonosor, en punition de son orgueil, vécut sept ans comme une bête, exposé aux injures de l'air et ne vivant que d'herbe. — Darius, dernier roi des Perses, vécut cinquante ans, et n'en régna que six.

144.e Règle : *Tertium annum*, ou *à tribus annis regnat*, et autres règles.

I. Il y avoit environ dix ans que la France possédoit Louis-le-désiré.

II. Il y avoit environ cinquante-neuf ans que Georges III régnoit en Angleterre. — Il y a environ vingt-un ans que François II règne en Autriche.

III. Il y avoit environ dix-huit ans qu'Alexandre régnoit en Russie.

IV. Il y avoit environ 14 ans que Claude régnoit ou sembloit régner à Rome, lorsqu'il fut empoisonné par Agrippine son épouse.

V. Il y avoit vingt ans que Jacob servoit Laban son beau-père, lorsqu'il partit avec Rachel son épouse.

VI. Il y a environ 1637 ans que la ville de Lyon professe la religion chrétienne.

145.e Règ. : *Tribus abhinc annis*, ou *tres abhinc annos mortuus est*, et autres règles.

I. Il y a environ vingt-six ans que Pie VI mourut à Valence en Dauphiné.

II. Il y a environ onze ans que la ville de Lyon vit l'auguste fille de Louis XVI.

III. Il y a environ 333 ans que l'Amérique fut découverte par Christophe Colomb.

IV. Il y a environ 197 ans que la Rochelle fut assiégée par le roi Louis XIII.

V. Il y a environ 371 ans que la ville de Constantinople fut prise par Mahomet II.

VI. Il y a environ 141 ans que Louis XIV fit bombarder la ville de Gênes.

146.e Règle : *Id fecit intrà tres dies*, etc.

I. La peste en trois jours emporta soixante et dix mille Israélites.

II. L'Ange du Seigneur dans une seule nuit tua cent quatre-vingt-cinq mille Assyriens.

III. Les soldats d'Alexandre qui vouloit attaquer les Scythes, firent douze mille radeaux dans l'espace de trois jours. — Le temple de Salomon fut achevé dans l'espace de sept ans, l'an du monde 3,000.

IV. Les trente tyrans, dit un auteur, firent mourir plus de gens en huit mois de paix, que les ennemis n'en avoient tué en trente ans de guerre.

V. Dans l'espace d'environ deux ans, l'empereur Adrien, après être parti de Rome, parcourut les Gaules, la Germanie, le pays des Belges, l'île de la Bretagne, passa de nouveau dans les Gaules, traversa l'Espagne entière, visita ensuite les provinces d'Orient, et retourna enfin à Rome.

VI. Lysandre, général Lacédémonien, ayant attaqué à l'improviste la flotte des Athéniens, termina dans l'espace d'une heure une guerre qui avoit duré vingt-sept ans.

147.e RÈGLE : *Post tres dies proficiscar*, et autres règles.

I. JOSEPH dit au grand pannetier : dans trois jours vous serez attaché à un gibet, et votre chair sera dévorée par les oiseaux.

II. Jonas se mit à crier : dans quarante jours Ninive sera détruite.

III. L'ange Gabriel dit au prophète Daniel : dans soixante-neuf semaines le Christ sera mis à mort.

IV. Le prophète Isaïe, par l'ordre de Dieu, dit au roi Ezéchias attaqué d'une maladie mortelle : dans trois jours vous irez au temple du Seigneur.

V. Judith blâma les Israélites qui avoient résolu de se rendre dans cinq jours aux Assyriens, s'il ne leur venoit aucun secours.

VI. Sainte Clotilde, après avoir fait sa prière sur le tombeau de S. Martin, se leva transportée de joie, et dit : mes prières sont exaucées, je mourrai dans trente jours.

148.e Règle : *Sum in Galliâ, in urbe*, et autres règles.

I. Annibal vainquit en Italie, et il fut vaincu en Afrique.

II. Lorsqu'Ochus faisoit la guerre en Egypte et en Arabie, les Mèdes se soulevèrent.

III. S. Athanase demeura quatre mois caché dans le tombeau de son père.

IV. Après que le peuple s'étoit retiré, Susanne avoit coutume de se promener dans le jardin de son mari.

V. Ismaël demeuroit dans les déserts où il devint fort habile à tirer de l'arc. — David s'écrioit, en se promenant dans une chambre : O Absalon mon fils! O mon fils Absalon!

VI. Tarquin le superbe ne répondit rien à l'envoyé de son fils Sextus; mais en se promenant avec lui dans son jardin, il se mit à abattre les plus hautes têtes de pavots.

149.e Règle : *Natus est Avenione, Athenis. Habitat Lugduni, Romæ*, etc.

I. Sainte Paule naquit à Rome, et mourut à Bethléem.

II. Le poète Térence naquit à Carthage, et fut élevé à Rome.

III. A Lacédémone, Alcibiade ne paroissoit pas le même homme qu'à Athènes.

IV. Ne soyons pas surpris qu'Annibal fût accusé d'avarice à Carthage, et de cruauté à Rome. On ne peut douter qu'il n'eût beaucoup d'ennemis dans l'une et l'autre ville.

V. On dit que les esclaves étoient traités avec autant d'humanité à Athènes que de sévérité à Lacédémone.

VI. Cyrus étant vieux avoit coutume de séjourner sept mois à Babylone, trois mois à Suse pendant le printemps, et deux mois à Ecbatane au fort de l'été.

150.e Règle : *Estne domi?* et autres règles.

I. Judas et les soldats qui cherchoient J. C. furent miraculeusement renversés par terre.

II. En temps de guerre, les Romains ouvroient le temple de Janus.

III. Les Mages se prosternèrent en terre pour adorer J. C. né dans une étable.

IV. Saul, lorsqu'il alloit à Damas pour persécuter les Chrétiens, fut tout à coup renversé par terre. — Esaü, habile chasseur, vivoit dans la campagne ; au lieu que Jacob, homme tranquille et paisible, demeuroit à la maison.

V. Trente vieillards Carthaginois, étant arrivés dans le camp des Romains, se prosternèrent en terre devant Scipion pour lui demander la paix. — Jacob retint Benjamin à la maison, de crainte qu'il ne lui arrivât quelque malheur dans la route.

VI. Un jour que Scipion Nasica demandoit si le poète Ennius, avec qui il étoit intimement lié, étoit au logis, la servante répondit qu'il n'y étoit pas : Nasica rendit ensuite la pareille à son ami.

151.e Règle : *Cœnabam apud patrem*, et autres règles.

I. Servius Tullius fut élevé chez Tarquin l'ancien avec les fils du roi.

II. Annibal et Scipion eurent ensemble un entretien chez Antiochus roi de Syrie.

III. S. Jean Chrysostôme exilé à Cucuse en Arménie, logea chez Dioscore, homme de qualité.

IV. Sainte Geneviève, après la mort de son père et de sa mère, se retira à Paris, et logea chez une dame qui étoit sa marraine.

V. Le centenier Corneille reçut ordre d'envoyer quérir Simon-Pierre qui logeoit chez Simon le corroyeur.

VI. Lucullus réprimanda un jour son cuisinier qui ne lui avoit pas apprêté un repas fort somptueux : ne savois-tu pas, lui dit-il, que Lucullus devoit souper aujourd'hui chez Lucullus ? — Vitellius mangeoit chez ses amis sans être invité : il déjeûnoit chez l'un, dînoit chez l'autre, et soupoit chez un troisième dans le même jour.

152e Règle : *Eo in Galliam, in urbem*, et autres règles.

I. Attila, roi des Huns, ravagea plusieurs provinces de l'empire romain, et entra dans la France avec une armée formidable.

II. S. Loup et S. Germain, députés par les évêques de France, partirent ensemble pour l'Angleterre.

III. Les enfans de Jacob voyant qu'on avoit trouvé la coupe de Joseph dans le sac de Benjamin, retournèrent à la ville fort affligés.

IV. Nabuchodonosor, la 21.e année de son règne, et quatre ans après la ruine de Jérusalem, retourna en Syrie, et assiégea la ville de Tyr.

V. Démocède, malgré les faveurs dont le combloit Darius qu'il avoit guéri, brûloit du désir de retourner en Grèce.

VI. L'empereur Adrien, accoutumé aux voyages, partit de Rome pour les Gaules, passa de là en Germanie et ensuite en Espagne, et après avoir parcouru les provinces d'Orient, il retourna en Italie.

153.e Règle : *Ibo Lutetiam, Lugdunum*, etc.

I. Le corps d'Ephestion fut porté à Babylone.

II. Thrasybule, vainqueur des tyrans rappela à Athènes tous les exilés.

III. Adherbal vaincu dans un combat par Jugurtha, et ayant perdu la plupart de ses places, fut obligé de se réfugier à Rome.

IV. Scipion envoya des députés à Carthage, pour se plaindre de ce que, malgré la trêve qui subsistoit encore, on s'étoit emparé de plusieurs vaisseaux romains. — Tobie ayant entendu crier un chevreau que sa femme avoit apporté à la maison, lui dit : prenez garde qu'il n'ait été dérobé.

V. Pélopidas, général des Thébains, emmena avec lui à Thèbes comme otage Philippe alors âgé de dix ans. — Rébecca courut à la maison raconter à sa mère ce qui lui étoit arrivé près de la fontaine.

VI. Annibal étant parti de Carthage, alla d'abord à Ephèse où il trouva Antiochus, roi de Syrie. — On dit que Lélius et Scipion avoient coutume de s'amuser comme des enfans, lorsque sortis de la ville comme d'une prison, ils voloient à la campagne.

154.e Règle : *Eo ad patrem, ad sacram concionem*, etc.

I. J. C. est venu à nous, parce que nous ne pouvions aller à lui.

II. Samson trahi par son épouse, s'en re-ourna fort en colère chez son père.

III. Thémistocle obligé de s'enfuir d'A-hènes, se retira chez Admète, roi des Mo-osses, dont il fut fort bien reçu.

IV. Le poète Eschile outré de dépit d'avoir té vaincu par Sophocle, beaucoup plus eune que lui, se retira en Sicile chez le roi Iiéron, protecteur et ami des savans mécon-ens d'Athènes.

V. Démétrius de Phalère ayant été con-lamné injustement à sortir de sa patrie, se éfugia à Alexandrie chez le roi Ptolémée, t y composa plusieurs beaux ouvrages. — Eliézer, serviteur d'Abraham, arriva dans e temps que les femmes alloient à la fontaine our puiser de l'eau.

VI. Les Carthaginois craignant que les Ro-nains ne leur déclarassent la guerre, les pré-inrent qu'Annibal s'étoit retiré chez Antio-chus, roi de Syrie. — Chez les Lacédémo-niens on conduisoit les enfans aux repas pu-blics comme à une école de sagesse et de tempérance.

155.e Règle : *Redeo ex Galliâ*, *ex urbe*, et autres règles.

I. Agésilas partant de l'Asie, fut regretté comme le père commun des peuples.

II. Eliézer partit de Mésopotamie pour re-tourner chez Abraham son maître, et lui ra-conta tout ce qu'il avoit fait.

III. S. Prudence qui passa d'Espagne e France fut élevé sur le siége de Troies.

IV. Agésilas, après être revenu des pay étrangers à Sparte, se montra le même qu'au paravant.

V. Cyrus resta dans l'Asie mineure jusqu' ce qu'il l'eût entièrement soumise ; de l'Asi mineure il passa dans la Syrie et l'Arabi qu'il subjugua pareillement.

VI. Dès que Pyrrhus fut sorti de la Sicil pour retourner en Italie, les Carthaginois en devinrent encore les maîtres, de sorte que Pyrrhus perdit cette île avec autant de rapi dité qu'il l'avoit conquise.

156.e Règle : *Redeo Lugduno*, *Româ*, etc.

I. S. François alla d'Avignon à Lyon, e mourut dans cette ville.

II. Dion banni de Syracuse par Denis le tyran, se réfugia à Mégare.

III. Laban, frère de Rébecca, sorti promptement du logis pour aller trouver Eliézer.

IV. Pline remarque que les tyrans furent chassés d'Athènes la même année que les rois furent chassés de Rome.

V. Lorsque le roi Balthasar profanoit les vases sacrés qu'on avoit transportés de Jérusalem à Babylone, il fut étrangement épouvanté en voyant une main écrire sur la muraille.

VI. Régulus partit de Rome pour Carthage, sans être retenu ni par la vive douleur de ses mis, ni par les larmes de sa femme et de es enfans. — Charondas revenoit de la campagne, lorsqu'il se perça de son épée dans ne assemblée qui avoit été brusquement onvoquée.

157.e Règle : *Venio à patre, à venatione*, et autres règles.

I. Agar s'enfuit de chez Sara dont elle toit l'esclave.

II. Esaü revenoit de la chasse lorsqu'il éda son droit d'aînesse à Jacob pour un plat le lentilles.

III. Onésime que S. Paul convertit à la foi, 'étoit enfui de chez Philémon son maître, près l'avoir volé.

IV. Ste. Eulalie s'enfuit de chez sa mère, our aller trouver le gouverneur, et lui reprocher sa barbarie envers les Chrétiens.

V. Esaü n'eut pas plutôt appris que Jacob evenoit de chez Laban, qu'il courut au-devant de lui et le baisa en versant des larmes.

VI. Le roi Antiochus revenant de la chasse ut obligé de se réfugier dans la chaumière le quelques paysans qui lui apprirent, sans le onnoître, ce que ses courtisans lui avoient aché jusqu'alors.

158.e Règle : *Iter feci per Galliam, per urbem*, etc.

I. L'empereur Auguste revenant de l'Asie, passa par Athènes.

II. L'empereur Vespasien voulut passer par la Grèce pour retourner d'Alexandrie à Rome.

III. S. Germain, évêque d'Auxerre, passa par Paris pour aller une seconde fois en Angleterre.

IV. L'empereur Adrien étant parti de la Bretagne, passa par les Gaules pour aller en Espagne.

V. L'empereur Marc-Aurèle passa par Smyrne et ensuite par Athènes pour se rendre en Italie.

VI. Cyrus retournant de Babylone dans la Perse, passa par la Médie, pour y saluer Cyaxare son oncle.

159.e Règle : *Iter faciam per domum avunculi mei. (.... per tabernaculum.... per regionem....)* (1).

I. Pompée retournant à Rome voulut passer par chez le philosophe Possidonius.

II. Les trois Anges qui détruisirent Sodome avoient passé par chez Abraham.

III. J. C. passoit par chez Lazare lorsqu'il alloit à Jérusalem.

IV. Nous voyons par l'écriture que le prophète Elisée passoit souvent par chez la Sunamite.

V. L'empereur Adrien passa par chez les

---

(1) L'expression *par chez* pourra choquer quelques personnes ; mais j'ai été obligé de l'employer pour me conformer à la règle : *je passerai par chez mon oncle*. Au reste, on lit dans le dictionnaire de l'académie : *par chez vous*.

ermains et les Belges pour aller dans l'île e la Bretagne.

VI. L'empereur Trajan passa par chez les rméniens et par chez les Parthes, pour aller ssiéger la ville de Babylone.

60.e Règle : *Constiterunt Corinthi, in loco nobili... eo Romam, in urbem Italiæ...*, *redeo*, et autres règles.

I. Pilate fut relégué à Vienne, ville du auphiné.

II. Socrate naquit à Athènes, ville la plus élèbre de la Grèce.

III. Les Espagnols furent battus par les rançais à Rocroi, ville de la haute Chamagne.

IV. Trajan étoit sur le point de partir de ologne, ville d'Allemagne, lorsqu'il apprit a mort de Nerva empereur romain. — L'emereur Antonin, surnommé le pieux, naquit Nîmes, ville du Languedoc; quelques hisoriens ont cependant écrit qu'il étoit né en talie.

V. L'empereur Adrien faillit être tué à Tarragone, ville d'Espagne, par un domesique furieux qui courut sur lui, l'épée nue.

VI. L'empereur Marc-Aurèle venoit d'arriver à Vienne, capitale de l'Autriche, lorsqu'il ut attaqué d'une fièvre maligne qui, peu de ours après, fut déclarée mortelle.

161.e Règle : *Habitat in urbe Lugduno*, *Re dit ex urbe Lugduno*, etc.

I. L'empereur Adrien passa l'hiver entie dans la ville d'Athènes.

II. Marc-Aurèle retournant à Rome, sé journa long-temps dans la ville de Smyrne.

III. Pompée, avant de partir de la ville d Rhodes, voulut entendre le philosophe Pos sidonius.

IV. Ce fut dans la ville d'Antioche que le disciples de J. C. commencèrent à être appelé chrétiens. — Les généraux de l'armée d'O thon, après avoir été vaincus, attendiren Vitellius dans la ville de Lyon, par où i passa pour retourner à Rome.

V. Annibal banni de la ville de Carthage s'étant réfugié dans la ville d'Ephèse, fut in vité par ses hôtes à aller entendre le philo sophe Phormion qui, au jugement du Car thaginois, étoit un vieux radoteur.

VI. Les Mages ne furent pas plus tôt arrivés dans la ville de Jérusalem, qu'ils s'informè rent où devoit naître le Christ; et ils appri rent qu'il devoit naître dans la ville de Béth léem.

162.e Règle : *Habitat in domo Cæsaris*, *in rure amœno*, etc.

I. Eliézer logea dans la maison de Bathuel.

II. S. Pierre logeoit dans la maison de Si mon le corroyeur.

III.

III. L'empereur Antonin mourut dans sa maison d'Ostie, l'an de J. C. 161.

IV. Albin et Sévère se disputant l'empire, combattirent dans une vaste campagne entre le Rhône et la Saône. — Jacob partit de la maison de son père, pour aller dans la maison de Laban frère de Rébecca.

V. Tobie après la mort de son père se retira dans la maison de Raguel son beau-père.

VI. On rapporte qu'Antonin, proconsul d'Asie, étant arrivé à Smyrne, se logea dans la maison de Polémon, ce qui déplut fort à ce Sophiste brutal et grossier.

163.e Règle : Adverbes pour la question *ubi*, et autres règles.

I. Jacob alla en Mésopotamie et y demeura vingt ans.

II. S. Paul prêcha l'Evangile dans l'île de Crète, qu'on appelle aujourd'hui Candie; il n'y demeura pas long-temps, mais il y laissa Tite son cher disciple.

III. Les Israélites coururent à la maison de Saül qui étoit caché dedans. — Il n'y a point de pays où la terre soit plus fertile qu'en Egypte.

IV. Alexandre envoya Parménion à Damas où étoit le trésor de Darius. — L'empereur Adrien fut regretté dans tout l'empire, mais moins à Rome qu'ailleurs.

V. Annibal fut toujours d'avis que les Romains, ailleurs invincibles, ne pouvoient être vaincus que dans l'Italie même.

VI. C'est pour son malheur qu'Alexandre séjourna plus long-temps à Babylone qu'en aucun autre lieu. — Laban s'approchant d'Eliézer lui dit : entrez, pourquoi demeurez-vous dehors ?

164.e Règle : Adverbes pour la question *Quò*, *etc.*

I. L'Égypte fournissoit du blé aux contrées voisines ; c'est pourquoi les enfans de Jacob y allèrent.

II. Denis le jeune ayant été chassé de Syracuse, y rentra par la force. — Cinéas ne fut reçu nulle part.

III. S. Paul ne séjourna pas long-temps dans l'île de Candie, parce que les besoins de l'Eglise l'appeloient ailleurs.

IV. Dieu dit à Josué : ne craignez point ; car quelque part que vous alliez, le Seigneur votre Dieu sera avec vous. — Giézi osa répondre au prophète Elisée qu'il n'étoit allé nulle part.

V. Philippe ne reconnoissoit point pour imprenable toute forteresse où pouvoit monter un mulet chargé d'argent.

VI. La ville de Thèbes où Philippe avoit été conduit comme otage, nourrissoit dans son sein, et formoit, sans s'en douter, le plus dangereux ennemi de la Grèce.

165.e RÈGLE : Adverbes pour la question *Undè*, etc.

I. MOÏSE monta sur la montagne (1), et il vit de là la terre promise.

II. De toutes parts on alloit acheter du blé en Egypte.

III. Le prophète Elisée s'aperçut que son serviteur venoit de quelque part.

IV. Joseph traita d'abord ses frères comme des espions, et leur demanda d'où ils venoient.

V. Alcibiade ne respiroit que la guerre, tellement que toutes les nuits dans ses songes il prenoit Carthage, soumettoit l'Afrique, et passoit de là en Italie.

VI. Caligula, après avoir recueilli avec soin les cendres de sa mère et de ses frères, les renferma dans des urnes, qu'il apporta à Ostie sur une galère, et de là à Rome, où il les déposa dans un tombeau magnifique.

166.e RÈGLE : Adverbes pour la question *Quà*, etc.

I. LES Mages qui avoient passé par Jérusalem ne s'en retournèrent point par le même lieu.

II. Le roi d'Assyrie n'entra point dans Jérusalem, et retourna par où il étoit venu. — J. C. faisoit du bien partout où il passoit.

III. Vous savez par où passèrent les Israélites pour parvenir dans la terre promise.

(1) De Nebo.

IV. L'empereur Marc-Aurèle séjourna long-temps dans la ville de Smyrne par où il passa pour retourner à Rome.

V. Philippe, après avoir baptisé l'Eunuque, fut enlevé par l'Ange et retourna ensuite à Césarée, prêchant l'Evangile partout où il passoit.

VI. Les espions que Moïse avoit envoyés dirent au peuple : les habitans des pays par où nous avons passé, sont de vrais géans, auprès desquels nous ne paroissions que comme des sauterelles.

167.e Règle : *Adverbes de quantité* qui gouvernent le génitif, etc.

I. Annibal buvoit peu de vin.

II. L'île de Corfou produit beaucoup d'huile, de vin, d'oranges, de citrons et autres fruits.

III. Le Pérou produit assez de froment et de drogues médicinales ; on y trouve beaucoup d'or et d'argent.

IV. En Espagne on recueille moins de blé que de vin, d'huile d'olive et de fruits.

V. La Russie produit beaucoup de miel, tellement que les troncs des arbres en sont remplis. — Les soldats de Marius, après avoir vaincu les barbares, ne burent pas moins de sang que d'eau.

VI. La Bresse produit plus de blé que de vin, au lieu que le Beaujolois produit plus de vin que de blé. — Si tous les Romains veulent me faire édile, dit Scipion, j'ai assez d'années.

168.e Règle : *Adverbes de lieu* qui gouvernent le génitif, etc.

I. En quel lieu du monde trouverez-vous un ami fidèle ?

II. Nulle part vous ne trouverez un homme content de son sort.

III. Le sage demande où l'on peut trouver une femme forte. — Nulle part, disoit Micipsa, vous ne trouverez des amis plus sûrs que des frères.

IV. Nulle part vous ne trouverez un homme vraiment heureux, s'il ne cherche le bonheur en J. C.

V. Cicéron demandoit où l'on pourroit trouver un orateur accompli.

VI. Où trouve-t-on l'or et l'argent ? dans les régions lointaines. Quant à la sagesse, Dieu seul peut la donner. — Auguste ne put trouver nulle part deux hommes qui pussent remplacer Mécène et Agrippa.

169.e Règle : *Pridiè calendas*, ou *calendarum; Postridiè iduum*, ou *idus*.

I. La veille du sabbat, Joseph et Nicodème ensevelirent le corps de Jésus.

II. Cyrus, le lendemain de la bataille qu'il livra aux Babyloniens et aux Lydiens, marcha contre la ville de Sardes.

III. Socrate la veille de sa mort dormoit fort paisiblement. — S. Césaire mourut la veille de la fête de S. Augustin, comme il l'avoit souhaité.

IV. Le lendemain du combat entre les Latins et les Romains, on trouva le corps de Décius criblé de traits, au milieu d'un monceau de cadavres ennemis.

V. La manne qui se recueilloit la veille du sabbat, se conservoit deux jours sans se corrompre.

VI. Un auteur a remarqué que le lendemain d'une grande victoire remportée sur les Carthaginois, on avoit trouvé Masinissa devant sa tente, faisant son repas d'un morceau de pain bis. — Ce fut le lendemain de la Pâque que les enfans d'Israel commencèrent à manger des fruits de la terre promise.

170.e Règle : *En*, *ecce lupus*, ou *lupum*, etc.

I. Pilate dit aux Juifs en leur montrant J. C. : voilà l'Homme. Disons souvent, voilà l'Homme-Dieu que nos péchés ont crucifié.

II. Les enfans de Jacob voyant venir Joseph leur frère, dirent entr'eux : voici notre songeur ; tuons-le.

III. Lorsque Samuel eut aperçu Saül, Dieu lui dit : voici l'homme dont je vous ai parlé ; c'est lui qui régnera sur mon peuple.

IV. Onias, en montrant Jérémie à Judas Machabée, lui dit : voilà Jérémie qui prie beaucoup pour ce peuple et pour toute la ville sainte.

V. L'impie Jéroboam ayant fait faire des veaux d'or, dit aux Israélites : n'allez plus à Jérusalem ; voici vos dieux qui vous ont tirés de l'Egypte.

VI. En voyant Androcle et le lion qui l'accompagnoit, on disoit : voilà le lion qui a servi d'hôte à l'homme ; voilà l'homme qui a servi de médecin au lion.

171.e Règle : *Illius ergò*..... pour l'amour de lui, etc.

I. J. C. est mort pour l'amour des hommes.

II. Caton, pour l'amour de son frère, entreprit un voyage très-périlleux.

III. Plusieurs évêques ont vendu les vases sacrés pour l'amour des pauvres qui mouroient de faim.

IV. Coriolan, pour l'amour de sa mère, pardonna aux Romains l'injure qu'il en avoit reçue.

V. Si tant d'hommes tous les jours affrontent la mort pour l'amour de leur roi, que ne devons-nous pas faire pour l'amour de Dieu?

VI. S. Jean Chrysostôme, pour l'amour de sa mère, passa six ou sept ans à Antioche, malgré le désir qu'il avoit de se retirer sur les montagnes, comme il le fit dans la suite.

172.e Règle : *Montis instar*, et autres règles.

I. Chez les anciens Romains, les vieillards étoient honorés presque comme des dieux.

II. Judas et ses soldats combattoient comme des lions.

III. Les dames romaines pleurèrent une année entière Brutus comme leur père. — Les Tyriens et les Macédoniens se battirent comme des lions.

IV. Dans l'adversité, dit un auteur, les faux amis s'envolent comme des hirondelles. — Porus, quoique vaincu, voulut être traité comme un roi.

V. Dieu dit à Moïse : hâtez-vous de descendre ; voilà que le peuple s'est fait un veau d'or, et l'adore comme un dieu.

VI. Lorsqu'on demanda à Antigone comment il vouloit qu'on enchaînât Eumène : qu'on l'enchaîne, répondit-il, comme un éléphant ou comme un lion.

173.e Règle : *Ire obviam alicui*, et autres règles.

I. Joseph alla au-devant de Jacob et l'embrassa en pleurant.

II. Eliézer ayant aperçu Rébecca alla au-devant d'elle pour lui demander à boire. — Le consul Lévinus alla au-devant du roi Pyrrhus qui mettoit tout à feu et à sang.

III. Le peuple ayant appris que Jésus revenoit à Jérusalem, alla au-devant lui.

IV. Lorsque Manlius, qui avoit fait trancher la tête à son fils, retourna à Rome, il n'y eut que les vieillards qui allèrent au-devant de lui.

V. S. Loup revêtu des habits pontificaux, alla au-devant d'Attila, roi des Huns, qui s'appeloit lui-même le fléau de Dieu.

VI. Lorsqu'on apprit que saint Jean Chrysostôme, qui avoit été injustement déposé, revenoit à Constantinople, le peuple alla au-devant de lui, la plupart portant des cierges allumés, et chantant des hymnes.

174.e Règle : *Cùm Athenæ florèrent, cùm possum, cùm potui, cùm potero tibi adesse*, et autres règles.

I. Lorsque Socrate avaloit la ciguë, dit Plutarque, il instruisoit le genre humain. — Les hommes sécheront de frayeur lorsqu'ils verront les signes du jugement dernier.

II. L'Ange dit à Tobie le père : lorsque vous prîiez avec larmes, et que vous ensevelissiez les morts, j'ai présenté vos prières au Seigneur. — Le jeune Tobie cherchoit un guide lorsque l'ange Raphaël s'offrit à lui.

III. Lorsqu'Alexandre parcouroit sa seizième ou dix-septième année, Philippe le mit à la tête de l'aile gauche pour combattre contre les Thébains. — Abraham avoit cent ans lorsqu'Isaac vint au monde.

IV. Lorsque Philotas, fils de Parménion, dormoit d'un profond sommeil, on le chargea de chaînes par l'ordre d'Alexandre. — Agar pleuroit amèrement lorsqu'un Ange lui apparut et la consola.

V. Lorsqu'Alexandre fut entré dans les Indes, la plupart des petits rois vinrent au-devant de lui se ranger sous son obéissance. — Socrate ne rougit point, lorsqu'Alcibiade le surprit jouant avec son fils encore enfant.

VI. Phocion, lorsqu'on le conduisoit en prison, montroit la même magnanimité que lorsqu'autrefois, après avoir reçu le commandement des armées, on le conduisoit par honneur dans sa maison. — Trajan étoit sur le point de partir de Cologne, lorsqu'il apprit la mort de Nerva.

175.e Règle : *Cùm id velis, cùm id volueris*, et autres règles.

I. Jacob s'écria : je mourrai content, puisque j'ai vu mon fils Joseph.

II. Samuel dit au roi Saül : comme vous avez rejeté la parole du Seigneur, vous ne serez plus roi.

III. Dieu dit à Salomon : puisque vous n'avez point gardé mon alliance, je diviserai votre royaume, et je le donnerai à votre serviteur.

IV. Dieu dit à Moïse et à Aaron : comme vous n'avez point cru à mes paroles, vous ne ferez point entrer mon peuple dans la terre que je lui ai promise. — Dieu dit à David par son prophète : ce ne sera pas vous qui bâtirez un temple à mon honneur, vu que vous êtes un guerrier, et que vous avez répandu beaucoup de sang.

V. Timothée répondoit à ses rivaux : puisque tout endormi je prends les villes, que ne ferai-je point éveillé ? — Thius, que Datames fit prisonnier, inspiroit la terreur, vu que c'étoit un homme d'une haute taille, et qu'il avoit le teint noir, une longue barbe et de fort longs cheveux.

VI. On demandoit à une dame romaine pourquoi elle ne vouloit plus se marier, puisque son mari étoit mort : c'est, répondit-elle, parce que Servius est toujours vivant pour moi. — Denis fit ôter à Esculape sa barbe d'or, disant qu'il ne convenoit pas que le fils eût une barbe si longue, vu qu'Apollon son père étoit peint sans barbe.

176.e Règle : *Dùm canis ferret carnem*, etc.

I. Abraham étoit debout, tandis que les Anges mangeoient.

II. Masinissa mourut tandisque les Romains assiégeoient Carthage. — Tandis que Marthe prépara le dîner, Marie écouta J. C.

III. Tandis que les Juifs lapidoient Etienne, ce saint diacre prioit pour eux. — Le monde est maintenant dans la joie, tandis que les justes sont dans les pleurs; mais la joie des justes sera éternelle, tandis que les impies souffriront éternellement.

IV. Tandis qu'on tourmentoit les Machabées, leur mère les exhortoit à souffrir courageusement la mort. — Tobie demeura chez Raguel, tandis que l'Ange alla chez Gabelus.

V. Saül tenta plusieurs fois de tuer David tandis qu'il jouoit de la harpe devant lui. — Abraham dit à ses serviteurs : demeurez ici tandisque nous irons mon fils et moi offrir un sacrifice au Seigneur.

VI. Alexandre, avec un camp volant, alla en Arabie tandisque ses généraux assiégeoient la ville de Tyr. — On croit qu'Alexandre se tint caché derrière une tapisserie, tandis qu'on mit Philotas à la question.

177.e Règle : *Clitellas dùm portem meas*, et autres règles.

I. Dieu oubliera nos péchés, pourvu que nous ne les oublîions pas.

II. Que je souffre tous les maux, disoit St Ignace, pourvu que je jouisse de J. C. — La mère de Tobie fut inquiète, jusqu'à ce qu'elle le vît revenir.

III. Nabuchodonosor fut chassé du trône et réduit à la condition des bêtes, jusqu'à ce qu'il reconnut que toute puissance vient du Très-Haut. — Dieu a promis de nous pardonner, pourvu que nous pardonnions à nos frères.

IV. Nulle ville ne paroissoit imprenable à Philippe, pourvu qu'un mulet chargé d'or pût y monter. — Noé resta dans l'arche, jusqu'à ce que les eaux du déluge fussent entièrement desséchées.

V. Les espions promirent d'épargner Rahab et sa famille, pourvu qu'elle ne les trahît point. — L'Ange dit à Zacharie : vous demeurerez muet jusqu'à ce que votre épouse mette au monde le fils dont je vous annonce la naissance.

VI. Cyrus fit déclarer aux bourgeois de Sardes qu'ils auroient la vie sauve, et qu'on épargneroit leurs femmes et leurs enfans, pourvu qu'ils lui apportassent tout leur or et tout leur argent. — Sainte Mustiole, cousine de l'empereur Claude, fut condamnée, sous le règne d'Aurélien, à être battue avec des fouets armés de plomb, jusqu'à ce qu'elle expirât.

178.e Règle : *Id si faceres, si fecisses causâ meâ*, etc.

I. Si Adam et Eve avoient obéi à Dieu, tous les hommes auroient été heureux.

II. L'empereur Tite désiroit conserver le temple de Jérusalem, s'il le pouvoit.

III. Si Judas eût imploré la miséricorde divine, il auroit obtenu le pardon de son crime.

IV. Si j'étois Alexandre, disoit Parménion, j'accepterois les offres de Darius ; et moi aussi, reprenoit Alexandre, si j'étois Parménion.

V. Si Darius avoit suivi les conseils de Caridème, il n'auroit pas essuyé tant de malheurs.

VI. Les Romains virent ce qu'ils avoient à

craindre, et que c'en étoit fait de l'empire romain, si Asdrubal venoit à joindre ses troupes à celles d'Annibal son frère.

179.e Règle : *Si veneris, pergratum mihi feceris. Quem librum si leges, lætabor*, etc.

I. Si nous recherchons la sagesse, nous la trouverons.

II. Dieu dit à Caïn : si vous faites bien, vous en recevrez la récompense ; si vous faites mal, vous serez puni.

III. Manlius dit au consul : si vous me le permettez, j'entrerai en lice avec le Gaulois qui ose nous insulter.

IV. Le médecin de Pyrrhus alla trouver Fabricius et lui dit : si vous me promettez une récompense, j'empoisonnerai le roi votre ennemi.

V. Jugurtha ayant reçu ordre de sortir de Rome, dit en la regardant : si cette ville trouve un acheteur, elle périra bientôt.

VI. Abraham dit à Loth : séparons-nous : si vous allez à la gauche, je prendrai la droite ; si vous choisissez la droite, j'irai à la gauche.

180.e RÈGLE : *Luce ut quiescam*, etc.

I. AIMONS les pauvres, afin qu'ils nous ou-
rent le ciel.

II. Jacob dit à ses fils : retournez en
gypte, afin d'y acheter des vivres.

III. O Dieu ! vous nous avez donné votre
ls, parce que vous nous avez aimés ; don-
ez-nous votre esprit, afin que nous vous
imions.

IV. Saint Marcellin dit à son frère : je
ends grâces à Dieu qui me punit en cette
ie, afin de m'épargner dans l'autre.

V. Les Philistins passèrent la nuit sous
es armes, afin de tuer Samson, lorsqu'il sor-
iroit de la ville.

VI. Sénèque, après sa retraite, ne se
ourrissoit que de pain et d'eau, et de quel-
ues fruits, soit par sobriété, soit afin de se
arantir du poison.

181.e RÈGLE : *Ut aiunt*, etc.

I. LES années d'abondance arrivèrent,
omme Joseph l'avoit prédit.

II. J. C. naquit à Bethléem, comme
avoient prédit les Prophètes.

III. J. C. ressuscita trois jours après sa
nort, comme il l'avoit annoncé plusieurs
ois à ses Apôtres.

IV. Tout à coup le soleil s'arrêta, comme
osué l'avoit ordonné.

V. Néron, après le meurtre de sa mère, se

sentoit déchiré à coups de fouet, comme il s'exprimoit lui-même, par les furies qui l' poursuivoient partout.

VI. Les soldats, comme Josephe et d'autres auteurs l'ont écrit, mirent l'épée à la main et menacèrent Vespasien de la mort, s'il n'acceptoit l'empire.

182.e Règle : *Ut ab urbe discessi*, etc.

I. Aussitôt que Jonas eut été jeté dans la mer, la tempête fut apaisée.

II. Dès que le feu eut pris au temple de Jérusalem, il ne fut pas possible de l'éteindre.

III. Dès que les soldats virent couler le sang du jeune Manlius, ils éclatèrent en plaintes et en gémissemens.

IV. Aussitôt que l'empereur Adrien eut congédié tous ses médecins, il se mit à boire et à manger tout ce qu'il lui plaisoit.

V. Aussitôt qu'Auguste apprit la mort de Drusus, il la manda à Tibère qui vint avec tant de diligence qu'il fit deux cents milles en vingt-quatre heures.

VI. Dès que Néron eut fait tuer Agrippine sa mère, il se sentit agité de cruels remords, et à toute heure il croyoit la voir couverte de sang et percée de coups.

83.e Règle : Interjections. Parmi les interjections, quelques-unes gouvernent le nominatif, l'accusatif ou le vocatif ; d'autres gouvernent le datif. *O Deus ! O me infelicem ! Heu me miserum ! Eia milites. Proh ! Scelus ! Hei mihi ! Væ tibi !*

I. O Dieu saint et terrible ! — Malheur à nous, parce que nous avons péché !

II. Saint Augustin s'écrioit : O vérité ! O charité ! — O Marie, reine des Anges et des hommes ! secourez-nous.

III. O ciel ! O ma patrie ! — Hélas ! que mon exil est long ! O céleste Jérusalem ! que ton souvenir est agréable à mon cœur !

IV. O mort ! que ton souvenir est amer à celui qui aime le monde ! — Brennus dut se repentir d'avoir dit : malheur aux vaincus.

V. O étable de J. C. plus belle que les palais les plus magnifiques ! O crèche plus brillante que les trônes les plus somptueux ! O langes plus précieux que la pourpre des rois ! — Le monde dit : malheur aux pauvres ! J. C., au contraire, s'écrie : malheur à vous riches !

VI. O vanité de la puissance des hommes ! Xerxès, après avoir vu la mer couverte de ses flottes, fut réduit à traverser la mer dans la barque d'un pêcheur. — Caligula fit déchirer par des bêtes un grand nombre de gens infirmes, pour délivrer, disoit-il, l'état de gens inutiles. O monstre que l'enfer seul a pu vomir !

184.e Règle : Que retranché. *Credo te flere*, etc.

I. Vous n'ignorez pas que Dieu est éterne

II. Nous croyons que J. C. est ressuscit et qu'il ne mourra plus.

III. Vous savez que J. C. est appelé le pon tife des biens futurs.

IV. Nous savons que J. C. naquit sous l règne d'Auguste, et qu'il mourut sous le règn de Tibère.

V. J. C., avant de monter au ciel, promi à ses Apôtres qu'il n'abandonneroit jamai son Eglise.

VI. Nous savons que Tibère entendit par ler des miracles de J. C., et qu'il ne persé cuta point les Chrétiens.

185.e Règle : Que retranché suivi de deux verbes, etc.

I. Vous savez que Néron qui persécuta le Chrétiens fut très-cruel.

II. Caton pensoit que tant que Carthage subsisteroit, Rome ne seroit point en sûreté.

III. On répondit à Pyrrhus que tant qu'il seroit en Italie, il n'auroit pas la paix avec les Romains.

IV. Dieu annonça à Adam et à Eve que, s'ils mangeoient du fruit qu'il leur avoit inter-dit, ils mourroient certainement.

V. Qui eût jamais cru que Salomon qui avoit passé pour le plus sage des hommes, adoreroit les idoles ?

VI. Vous savez que Constantin, qui est re-
rdé comme le premier empereur chrétien,
ınsporta le siége de l'empire à Bysance
'il surnomma Constantinople.

86.e RÈGLE : Règle générale pour le *que* retranché, etc.

I. J'APPRENDS que Primus vient à Rome,
ıe Mucien est déjà arrivé en Italie; je pré-
ɔis que Vespasien sera bientôt empereur.

II. J'apprends que l'empereur Pertinax a été
ıé par les soldats prétoriens; je sais que
ilien a beaucoup d'écus; je soupçonne qu'il
:hètera l'empire.

III. Nous apprenons qu'Héliogabale a été
ıis à mort, et qu'Alexandre règne à sa place;
ous espérons que ce bon prince sera favo-
ıble aux Chrétiens.

IV. Josué dit aux enfans d'Israël : vous
oyez que le Seigneur vous a donné la terre
u'il vous avoit promise, et que vous en
ɔuissez maintenant ; soyez persuadés que si
ous lui êtes fidèles, il exterminera tous les
ıtres peuples.

V. Nous savons que nous avons été aimés
le Dieu, puisqu'il nous a envoyé son Fils;
ıous savons qu'il nous aime encore, puisqu'il
ıous comble tous les jours de ses grâces, et
ıous sommes assurés que si nous lui sommes
idèles, nous en serons toujours aimés.

VI. Vous savez que les Juifs ont commis le
ɔlus grand des crimes en faisant mourir J. C.

Avez-vous observé que ce peuple n'est poi confondu avec les autres peuples ? Soyez a surés qu'un jour il embrassera la religi chrétienne.

187.ᵉ RÈGLE : *Credo illum legere*, etc.

I. Nous devons croire que sans J. C. no ne pouvons rien faire.

II. Saint Paul savoit que l'œil du paste est le salut du troupeau.

III. Saint Louis, fait prisonnier, répond aux Sarrasins : apprenez qu'un roi de Fran ne se rachète point pour de l'argent.

IV. L'empereur Adrien ayant rencont quelqu'un qui l'avoit offensé avant qu'il f élevé à l'empire, lui dit : sachez que je su empereur ; ainsi ne craignez point.

V. Galba répondit durement aux solda qui lui demandoient une récompense pou l'avoir proclamé empereur : apprenez que j choisis mes soldats, et que je ne les achèt point.

VI. Saint Louis répondit aux Sarrasins qu le menaçoient de la mort, s'il ne prêtoit l serment qu'ils exigeoient : j'avoue que vou êtes maîtres de mon corps ; mais sachez qu Dieu seul est maître de mon ame.

3.e Règle : *Credebam, credidi, credideram illum legere*, etc.

I. Dieu vit que la lumière étoit bonne.

II. Demarate disoit qu'à Sparte la loi étoit ıs forte que les rois.

III. Darius I avouoit ingénument qu'il étoit levable de la couronne à son écuyer et à ı cheval.

IV. Asdrubal prouva par son intrépidité 'il étoit fils d'Amilcar, et frère du grand nibal. — Alexandre répondit à Darius qu'il ıvoit pas besoin de son argent.

V. Jonathas eut beau représenter à Saül ı père, que David qu'il haïssoit comme ı plus mortel ennemi, étoit son plus fidèle :viteur.

VI. Quand on annonça à Alexandre que ırius approchoit avec son armée, il n'en ulut d'abord rien croire, tant la chose lui roissoit incroyable.

89.e Règle : *Tibi dixi Phædrum fuisse servum*, etc.

I. Ignoriez-vous que l'empereur Trajan oit espagnol ?

II. L'Evangile nous a appris que le traître ıdas étoit un des douze Apôtres de J. C.

III. En lisant les épîtres de S. Paul, j'ai ›pris que S. Luc étoit médecin.

IV. Vous avez appris que Joseph étoit esave et prisonnier avant d'être mis à la tête : toute l'Egypte.

V. On vous a appris sans doute que sai Cyprien qui fut élu évêque de Carthage, enseignoit d'abord la rhétorique.

VI. Saviez-vous que Pertinax étoit maîtl d'école long-temps avant d'être élu empereu — J'ai lu dans un historien que Trajan d moit peu, et qu'il marchoit toujours à piec la tête de ses troupes, lors même qu'il fi élevé à l'empire.

190.e Règle : Je ne crois pas qu'il lise,
Non credo illum legere, etl

I. Pertinax dort profondément; je ne crc pas qu'il pense à l'empire.

II. Croyez-vous que tous les homm soient fous ? Horace paroissoit le croire.

III. Caracalla va visiter le temple de lune ; je ne crois pas qu'il pense à la mo qui le menace.

IV. Abdalonyme s'occupe à cultiver u jardin : ne pensez pas qu'il aspire à la royauti

V. Saint Louis répondit à ses parens et ses amis : ne croyez pas que je haïsse ma vi mais je lui préfère J. C. et sa croix.

VI. L'empereur Sévère, attaqué de goutte, dit à son fils Caracalla qui le traito d'imbécille : apprenez, mon fils, que la tê seule peut commander, et ne vous imagin pas que les pieds soient nécessaires pour go verner un empire.

1.e Règle : *Credo illum legisse*, et autres règles.

I. Quelques auteurs disent que Jugurtha :aché au char de Marius perdit l'esprit, et l'ensuite il fut conduit en prison.

II. Les Philistins voyant que le plus vail-
ıt d'entr'eux avoit été tué, prirent la fuite.

III. Vous savez sans doute que Marius, rti de sa prison, s'étoit retiré en Afrique, qu'ensuite il retourna à Rome, et y porta meurtre et le ravage.

IV. Platon nous apprend que Socrate étant ·ès de mourir, mit en vers quelques fables Esope. — David voyant qu'Oza avoit été appé de Dieu pour avoir touché l'arche, .t pénétré plus que jamais de la crainte du eigneur.

V. Un auteur rapporte que sous le règne Claude, un certain Fullonius se déclara ;é de 150 ans. — On venoit de proclamer erva empereur, lorsque le bruit se répandit ue Domitien n'étoit pas mort.

VI. Tout le monde sait qu'Aristide, après voir exercé les premières charges de la ré-
ublique, mourut si pauvre, qu'il ne laissa as de quoi se faire enterrer. — Xerxès ad-
irant le courage de la reine Artémise, dit u'à la bataille livrée près de Salamine, les ommes avoient paru des femmes, et que :s femmes avoient montré un courage l'hommes.

192.e RÈGLE : Je crois, je croirai qu'il lisoit
Credo, credam illum legisse, etc.

I. SAVEZ-VOUS qu'Alexandre Sévère, empereur romain, vouloit bâtir un temple à Jésus-Christ ?

II. On dit que César passoit les fleuves à la nage, ou avec des outres enflées.

III. Vous n'ignorez pas que Caligula et Néron ressembloient moins à des hommes qu'à des bêtes féroces.

IV. On dit qu'Esope étoit petit de corps, bossu et si laid de visage, qu'il avoit à peine figure d'homme ; mais personne n'ignore qu'il avoit beaucoup d'esprit.

V. Si vous lisez l'histoire des empereurs romains, vous verrez que la plupart de ceux qui ont été tués, étoient indignes de commander.

VI. On lit dans Pline que sous le règne de Vespasien, il se trouvoit à Rome beaucoup de citoyens d'une vieillesse extraordinaire, et surtout deux qui avoient 150 ans.

193.e RÈGLE : Je crois qu'il aura déjà dîné ?
Credo illum jam prandisse.
Je ne crois pas qu'il ait encore dîné ?
Non credo illum jam prandisse.

I. S. Augustin présume que les Anges auront été créés le premier jour, lorsque Dieu dit : que la lumière soit faite. — Puis-je croire que l'empereur Adrien, qui d'abord persé-
cuto

utoit les Chrétiens, ait voulu ensuite élever n temple au Christ ?

II. Trajan, partez de Cologne pour aller à ome : je crois que Nerva aura déjà expiré. — Ne croyez pas que Trajan ait exterminé ı nation juive, comme il l'avoit résolu.

III. Holoferne est étendu par terre ; je suis ersuadé que Judith lui aura tranché la tête. — Les Romains avoient préparé un magnique triomphe à Trajan : ne croyez pas ceendant qu'il ait triomphé avant sa mort.

IV. Caïn est sorti avec son frère, et il reient seul : je soupçonne qu'il aura tué l'inocent Abel. — On a trouvé Scipion Emilien ıort dans son lit, quoiqu'il se fût retiré bien ortant : j'ai de la peine à croire qu'on ne lui ît pas fait violence.

V. Dès le point du jour Darius court à la osse aux lions où l'on a jeté Daniel : je préume que ce bon prince aura passé la nuit ans dormir. — Peut-on croire qu'Aristide, ıalgré tant de services qu'il avoit rendus à ı patrie, n'ait pas laissé d'être condamné à exil ?

VI. Il est probable que S. Joseph, époux e la Sainte Vierge, sera mort avant la pasion de J. C., attendu que J. C. récommanda a mère à S. Jean, son disciple bien-aimé. — Lætus va offrir le diadème à Pertinax qui lort d'un profond sommeil : je ne crois pas ṛu'en se couchant il ait prévu qu'il se lèveoit empereur.

194.e Règle : *Credo illum cras venturum esse*, et autres règles.

I. L'Ange dit à Zacharie : je vous prédi que votre épouse concevra et enfantera u fils que vous nommerez Jean.

II. Jésus-Christ dit à ses Apôtres : appre nez que le Fils de l'homme sera mis à mort et qu'il ressuscitera le troisième jour.

III. Antonin succède à Adrien : je suis per suadé qu'un jour il sera surnommé le pèr des vertus.

IV. Séjan, ministre de Tibère, répand l sang des Romains : qu'il sache qu'un jour i sera lui-même étranglé par un bourreau.

V. Saint Thomas étoit appelé le bœu muet par ses condisciples : je vous annonce leur dit Albert, que les doctes mugissemen de ce bœuf retentiront un jour par tout l monde.

VI. S. Benoît dit à Totila, roi des Goths je vous annonce que vous entrerez dan Rome, que vous passerez la mer, et qu'aprè avoir régné neuf ans, vous mourrez l dixième.

195.e Règle : Je ne crois pas qu'il vienn demain, *Non credo illum cras venturum esse*, etc.

I. Vitellius est proclamé empereur; mai je ne crois pas qu'il règne long-temps.

II. César se rend au sénat ; mais je ne croi pas qu'il en sorte vivant.

III. Néron s'abandonne à tous les crimes ; e pensez pas qu'il meure de mort naturelle.

IV. L'empereur Sévère part de Rome con-re les Bretons ; je ne présume pas qu'il re-ourne jamais dans cette ville.

V. Adrien vient d'être proclamé empereur ; e ne crois pas qu'il se venge des injures qu'il reçues étant particulier.

VI. Caracalla, tu pars de Rome pour visi-er le temple de la lune ; je ne crois pas que 1 y arrives, car Martial a résolu de t'ôter la ie.

---

mparfait du subj. terminé en *rois*, après un *que* retranché.

196.e Règle : *Putabam eum cras venturum esse*, etc.

I. Tobie annonça que le temple du Sei-neur seroit rebâti.

II. Le Seigneur annonça à Rébecca que ses eux fils seroient les chefs de deux peuples, t que l'aîné seroit assujetti au plus jeune.

III. Alexandre avoit prévu qu'on célébre-oit ses funérailles par des batailles sanglantes.

IV. Xerxès qui avoit conduit en Grèce une otte si nombreuse et si redoutable, ne s'at-endoit pas qu'à son retour il passeroit l'Hel-espont dans une barque de pêcheur.

V. Jérémie, ayant une chaîne au cou, dé-laroit aux Juifs que la vengeance de Dieu clateroit contre eux, s'ils ne retournoient à 1i.

VI. Le prophète du Seigneur alla trouver

David, et lui annonça que son royaume seroi ravagé ou par la famine durant trois ans, o par la guerre durant trois mois, ou enfin pa la peste durant trois jours.

Plus-que-parfait du subjonctif après un *que* retranché.

197.e Règle : *Credo illum venturum fuisse si..*

Je ne savois pas que vous fussiez arrivé.....
Nesciebam te advenisse.

I. Je ne puis croire qu'Alexandre, com battant contre les Romains, eût toujours rem porté la victoire. — S. Thomas ne pouvoi croire que J. C. fût ressuscité.

II. On croit que Marcellus auroit succéd à Auguste, s'il n'eût été enlevé par une mor prématurée. — J'ignorois que l'empereu Claude fût né à Lyon.

III. Je ne puis croire qu'Alexandre, s'i n'eût été ivre, eût jamais tué Clitus dans u festin. — Saviez-vous que Philippe, roi d Macédoine, eût été élevé par Epaminondas général des Thébains ?

IV. Nous pouvons bien assurer que si Mar cellus eût été proclamé empereur, les Ro mains auroient été plus heureux qu'ils ne l furent sous le règne de Néron. — Je ne sa vois pas que Trajan qui estimoit tant les sa vans, n'eût jamais étudié les sciences.

V. Antonin, en délivrant plusieurs per sonnes arrêtées par les ordres d'Adrien, fai soit entendre qu'Adrien les auroit lui-mêm élivrées, s'il eût vécu plus long-temps. — aviez-vous que Caracalla, meurtrier de son ère et de son frère, eût été mis au nombre es dieux? — J'ignorois que Nerva eût été elégué en Franche-Comté par l'empereur Doiitien auquel il succéda.

VI. On convient que si Alexandre, à la fin e son règne, se fût montré le même qu'au ommencement, il l'auroit emporté en bonté ur tous les autres rois. — Auriez-vous pu oupçonner qu'Adrien eût dressé des tomeaux à ses chiens et à ses chevaux, et qu'il eur eût composé des épitaphes?

98.e Règle : Imparfait du subj. terminé en *asse*, *insse*, etc.

e n'ai pas cru que vous fussiez malade, *Non credidi te ægrotare.* Je ne crois pas, je ne croirai pas que vous fussiez, etc. *Non credo, non credam te ægrotavisse.*

I. L'empereur Sévère fit l'éloge de Commode : pouvoit-il croire que cet infâme emereur fût un Dieu? — L'Evangile ne dit pas ue le mauvais riche possédât le bien d'autrui.

II. Esther n'avoit découvert à personne u'elle fût juive. — Puis-je croire que Caligula, pendant l'espace de huit mois, passât our le modèle des bons princes?

III. Domitien ne croyoit pas que les statues fussent dignes de lui, si elles n'étoient d'or ou d'argent. — Je ne croyois pas que l'empereur Adrien qui aimoit les sciences, méprisât Homère et Virgile.

IV. Caligula qui avoit souhaité que le peuple romain n'eût qu'une tête pour la trancher d'un seul coup, éprouva qu'il avoit plusieurs bras. — Peut-être ne croyez-vous pas que Titus, avant d'être empereur, fût odieux au peuple romain qui le regardoit comme un autre Néron : c'est pourtant ce qu'assurent les historiens.

V. Caligula ne pouvoit ignorer que Julie Drusille fût véritablement sa fille, vu qu'elle étoit malfaisante et cruelle, et qu'elle égratignoit et vouloit crever les yeux aux enfans qui jouoient avec elle. — Sans doute vous aurez de la peine à croire que Néron, au commencement de son règne, fût admiré des Romains comme un présent du Ciel.

VI. Quelqu'un ayant demandé à Métellus le Macédonique ce qu'il alloit faire : je brûlerois ma robe, répondit Métellus, si je savois qu'elle connût mon dessein. — On ne peut nier qu'Alcibiade n'eût d'excellentes qualités ; mais on ne peut nier aussi qu'elles ne fussent étouffées par des vices encore plus grands.

Si je croyois que vous vinssiez bientôt, etc.

199.e Règle : *Si putarem te brevì venturum esse*, etc.

I. S. Pierre ne pouvoit croire que J. C. mourût.

II. Les Babyloniens ne pouvoient s'ima-

;iner que Cyrus se rendît jamais maître de 3abylone.

III. Les Tyriens ne pouvoient se persuaier qu'Alexandre entrât jamais dans leur 'ille.

IV. Les Philistins voyant Samson enfermé lans leur ville, ne pouvoient s'imaginer qu'il eur échappât.

V. Xerxès ne pouvoit croire que les Grecs :ussent la hardiesse de résister à ses troupes nnombrables.

VI. Les Juifs ne pouvoient s'imaginer que 'érusalem fût emportée d'assaut, et que jamais e temple de Dieu fût brûlé.

200.e Règle : *Credo fore ut te pœniteat*, etc.

I. Les Parthes ont rompu la paix avec Adrien ; je crois qu'ils s'en repentiront bientôt.

II. Darius fait mourir Caridème : j'ose assurer qu'un jour il s'en repentira.

III. Adrien a déclaré la guerre aux Chrétiens : soyez persuadé qu'il s'en repentira bientôt.

IV. Julien, tu achètes l'empire pour succéder à Pertinax ; mais je t'annonce qu'un jour tu t'en repentiras.

V. Héliogabale adopte Alexandre pour son fils : je suis persuadé qu'un jour il s'en repentira.

VI. Noé a beau inviter les hommes à entrer dans l'arche : ils se moquent de ses avis ; mais je prévois que bientôt ils s'en repentiront.

201.e Règle : *Credebam fore ut te pœniteret*, et autres règles.

I. Les Romains ne pensoient pas que Sylla s'ennuyât un jour de la dictature.

II. Camille, chassé de Rome, prévit que les Romains s'en repentiroient un jour.

III. Adrien, en montant sur le trône, ne prévoyoit pas qu'un jour il s'ennuyeroit de la vie.

IV. Avant de mettre le feu à la ville de Persépolis, Alexandre auroit du prévoir qu'un jour il se repentiroit d'une telle folie.

V. Régulus étoit bien persuadé que les Carthaginois n'auroient pas pitié de lui.

VI. Qu'Alexandre ne prévoyoit-il qu'il auroit honte d'avoir tué Clitus, son ami et le frère de sa nourrice ?

202.e Règle : *Credebam futurum fuisse ut te pœniteret*, etc.

I. Croyez-vous que Néron eût jamais eu honte des crimes qu'il avoit commis ?

II. Je ne pense pas que Vitellius eût jamais eu honte de sa gourmandise et de sa cruauté.

III. Je crois qu'Auguste auroit eu pitié de Julie sa fille si elle se fût corrigée.

IV. Pensez-vous que Caligula eût jamais eu honte de son extravagance et de ses infamies ?

V. J'ai de la peine à croire que Commode eût jamais eu honte de sa vie ignominieuse.

VI. Je suis persuadé que Marc-Aurèle se seroit repenti d'avoir associé son fils Commode à l'empire, s'il eût pu prévoir l'avenir.

203.e Règle : Vous croyez qu'il aura bientôt terminé cette affaire, *Credis fore ut brevì illud negotium confecerit...*

Je ne crois pas qu'il ait sitôt, etc. *Non credo fore ut tàm citò*, etc.

I. Saul, vous allez à Damas pour persécuter les Chrétiens; mais j'espère que vous aurez renoncé à ce barbare dessein lorsque vous arriverez dans cette ville. — Titus marche contre les Juifs : je ne crois pas qu'il les ait sitôt subjugués.

II. Les accusateurs de Daniel sont jetés dans la fosse ; je suis persuadé que les lions auront brisé leurs os avant qu'ils soient venus jusqu'à terre. — Les Israélites traversent la mer Rouge, ne croyez pas pourtant qu'ils soient sitôt arrivés dans la terre promise.

III. L'empereur Alexandre marche à grandes journées contre les Germains ; mais je prévois qu'il aura été tué avant que ses troupes arrivent en Germanie. — Les descendans de Noé bâtissent une tour ; pensez-vous qu'ils l'aient sitôt achevée ?

IV. Caligula se lève de son siége pour aller aux bains ; il ne prévoit pas qu'avant d'y arriver, il aura été mis à mort par les conjurés. — Alexandre assiége la ville de Tyr ; je ne crois pas qu'il ait sitôt terminé ce siége.

V. Je suis persuadé que Thémistocle, avant d'avoir passé une année dans la Perse, aura très-bien appris à parler la langue persanne. — Adrien part pour aller visiter les provinces de l'empire romain; ne croyez pas qu'il soit revenu sitôt à Rome.

VI. Drusus qui veut étendre les limites de l'empire, ne sait pas que la mort l'aura enlevé avant de repasser le Rhin pour retourner à Rome. — Pierre promet de mourir pour J. C.: pour moi, je ne crois pas que le coq ait chanté deux fois lorsqu'il aura renié trois fois son divin Maître.

204.e Règle : Je crois avoir lu, *Credo me legisse.*

Je me souviens d'avoir lu, *Memini me legere.*

Il espère partir bientôt.... *Sperat se brevì profecturum esse.*

I. Trajan, vous croyez pouvoir exterminer la nation juive; mais vous vous trompez. — Je me souviens encore, disoit S. Irénée, d'avoir vu et entendu S. Polycarpe. — Antiochus frappé de Dieu promit en vain d'enrichir de dons précieux le saint temple qu'il avoit pillé; il périt misérablement.

II. Valérien, vous croyez follement pouvoir détruire l'Église de J. C., en persécutant les Chrétiens, et surtout les pasteurs. — S. Pothin, premier évêque de Lyon, pouvoit se souvenir d'avoir vu et entendu l'apôtre saint

Jean. — Dieu promit de conduire les enfans d'Israel de l'Egypte dans une terre où couloient des ruisseaux de lait et de miel.

III. Alexandre pouvoit-il croire être un Dieu? — Je me souviens d'avoir lu et entendu ces belles paroles : *c'est régner que de servir Dieu.* — Crésus qui espéroit renverser l'empire des Mèdes, détruisit le sien.

IV. Socrate croyoit ne savoir rien, au lieu qu'Adrien croyoit tout savoir. — Joseph voyant ses frères prosternés devant lui, se souvint d'avoir eu deux songes qui présageoient sa grandeur. — L'impie Nicanor osa menacer de brûler le temple et de le raser jusqu'aux fondemens.

V. Caracalla, meurtrier de son frère Géta, crut un jour entendre son père qui lui disoit : je te tuerai, comme tu as tué ton frère. — Titus s'étant souvenu un jour qu'il n'avoit obligé personne, prononça ces belles paroles : *mes amis, j'ai perdu ma journée.* — Le roi de Babylone eut beau menacer de jeter dans une fournaise ardente les trois compagnons de Daniel : ils ne voulurent point adorer sa statue.

VI. Néron surpris d'un violent tremblement de terre, et effrayé d'un grand éclair, crut voir les ombres de tous ceux qu'il avoit fait mourir se jeter ensemble sur lui. — Vespasien fit consul un certain Pomposianus qui aspiroit à l'empire, et il dit en riant : si jamais il devient empereur, il se souviendra d'avoir reçu de moi le consulat. — S. Basile répondit courageusement au préfet Modeste qui menaçoit de le mettre en prison : j'espère être plus content au fond d'un cachot que les courtisans auprès de leur prince.

205.e Règle : *Suadeo tibi ut legas.*
Suadeo tibi ne ludas, etc.

I. Démosthène conseilloit vivement aux Athéniens de secourir la ville d'Olinthe ; Démade, corrompu par l'or de Philippe, leur conseilloit de ne point protéger cette ville.

II. Maharbal conseilloit à Annibal de marcher contre Rome après la bataille de Cannes. — Memnon, le plus habile des généraux de Darius, conseilloit à ce prince de ne point risquer un combat.

III. Alcibiade conseilla aux Lacédémoniens d'envoyer Gylippe en Sicile contre les Athéniens qui vouloient assiéger Syracuse. — Les soldats de Judas Machabée lui conseillèrent en vain de ne pas livrer bataille aux ennemis.

IV. Joseph pria l'échanson de se souvenir de lui. — Callisthène avoit beau avertir Alexandre de ne pas ternir la gloire de ses belles actions, en s'attribuant le titre fastueux de fils de Jupiter.

V. Plutarque conseille aux jeunes gens d'user toujours de bonté à l'égard des bêtes mêmes, pour s'accoutumer à traiter les hommes avec humanité. — Les amis de Dion eurent beau lui conseiller de ne pas épargner Héraclide et Théodote, il pardonna à l'un et à l'autre.

VI. Darius ayant passé une rivière (1), on lui conseilla en vain de faire rompre le pont. — Scipion avoit raison de conseiller à Masinissa encore jeune de ne pas tant se défier des ennemis armés contre lui, que des voluptés qui l'assiégeoient de toutes parts.

206.e Règle : *Curavit hunc puerum liberaliter educandum...... unum te monitum volo*, etc.....

I. Le Pontife Joïadas eut soin d'élever secrètement Joas. — L'empereur Tite auroit voulu conserver le temple de Jérusalem.

II. Lycurgue eut soin d'élever les enfans avec la plus grande frugalité. — Philippe voulut confier Alexandre son fils à Aristote.

III. Mardochée eut soin de bien élever Esther qu'il avoit adoptée pour sa fille. — S. Siméon voulut se recommander aux prières de sainte Geneviève.

IV. Darius se repentit d'avoir fait mourir Caridème, et il eut soin de le faire ensevelir. — Dieu dit à Moïse : je veux vous envoyer à Pharaon, afin que vous fassiez sortir mon peuple de l'Egypte.

V. Jacob étant parti pour l'Egypte, eut soin d'envoyer Juda, pour avertir Joseph de son arrivée prochaine. — Scipion et l'empereur Antonin aimoient mieux conserver un seul citoyen, qu'ôter la vie à mille ennemis.

---

(1) Le Licus.

VI. Alexandre eut soin de faire ensevelir l'épouse de Darius avec autant de magnificence qu'il put. — Darius, en conservant un pont, aima mieux livrer passage à l'ennemi qui le poursuivoit, que l'ôter à ses troupes mises en fuite.

207.e Règle : *Dic illi, mone illum me advenisse*, etc.

I. Les Romains furent avertis qu'Annibal avoit assiégé Sagonte. — J. C. ordonna à Lazare de sortir du tombeau.

II. Alexandre fut étonné lorsqu'on l'avertit que Darius approchoit. — Darius ordonna que Caridème fût traîné au supplice.

III. Tobie fut averti que son fils arrivoit, et il se mit à courir en heurtant des pieds. — Joseph ordonna que Siméon fût chargé de chaînes.

IV. Mucius Scévola avertit Porséna que trois cents Romains, semblables à lui, avoient juré sa perte. — Jésus ordonna à S. Pierre de remettre son épée dans le fourreau.

V. L'Ange avertit le jeune Tobie que les yeux de son père s'ouvriroient, s'il les frottoit du fiel du poisson qu'il avoit pris. — Joseph ordonna qu'on mît sa coupe d'argent dans le sac de Benjamin, le plus jeune de ses frères.

VI. J. C. allant à Jérusalem, avertit ses Apôtres qu'il seroit mis à mort, et que trois jours après il sortiroit triomphant du tombeau. — Ce ne fut que malgré lui que le roi le Babylone ordonna qu'on jetât Daniel dans a fosse aux lions.

:08.e Règle : *Nihil.... quid meâ refert utrùm dives sim an pauper*, etc.

I. Que m'importe que je meure aujourl'hui ou demain, pourvu que je meure de la nort des Justes?

II. Que m'importe que je possède ou que e perde ce qu'on ne peut conserver toujours?

III. Néron ne craignoit pas de dire : peu n'importe d'être aimé ou haï ; et même 'aime mieux être haï qu'aimé des Romains.

IV. Que m'importe, disoit le cruel Caraalla, que Géta mon frère soit dans le ciel ›u dans les enfers, pourvu qu'il ne soit plus ur la terre ?

V. S. Basile dit à Modeste, préfet du préoire : peu m'importe que je demeure dans non diocèse, ou qu'on m'envoie en exil, ttendu que je ne préfère aucun lieu à un utre.

VI. Athéniens, s'écrioit Démosthène, que ous importe que Philippe soit mort ou maade? si le Ciel vous en délivroit, votre indoence vous en susciteroit bientôt un autre.

209.e Règle : *Parùm curo utrùm me audias nec ne*, etc.

I. L'empereur Sévère se mettoit peu en peine d'être habillé magnifiquement ou non.

II. Samson se mettoit peu en peine qu'on le liât ou non.

III. S. Basile se mettoit peu en peine que l'empereur Valens lui enlevât ou non et les biens et la vie.

IV. Caligula, les Romains se mettent peu en peine que tu sois habile ou non à chanter et à danser.

V. Agésilas se mettoit peu en peine qu'il fît froid ou qu'il fît chaud ; il bravoit également le froid et la chaleur. — Néron, les Romains se mettent peu en peine que tu sois bon comédien ou non ; mais ils ne peuvent supporter ta barbarie.

VI. Tibère, livré à la débauche, se mettoit peu en peine que les légions romaines remportassent la victoire ou fussent taillées en pièces. — Domitien, les Romains se mettent peu en peine que tu sois habile ou non à enfiler des mouches : ce qu'ils désireroient, c'est que tu ressemblasses à ton père et à ton frère.

210.e Règle : *Tibi suadeo*, *suadebo ut legas*, et autres règles.

I. Parménion écrivit à Alexandre : ô roi, je vous conseille de vous défier de Philippe votre médecin.

II. Le sage conseille au paresseux d'aller à l'fourmi pour imiter son exemple.

III. S. Louis, avant de mourir, dit à son ls : je vous conseille de ne vous lier qu'avec es gens de bien.

IV. Daniel dit à Nabuchodonosor : ô roi, e vous conseille de racheter vos péchés par es aumônes, et vos iniquités par les œuvres e miséricorde envers les pauvres.

V. L'empereur Sévère dit à Caracalla qui ouloit le tuer : mon fils, si vous avez résolu le m'ôter la vie, je vous conseille de le faire ecrètement, et non à la vue de tout le honde.

VI. Livie dit à Auguste : puisque vous i'avez rien gagné jusqu'ici par la sévérité, je ous conseille d'user de clémence et de parlonner à Cinna. — L'empereur Antonin dit ux Sénateurs : vous me conseillez de punir le mort ceux qui ont conspiré contre moi ; our moi, je crains de perdre l'amitié du euple romain en recherchant tous les comolices.

211.e Règle : *Tibi suadebam, suasi, suaseram ut legeres*, etc.

I. Titus conseilla en vain aux Juifs de mettre bas les armes.

II. Caïn, après le meurtre d'Abel, craignoit d'être tué.

III. Caligula qui quelquefois bravoit le tonnerre, craignoit d'autres fois d'en être écrasé.

IV. Primus et Mucien, généraux d'armée,

conseilloient à Vitellius d'abdiquer l'empire.

V. Parménion, choqué de la fierté et du faste de Philotas son fils, lui conseilloit avec raison de se faire plus petit.

VI. Phaon conseilla à Néron de se cacher dans une fosse profonde d'où l'on avoit tiré du sable ; mais Néron, craignant d'être enterré vif, se cacha au milieu des roseaux.

212.e Règle : *Timeo ne Præceptor veniat*, et autres règles.

I. Jacob craignoit qu'Esaü ne passât au fil de l'épée la mère et les enfans.

II. Oza craignant que l'arche ne tombât, voulut la soutenir ; mais Dieu le frappa de mort.

III. Les frères de Joseph, après la mort de leur père, craignoient d'être punis de leur crime.

IV. Les Israélites craignant de mourir de soif, étoient sur le point de se rendre aux Assyriens.

V. Les Athéniens craignant que Philippe ne passât en Grèce, eurent soin de s'emparer promptement du défilé des Thermopyles.

VI. Annibal craignant avec raison d'être livré aux Romains par Antiochus, se retira d'abord dans l'île de Crête, ne sachant pas encore quel parti il prendroit. — Quelques-uns semblent craindre d'aimer trop Dieu, au lieu que S. Augustin craignoit de ne l'aimer pas assez.

13.e Règle : *Timeo ut* ou *nenon Præceptor veniat*, et autres règles.

I. S. Ignace craignoit de n'être pas dévoré ar les bêtes.

II. Ste. Monique craignoit qu'Augustin ne enonçât pas à l'erreur et à la volupté.

III. La mère du jeune Tobie craignit long- emps de ne pas revoir son fils qui étoit parti our la Médie.

IV. Les soldats qui conduisoient S. Ignace Rome craignoient de n'y pas arriver avant a fin des jeux.

V. Platon, disciple de Socrate, craignant ue la rage des tyrans n'eût pas été apaisée ar la mort de ce grand homme, se retira à légare.

VI. La plupart craignent de n'être pas ssez estimés, au lieu que S. Benoît craignoit e l'être trop.

214.e Règle : Il ne craint pas d'avouer, *Fateri non dubitat*.
Je crains de dire, *Non audeo dicere*.

I. L'extravagant Caligula ne craignoit as de dire : Jupiter, tue-moi, ou je te tue. – Philon a craint de rapporter les blasphè- les que Caligula prononça contre le Dieu des uifs en levant le bras contre le ciel.

II. David ne craignit pas de combattre ontre Goliath. — Les enfans d'Israel voyant le visage de Moïse rayonnant de lumière craignoient d'approcher de lui.

III. Le roi S. Louis ne craignit pas de sauter le premier dans la mer tout armé. — Les courtisans craignoient de dire à David que l'enfant étoit mort.

IV. Scipion Emilien ne craignit pas de monter le premier à l'assaut. — Lorsque Joseph se fut écrié : je suis Joseph que vous avez vendu, ses frères craignoient de lui parler.

V. Scipion Emilien ne craignit pas de se mesurer avec un roi barbare d'une grandeur prodigieuse, qui défioit souvent les Romains à un combat singulier. — Qui le croiroit? Néron, au commencement de son règne, craignoit de signer un arrêt de mort.

VI. Agésilas s'étoit acquis une si grande réputation, tant par sa bravoure que par sa prudence, que Sparte ne craignit pas de lui confier en même temps le commandement des troupes de mer et de terre; honneur qu'elle n'avoit jamais fait à aucun de ses généraux. — Les enfans d'Israël voyant les éclairs et entendant les tonnerres et le son de la trompette, craignoient d'approcher de la montagne couverte de fumée.

15.e Règ. : *Cave ne cadas... illi dissuade ne proficiscatur*, etc.

I. Samuel dit à Saül : prenez garde d'épargner les Amalécites. — Régulus dissuada les :omains de renvoyer les prisonniers Carthainois.

II. Tobie disoit souvent à son fils : prenez arde d'offenser Dieu. — Juda dissuada ses rères de tuer Joseph.

III. Jacob dit à ses fils : prenez garde qu'il 'arrive quelque malheur à Benjamin. — Un ydien fort estimé pour sa prudence dissuada Crésus de déclarer la guerre aux Perses.

IV. Trajan prenoit garde de faire, étant mpereur, ce qu'il avoit blâmé étant particuier. — Artabane voulut en vain dissuader)arius son frère de déclarer la guerre aux Scythes.

V. Le prophète Samuel avoit dit au roi Saül : prenez garde d'offrir le sacrifice, que e ne sois de retour. — Samuel qui auroit voulu dissuader les Hébreux de demander un roi, ne laissa pas ensuite de consentir à leur demande.

VI. Prenons garde de perdre la couronne qui nous attend dans le ciel. — Combien de fois la mère de S. Louis lui dit : mon fils, prenez garde de souiller votre ame par aucun péché mortel. — Parménion dissuada Alexandre de lire en pleine assemblée les lettres qu'on avoit surprises, et par lesquelles Darius sollicitoit les soldats grecs à tuer le roi ou à le trahir.

216.e RÈGLE : Prenez garde que tout soit prêt *Da operam ut omnia....*

I. AVANT la bataille, David dit aux géné raux : prenez garde que mon fils Absalon ai la vie sauve.

II. Absalon dit à ses officiers : prenez gard que je sois vengé ; frappez Amnon et tuez-le

III. Marc-Aurèle prenoit garde que le malheureux fussent secourus.

IV. Les Disciples que J. C. avoit envoyés prirent garde que tout fût prêt pour célébre la Pâque.

V. Joseph, avant de mourir, dit à se frères : prenez garde que mon corps soit transporté de l'Egypte dans le tombeau de mes pères.

VI. Après la ruine de Jérusalem, le sénat prit garde qu'on préparât à Tite et à Vespa-sien le triomphe le plus magnifique.

217.e RÈGLE : Il ne prend pas garde qu'on se moque de lui, *Non animadvertit se deri-deri.*

I. LES empereurs romains ne prenoient pas garde que le sang des martyrs devenoit une semence de Chrétiens.

II. L'empereur Claude, faisant les fonctions de juge, ne prenoit pas garde que les avocats se moquoient de lui.

III. L'empereur Marc-Aurèle ne prenoit

ıs garde que son épouse se couvroit d'ignominie par ses mœurs licencieuses.

IV. Abia, successeur de Roboam, ne preıit pas garde que Jéroboam étendoit ses baıillons pour enlever l'armée de Juda.

V. L'empereur Maximin ne prenoit pas ırde qu'à cause de sa cruauté il étoit un bjet d'horreur pour tous les Romains, et ême pour ses soldats. — Valérien, empeur romain, ne prit pas garde qu'il étoit ıveloppé par les troupes du roi Sapor, qui prit, et le traita avec la dernière indiıité.

VI. Les Romains combattant sous la conuite de Marc-Aurèle, ne prirent pas garde ue les Barbares n'avoient pris la fuite que our les attirer dans une ambuscade.

18.e RÈGLE : Je me garderai bien de vous quitter, *Non committam ut à te discedam.*

I. LES enfans d'Israël répondirent à Josué : ous nous garderons bien d'abandonner le eigneur, et d'adorer des dieux étrangers.

II. Un berger, disoit Tibère, tond ses breıis, mais il n'a garde de leur enlever la peau.

III. La femme de Putiphar ne cessoit de olliciter Joseph au crime : mais il n'eut arde de consentir au mauvais désir de cette emme.

IV. Saül avoit chargé Jonathas de tuer David, mais le fils n'eut garde d'obéir à son père.

V. Julien craignant pour lui, offrit l'empire à Pompéien, gendre de Marc-Aurèle : mais ce vieillard modeste et judicieux n'eut garde de l'accepter.

VI. David ayant trouvé dans une caverne Saül acharné à sa perte, ses compagnons l'engagèrent à profiter de cette occasion : mais il se garda bien de tuer son roi.

219.e Règle : *Dignus est ut* ou *qui imperet*, et autres règles.

I. Aristote étoit digne d'instruire Alexandre, et Alexandre méritoit d'être instruit par Aristote. — Vitellius ne méritoit pas d'être élu empereur.

II. Amilcar a mérité d'être mis au nombre des généraux les plus habiles. — L'incrédulité des Juifs méritoit qu'ils fussent rejetés de Dieu.

III. Marcellus mérita d'être appelé l'épée de Rome, comme Fabius avoit mérité d'en être nommé le bouclier. — Mon père, dit l'enfant prodigue, je ne suis pas digne que vous m'appeliez votre fils.

IV. Porus par sa valeur mérita d'être admiré et estimé d'Alexandre lui-même qui l'avoit vaincu. — Les pauvres étant frères de J. C., méritent qu'on ait pitié d'eux. — Les péchés des hommes auroient mérité que Dieu exterminât le genre humain.

V. Védius Pollion, homme d'une férocité inouïe, ne méritoit pas qu'Auguste le mît

au

au nombre de ses amis. — Néron et Caligula ne méritoient pas que les Romains eussent pitié d'eux. — La faute de Manlius méritoit-elle que le père fît trancher la tête à son fils?

VI. A consulter Cicéron, Roscius étoit un acteur si accompli qu'il étoit seul digne de monter sur le théâtre; mais il étoit si homme de bien qu'il sembloit seul digne de n'y monter jamais. — Un menteur ne mérite pas d'être cru. — Le crime d'Appius et la conduite de ses collègues ne méritoient-ils pas que les Romains abolissent la dignité de décemvirs?

220.e Règle : *Deus prohibet ne mentiamur. Id impedivit ne proficiscerer*, etc.

I. Dieu avoit défendu à Adam et à Eve de manger du fruit d'un seul arbre. — Les vieillards empêchèrent que Jérémie ne fût mis à mort par le peuple.

II. Saül défendit à ses soldats de manger avant la défaite entière des ennemis. — Ruben empêcha ses frères de souiller leurs mains du sang de Joseph.

III. Joab, pour épargner le peuple, empêcha que l'armée victorieuse ne poursuivît les fuyards. — Lycurgue avoit défendu fort mal à propos aux Lacédémoniens d'exercer aucun art mécanique.

IV. Les lois de Solon défendoient de dire du mal des morts qui étoient regardés comme sacrés. — Cyrus étant entré dans la ville de Sardes, empêcha qu'on ne la pillât.

V. Gélon, après avoir vaincu les Carthaginois, leur défendit d'immoler à l'avenir leurs enfans au dieu Saturne. — Le peuple empêcha qu'on ne mît à mort Jonathas par qui Dieu venoit de sauver l'armée.

VI. Abraham étoit sur le point d'immoler son fils Isaac, lorsqu'un Ange lui défendit de le frapper. — Les ennemis de Dion ayant appris qu'il revenoit à Syracuse, se saisirent des portes de la ville pour l'empêcher d'y entrer.

221.e Règle : *Non impedio*, ou *quis impedit*, *quin proficiscaris*, etc.

I. S. Ignace s'écrioit : rien ne m'empêchera d'aller à J. C. — Dieu avoit-il défendu à Saül d'épargner les Amalécites ? oui.

II. L'empereur Tite ne put empêcher que le temple de Jérusalem ne fût brûlé. — Fils de Manlius, votre père vous avoit-il défendu de combattre hors de votre rang ? oui.

III. La hauteur des Alpes couvertes de neige ne put empêcher Annibal de pénétrer en Italie. — Le dictateur Papirius avoit-il défendu à Fabius, maître de la cavalerie, de combattre en son absence ? oui.

IV. Quintus Fabius surnommé Maximus empêcha-t-il l'armée de Minucius d'être taillée en pièces par Annibal ? oui. — Le prophète Samuel avoit-il défendu à Saül d'offrir le sacrifice avant qu'il fût arrivé ? oui.

V. Les services nombreux que Coriolan avoit rendus à sa patrie n'empêchèrent pas qu'il ne fût condamné à l'exil. — Misérable Joab, David ton roi t'avoit-il défendu de tuer son fils Absalon? oui.

VI. Les Carthaginois, malgré leur vigilance, ne purent empêcher Timoléon de passer en Sicile pour porter aux habitans de Syracuse le secours qu'ils avoient demandé aux Corinthiens. — Dieu ne défend pas de manger pour vivre, mais il défend de vivre pour manger.

222.ᵉ RÈGLE : *Per me non stat quin sis beatus*, etc.

I. Il ne tint pas à Lysandre que les trente tyrans ne fussent rétablis.

II. Il ne tint pas à Thémistocle que la flotte des Lacédémoniens ne fût brûlée.

III. Il ne tint pas à Darius qu'Alexandre ne fût tué ou trahi par les Grecs.

IV. Il ne tenoit pas au roi des Assyriens que Jérusalem ne fût ruinée de fond en comble.

V. Il ne tint pas à Parysathis, épouse de Darius Nothus, que le jeune Cyrus ne montât sur le trône.

VI. Il ne tint pas au roi Saül que son fils Jonathas, tout innocent qu'il étoit, ne fût mis à mort.

223.e Règ. : *Non possum non loqui*, etc.

I. Joseph voyant Benjamin, sortit promptement ; car il ne pouvoit s'empêcher de pleurer.

II. Alexandre ne put s'empêcher de plaindre le sort de Darius. — César voyant la tête de Pompée, ne put s'empêcher de verser des larmes.

III. Denis, roi de Portugal, ne pouvoit s'empêcher d'admirer et d'estimer la vertu d'Elisabeth son épouse.

IV. Le roi de Babylone voyant Daniel sain et sauf, ne put s'empêcher de s'écrier : combien est grand le Dieu de Daniel ! que tous les habitans de la terre le révèrent avec frayeur.

V. Quoiqu'Artaxerxe eût mis à prix la tête de Thémistocle, il ne put se défendre d'admirer la hardiesse de cet illustre Athénien qui se réfugia chez lui.

VI. On dit que Démocrite ne pouvoit s'empêcher de rire, et qu'Héraclite au contraire ne pouvoit s'empêcher de pleurer.

224.e Règle : *Gaudeo quòd tibi profuerim, me pudet quòd*, etc.

I. Judas se repentit d'avoir trahi J. C. — Les Athéniens furent fâchés d'avoir condamné à mort Socrate.

II. Xerxès se repentit trop tard de n'avoir pas cru Démarate. — Denis le jeune fut fâché d'avoir renvoyé Platon.

III. Eliézer remercia Dieu de lui avoir accordé un heureux voyage. — Pharaon dut se repentir d'avoir poursuivi les Hébreux.

IV. Latinus Pacatus félicitoit l'empereur Théodose d'avoir rétabli par son exemple les mœurs des Romains. — Je m'étonne, disoit le Scythe Anacharsis à Solon, qu'à Athènes les sages délibèrent, et que les fous décident.

V. Le prophète Jérémie se plaignoit que depuis le plus petit jusqu'au plus grand, depuis le prophète jusqu'au prêtre, tous étoient avares et trompeurs. — S. Antoine disoit aux solitaires : ne vous étonnez pas qu'un empereur m'ait écrit; mais remerciez Dieu d'avoir écrit une loi pour les hommes, et de nous avoir instruits par son Fils.

VI. Thalès, un des sept sages de la Grèce, avoit coutume de se réjouir d'être né créature raisonnable, et non pas bête; homme, et non pas femme; Grec, et non pas barbare. — Lequel des deux féliciterons-nous le plus, ou Alexandre, d'avoir eu Aristote pour maître, ou Aristote, d'avoir eu Alexandre pour élève?

225.e Règle : *Exspecta dùm rex advenerit*, et autres règles.

I. Le peuple étonné attendoit que Zacharie sortît du temple.

II. Les Philistins attendoient que Samson sortît de la ville, afin de le tuer.

III. Noé, avant de sortir de l'arche, attendit que les eaux fussent entièrement desséchées.

IV. Le prophète Samuel blâma le roi Saül de n'avoir pas attendu qu'il fût de retour, avant d'offrir au Seigneur le sacrifice.

V. Annibal n'attendit pas que le roi Prusias le livrât aux Romains ; mais il avala du poison, et mourut âgé de 70 ans.

VI. Cyrus, persuadé qu'il est plus avantageux de faire la guerre dans le pays ennemi que dans le sien, n'attendit pas que les Babyloniens vinssent l'attaquer ; mais il alla au-devant d'eux.

226.e Règle : Je m'attendois que vous m'écririez, *Te ad me scripturum esse existimabam*, et autres règles.

I. Hérode s'attendoit que les Mages reviendroient à Jérusalem.

II. Le jeune Cyrus s'attendoit à monter sur le trône de son frère.

III. Goliath s'attendoit qu'aucun des Israélites n'oseroit combattre contre lui.

IV. Darius s'attendoit que les Macédoniens en voyant son armée prendroient la fuite.

V. Mucius Scévola conçut le projet de tuer Porséna qui assiégeoit Rome et s'attendoit à s'en rendre maître par la famine.

VI. Titus-Manlius, en présentant à son père les dépouilles du Gaulois qu'il avoit tué, s'attendoit à être comblé d'éloges, loin de s'attendre à être condamné à mort.

S'attendre signifiant *prévoir*.

227.e RÈGLE : *Ità futurum sanè prævideram.*

I. PERSONNE ne s'étoit attendu que Sylla abdiqueroit la dictature.

II. César ne s'étoit pas attendu à être mis à mort par ses amis et surtout par Brutus qu'il appeloit son fils.

III. Phocion s'étoit attendu à ne pas éprouver un autre sort que celui des plus illustres citoyens d'Athènes.

IV. Tarquin-le-Superbe ne s'attendoit pas qu'un jour il seroit détrôné et chassé de Rome, surtout par l'entremise de Junius Brutus qu'il prenoit pour un insensé.

V. Aman étoit bien éloigné de s'attendre qu'il seroit lui-même pendu au gibet qu'il avoit fait préparer pour Mardochée.

VI. Imilcon, général Carthaginois, après s'être emparé de presque toutes les villes de la Sicile, s'attendoit à emporter d'assaut la ville de Syracuse ; mais il ne s'étoit pas attendu que son armée seroit étrangement ravagée par une maladie contagieuse.

228.e RÈGLE : *Morbus causa fuit cur te non inviserim*, etc.

I. La jalousie fut cause que Caïn tua l'innocent Abel.

II. La témérité de Varron fut cause que les Romains essuyèrent une sanglante défaite.

III. L'orgueil fut cause que les Anges furent chassés du ciel et précipités dans les enfers.

IV. La mort prématurée d'Alexandre fut cause qu'il n'abaissa pas l'orgueil de Carthage contre laquelle il étoit fort irrité.

V. La piété et la fermeté du grand-prêtre Onias étoient cause que les rois et les prêtres idolâtres avoient un grand respect pour le lieu saint.

VI. Les éloges dont on ne cessoit de combler Miltiade, étoient cause que Thémistocle passoit les nuits entières sans dormir.

229.e Règle : *Dubito an valeat*, etc.

I. Je doute que Scipion Emilien soit mort d'une mort naturelle.

II. On doute que Salomon ait fait pénitence de ses péchés.

III. On doute qu'il y ait jamais eu général d'armée plus accompli qu'Annibal.

IV. Quelques-uns doutent qu'Alexandre ait fait tout ce qu'en rapporte Quint-Curce.

V. Je doute que jamais prince païen ait été plus zélé pour le culte des dieux que le grand Cyrus.

VI. Je doute que jamais un païen ait fait moins de cas des richesses qu'Aristide que sa probité a fait surnommer le juste.

230.e Règle : *Non dubito* ou *quis dubitat quin valeat*, etc.

I. Jacob pleura long-temps Joseph, ne doutant point qu'une bête féroce de l'eût dévoré.

II. Ne doutez pas que Phocion n'ait été un des plus grands hommes de la Grèce.

III. Qui doute que Cyrus n'exécutât les ordres de Dieu sans le connoître ?

IV. Dion, pouvois-tu douter que Callippe, en qui tu avois confiance, n'attentât à ta vie ? ton épouse et ta sœur te l'avoient appris.

V. Qui doute qu'il n'ait été beaucoup moins difficile pour Alexandre de soumettre l'Asie avec le secours des Grecs, que pour Philippe de soumettre les Grecs si souvent vainqueurs de l'Asie ?

VI. Crésus, assis sur son trône et vêtu avec la plus grande magnificence, demanda à Solon s'il avoit jamais rien vu de plus beau : ne doutez point, répondit le philosophe, que les coqs, les faisans et les paons ne l'emportent sur vous en éclat et en beauté.

231.e Règle : Je me doutois bien que... *Suspicabar rem malè cessuram*, etc.

I. Caridème se doutoit bien que Darius seroit vaincu.

II. Qui se seroit douté que J. C. seroit trahi par un des Apôtres ?

III. Personne ne se seroit douté que Thémistocle, dont le roi Artaxerxe avoit mis la tête à prix, seroit un jour extrêmement chéri de ce prince.

IV. Thyus, gouverneur de Paphlagonie, ne se doutoit pas qu'un jour il seroit conduit comme une bête fauve au roi des Perses.

V. Qui se seroit douté que Démosthène, d'abord sifflé par tout son auditoire, deviendroit un jour le prince des orateurs?

VI. Qui se seroit douté qu'Abdalonyme occupé à cultiver un jardin pour avoir de quoi vivre, seroit élu roi de Sidon?

232.e Règle : *Nescis quis ego sim.... Scribe quid agas*, etc.

I. L'Ambassadeur des Scythes dit hardiment à Alexandre : il nous est permis d'ignorer qui tu es. — La charge montre quel est l'homme, disoit Epaminondas, et l'homme montre aussi quelle est la charge.

II. Vous n'ignorez pas à quelle heure J. C. expira. — L'adversité fait connoître quels sont les véritables amis.

III. On dit depuis long-temps et avec raison : dites-moi qui vous fréquentez, et je vous dirai qui vous êtes. — Aucun des devins de l'Egypte ne put dire ce que signifioient les deux songes de Pharaon.

IV. Adherbal voyant que Jugurtha avoit fait mourir son frère Hiempsal, comprit ce qu'il avoit à craindre pour lui-même. — Denis l'ancien, livré jour et nuit à ses remords, ne trouvoit personne à qui se fier, sans excepter ses femmes et ses enfans.

V. Isaïe avoit prédit que Babylone deviendroit déserte; aussi les géographes les plus habiles ont de la peine à déterminer quel lieu cette ville occupoit autrefois. — Lorsqu'un des amis d'Alexandre lui demanda à qui il laissoit le royaume, il répondit: au plus digne.

VI. On est surpris de voir avec quelle facilité Timoléon venoit à bout des entreprises les plus difficiles, et remportoit les victoires les plus éclatantes. — Judith dit à Ozias et aux anciens: ne vous mettez point en peine de savoir ce que je veux faire; mais ne faites autre chose que prier Dieu pour moi.

Ce qui, ce que, non *interrogatif.*

233.e RÈGLE : *Fecit quod ei præceperam*, et autres règles.

I. MOÏSE rapporta au peuple ce que le Seigneur avoit ordonné.

II. Marie et Joseph accomplissoient exactement ce qui avoit été écrit dans la loi de Dieu. — S. Remi dit à Clovis: adorez ce que vous avez brûlé; brûlez ce que vous avez adoré.

III. Les enfans d'Israël dirent à Josué: nous ferons ce que vous nous ordonnerez.

IV. Le Seigneur dit à Samuel: faites ce que demande ce peuple; car ce n'est point vous, c'est moi-même qu'ils rejettent.

V. Dieu dit à Salomon : je vous donnerai même ce que vous ne m'avez point demandé, savoir, les richesses et la gloire. — On ne perd rien quand on ne perd que ce qui doit périr.

VI. Sardanapale voulut qu'on gravât sur son tombeau ces mots : *je possède ce que j'ai mangé*. Cette épitaphe est vraiment digne d'un pourceau.

234.e Règle : *Scire velim ubì sis, undè venias, quò eas*, etc. *an*, *cur*, etc.

I. Dieu demanda à Caïn pourquoi il étoit en colère.

II. Eliézer déclara aux parens de Rébecca pourquoi il étoit venu en Mésopotamie. — Les Scythes dirent à Alexandre : ne nous est-il pas permis d'ignorer d'où tu viens ?

III. Vous savez comment la gloire du dernier temple fut plus grande que celle du premier. — Epaminondas étoit si pauvre qu'il ne laissa pas de quoi se faire enterrer.

IV. L'Ange qui apparut à la mère de Samson, ne voulut point lui dire d'où il étoit, ni comment il s'appeloit. — Joseph demanda à ses frères qui ne le connoissoient pas, si leur père vivoit encore, et comment il se portoit.

V. Vous savez comment la ville de Jéricho, malgré les tours et les murailles dont elle étoit fortifiée, fut prise et pillée par les Hébreux. — C'étoit la coutume à Lacédémone, que les vieillards demandassent aux jeunes gens qu'ils rencontroient, où ils alloient, et quel étoit leur projet.

VI. La mère et le beau-père de l'empereur Auguste n'avoient rien plus à cœur que de demander tous les jours aux maîtres et aux gardiens à qui ils l'avoient confié, ce qu'il avoit fait, où il étoit allé, comment il avoit passé la journée, et avec qui il s'étoit entretenu.

Combien entre deux verbes.

235.e Règ. : *Vides quantùm te amem*, etc.

I. Je ne puis dire combien sainte Thérèse aimoit J. C.

II. Personne n'ignore combien Alexandre aima Ephestion.

III. Le soleil, les étoiles et toutes les autres créatures montrent combien est grande la puissance de Dieu.

IV. Savez-vous combien un avare vendit un rat qu'il avoit pris, pendant qu'on assiégeoit Casilinum ? deux cents deniers. — Personne n'ignore combien Plutarque étoit habile à peindre d'après nature.

V. Alexandre, ordonnant qu'on épargnât la seule maison du poète Pindare, montra combien il estimoit les savans.

VI. David, pour son malheur et celui de son peuple, fut curieux de savoir combien il y avoit d'hommes sous son obéissance.

236.e Règle : *Quis credat? Quis non miretur*, etc.

I. Qui ne condamnera pas la dureté des riches envers les pauvres?

II. Qui ne donneroit pas un sou aux pauvres, pour obtenir un trésor dans le ciel?

III. Qui refusera de souffrir avec J. C. sur la terre, pour régner avec lui dans le ciel? — Qui ne pardonneroit pas à ses ennemis, en voyant J. C. prier pour ses bourreaux?

IV. Qui croiroit qu'Alexandre, dans l'Inde, ait pu résister seul à des milliers d'ennemis?

V. Qui osera soupçonner Annibal de timidité? Cependant, malgré tant de combats qu'il livra, il ne reçut qu'une blessure.

VI. S. Athanase, qui le croiroit? fut accusé par les Ariens d'avoir tué un évêque, et de lui avoir coupé une main pour l'employer à des sortiléges.

Temps de l'indicatif après *quin*, *an*, *cur*.

237.e Règle : *Nescio quid agas*, *ageres*, *egeris*, et autres règles.

I. Les devins dirent au roi : dites-nous quel est votre songe, et nous vous dirons ce qu'il signifie.

II. Joseph dit à ses frères qui ne le reconnoissoient point : dites-moi d'où vous êtes partis, et à quel dessein vous êtes venus ici.

III. L'empereur Sévère voyoit d'un coup d'œil ce qu'il falloit faire, et à l'instant il

exécutoit. — Jean-Baptiste dit à Jésus : vous
enez à moi pour être baptisé ; mais je sais
ui vous êtes et qui je suis.

IV. On ne sait pas précisément en quel emps les Carthaginois portèrent leurs armes n Sicile. — Caton le censeur avoit coutume le se rappeler le soir ce qu'il avoit dit ou enendu, et ce qu'il avoit fait pendant le jour.

V. Les fils de Jacob lui envoyèrent la robe le Joseph trempée dans le sang d'un chereau, et lui firent dire : nous avons trouvé ette robe, voyez si c'est la robe de votre ils. — Les Athéniens, voyant conduire au upplice Théramène recommandable par son mour pour la patrie, comprirent ce qu'ils voient à craindre pour eux-mêmes.

VI. Annibal ayant été vaincu sur mer, envoya à Carthage un de ses amis qui entra lans le sénat, et dit : le commandant de la lotte romaine s'est présenté avec des forces onsidérables ; Annibal demande s'il doit en enir aux mains : déclarez-moi quel est votre vis. Tous répondirent qu'il falloit en venir ux mains. Annibal échappa ainsi au supplice de la croix.

Futur de l'indicatif après *quin*, *an*, etc.

238.e Règle : *Nescio an auditurus sit.... an audiondus sit*, et autres règles.

I. Virgile part d'Athènes pour retourner à Rome : je ne sais s'il y arrivera.

II. Les enfans de Noé bâtissent une tour ;

mais Dieu confondra leur langage, tellement que l'ouvrage ne s'achèvera point.

III. On attend Trajan à Rome; mais je ne sais s'il retournera en Italie. — Virgile ordonne qu'on jette au feu son ouvrage; mais on en fait tant de cas qu'on le conservera.

IV. J'ignore si nous verrons encore à Lyon tant de Saints recevoir la couronne du martyre. — Je prévois, dit Alexandre, près de mourir, par quelles guerres sanglantes on célébrera mes funérailles.

V. Daniel est jeté dans la fosse aux lions; mais Dieu le protégera si visiblement que les lions l'épargneront, et que les ennemis du prophète en seront dévorés.

VI. Agésilas dit à Epaminondas : je vous demande si vous laisserez la Béotie libre : et moi, répondit Epaminondas, je voudrois savoir si vous laisserez libre la Laconie. — Tite veut conserver le temple de Jérusalem; mais Dieu est tellement irrité contre cette ville que malgré l'empereur le temple sera brûlé.

239.e RÈG. : *Nescio an illum unquam pœniteat.* *Nescio quomodò unquam studeat*, etc.

I. SYLLA est nommé dictateur; mais je doute si un jour il ne s'ennuyera pas de la dictature.

II. Adrien persécute les Chrétiens; mais je ne doute pas que bientôt il aura pitié d'eux.

III. Julie, fille d'Auguste, se livre au dérdre, et nous avons lieu de douter si un ur elle aura honte de sa conduite.

IV. Constantin chasse saint Athanase d'Alexandrie : je ne doute pas qu'un jour il s'en pentira.

V. Néron se montre si cruel que nous vons sujet de douter si dans la suite il aura itié de sa propre mère.

VI. Minucius livre bataille en l'absence de abius ; mais doutez-vous que bientôt il s'en epentira ?

40.e Règle : Temps du subjonctif marquant le futur après *an*, *utrùm*, *quantùm*, etc.

I. Cinéas porte à Rome des présens ; mais e ne doute point que les Romains ne les reettent. — Annibal, tu te réfugies chez Aniochus ; mais je doute que tu demeures ong-temps chez ce prince.

II. Le jeune Antiochus ne douta point que es Juifs ne fussent accablés par le grand nombre de ses éléphans. — Je doute que tout utre que Cyrus eût assiégé Babylone, tant cette ville étoit difficile à prendre.

III. Xerxès ne doutoit point que la Grèce ne fût vaincue et même écrasée par la multitude de ses troupes. — On ne doute point qu'Alexandre, si Dieu n'y avoit mis obstacle, n'eût détruit la ville de Jérusalem, comme il avoit détruit la ville de Tyr.

IV. Je ne doute point, disoit Philippe à Aristote, que vous ne rendiez mon fils Alexandre un roi digne de la Macédoine. —

On ne doute point que l'armée de Marc-Aurèle n'eût péri par la soif, si les soldats Chrétiens n'eussent obtenu de Dieu une pluie abondante.

V. Si l'on cherche des hommes semblables au romain Curius, je doute qu'on en trouve beaucoup. — Je ne doute point qu'Agésilas n'eût attaqué le roi des Perses dans le cœur de ses états, s'il n'eût été rappelé pour secourir sa patrie.

VI. Caridème ne doutoit point que les Perses, malgré la supériorité pour le nombre, ne fussent vaincus par les Macédoniens. — Un auteur paroît ne pas douter que si les habitans des Alpes, cachés dans une embuscade, fussent venus fondre tout à coup sur l'armée d'Annibal engagée dans quelque défilé, elle n'eût été perdue sans ressource.

241.e Règle : *Dubito an illum unquàm pœniteat, pœniteret*, etc.

I. Judas, tu trahis le Fils de l'homme par un baiser : je ne doute point que bientôt tu ne te repentes de cette perfidie.

II. Marc-Aurèle persécute les Chrétiens : ne doutez point qu'il ne s'en repente un jour.

III. Afre est plongée dans le désordre : mais ne doutez point qu'un jour elle n'ait honte de ses crimes.

IV. Camille ne douta point que les Romains ne se repentissent un jour de l'avoir chassé de Rome. — Timoléon, tu fais tuer ton re ; mais ne doute point qu'un jour tu ne repentes vivement de ce crime.

V. Fils de Jacob, vous aviez formé le pro- de tuer Joseph votre frère : pouviez-vous uter qu'ensuite vous ne vous en fussiez re- ntis ? — Titus épargna Domitien ; mais elques-uns ne doutèrent point qu'il ne s'en pentît dans la suite.

VI. Lorsque Marc-Aurèle fut proclamé npereur, on ne douta point qu'il n'eût un jour ié des orphelins. — Saul, vous ne respirez e sang et que carnage ; mais je ne doute int qu'un jour vous n'ayez honte de votre uauté envers les Chrétiens.

2.e Règle : Je doute qu'il ait soupé....
Dubito an tàm maturè cœnaverit, etc.

Je ne sais s'il aura soupé....
Nescio an tàm maturè cœnaverit, etc.

I. Saül revient vainqueur : je doute qu'il tué le roi des Amalécites. — Nous ne sa- ns si Salomon aura fait pénitence.

II. Valérien favorisa d'abord les Chrétiens : doutez pas cependant qu'ensuite il ne les t cruellement persécutés. — Constantin a vorisé les Ariens : je ne sais s'il aura ob- nu miséricorde.

III. Je doute que quelqu'un ait jamais fait us de cas d'Homère qu'Alexandre, roi de acédoine. — Tobie et son épouse sont fort quiets, parce qu'ils ignorent si leur fils sera rvenu heureusement dans le pays des èdes.

IV. On ne doute point qu'Auguste n'ait aussi équitable empereur que triumvir i que. — Darius apprend la mort de sa épouse; et il est d'autant plus affligé qu ignore si elle n'aura point été insultée par vainqueurs.

V. Ananie fut frappé de mort : nous avo lieu de douter qu'il ait eu le temps de d mander à Dieu pardon de son mensonge. Raguel et son épouse sont inquiets, par qu'ils ignorent si le démon aura tué le nouv époux de leur fille, comme ses sept autr maris.

VI. Sévère, dans la lettre qu'il écrivit Sénat, donna le titre de Dieu à Commod et l'appela son frère; ne doutez pas cepe dant qu'il n'en ait parlé auparavant com d'un tyran et d'un monstre. — Paul Emi rentre vainqueur dans son camp; mais il e fort inquiet, attendu qu'il ignore si son fi n'aura point été tué en poursuivant trop viv ment les fuyards.

243.e Règle : Je ne sais s'il aura termin l'affaire, lorsque, etc. *Nescio an priùs re confecturus sit quàm hùc venias.*

Je doute qu'il ait, etc. *Dubito an priùs*, et

I. Les descendans de Noé bâtissent un tour; pouvez-vous me dire s'ils l'auront ach vée lorsqu'ils seront dispersés? — Saul va Damas pour persécuter les Chrétiens : ma je ne doute point que ce loup n'ait été chang en agneau lorsqu'il y arrivera.

II. Alcibiade repose dans une chambre ; je sire savoir s'il en sera sorti lorsque ses nemis y mettront le feu. — Je doute que nis ait été instruit de l'arrivée de Dion son au-frère, lorsque celui-ci entrera dans Sycuse.

III. Je ne sais si Artaxerxe aura levé des oupes lorsqu'il sera attaqué par Cyrus son ère. — Romains, craignez qu'une mort prématurée n'ait enlevé Marcellus lorsqu'Auiste quittera les rênes de l'empire.

IV. Annibal se retire chez Prusias : mais je e sais s'il sera sorti du palais de ce prince, orsque les issues en seront gardées par des oldats. — Caligula, tu veux nommer consul on cheval; mais on peut douter que tu l'aies levé à cette dignité lorsque tu seras mis à mort pour tes forfaits.

V. Epaminondas marche contre Lacédémone; mais je ne sais s'il aura emporté d'assaut cette ville, lorsqu'Agésilas y arrivera. — Esaü va à la chasse; mais qu'il ne doute point qu'Isaac n'ait béni Jacob, lorsqu'il présentera lui-même au vieillard le mets qu'il ui a demandé.

VI. Géta est proclamé empereur; mais je ne sais s'il aura régné deux ans, lorsqu'il sera percé de coups entre les bras de Julie sa mère. — Pierre, vous croyez être prêt à mourir pour J. C.; mais puisque J. C. lui-même vous l'annonce, nous ne doutons point que vous ne l'ayez renié trois fois lorsque le coq chantera pour la seconde fois.

Verbes passifs français qu'il faut tourner p
l'actif en latin.

244.e Règle : Je suis favorisé de, etc. *Mi favet fortuna.* Il est admiré de, etc. *Illu omnes mirantur.*

I. Antiochus étoit poursuivi par la ven geance divine. — Les Ariens étoient favoris par l'empereur Constance.

II. Les exploits de Turenne furent admir de toute l'Europe. — Virgile et Horace poètes latins, ont été imités par les poèt français.

III. Les Chrétiens qui avoient été pers cutés par plusieurs empereurs romains, furen enfin favorisés par l'empereur Constantin. Alexandre annonça à ses amis de quels mau la Macédoine étoit menacée après sa mort.

IV. Gélon n'étoit pas moins aimé que res pecté des Syracusains. — Cimon l'athénie étoit toujours suivi de plusieurs valets qu portoient des bourses pleines d'écus pour se courir tous les malheureux.

V. Juvénal et Horace, auteurs satiriques ont été fort bien imités par un de nos plu célèbres poètes. — Autant Nicoclès, roi d Salamine, fut chéri des habitans de l'île d Cypre, autant Evagore (1) son fils en fu détesté.

VI. Les Sagontins sentant de quel dange ils étoient menacés, firent savoir aux Romains

(1) Le père et le fils de Nicoclès portoient le nom d'Eva gore.

mbien Annibal avançoit ses conquêtes. — ıtant les deux Denis avoient été craints et testés des habitans de Syracuse, autant moléon en fut chéri et respecté.

5.e RÈGLE : Cicéron étoit admiré, etc. *Admirabantur Ciceronem cùm*, etc.

I. SOCRATE étoit admiré lorsqu'il tonnoit ntre le vice.

II. L'infâme Néron étoit applaudi lors- ı'il montoit sur le théâtre. — Le menteur t partout détesté.

III. Sisara étoit vivement poursuivi, lors- ı'il entra dans la tente de Jahel.

IV. Néron fut admiré au commencement : son règne, mais ensuite il fut abhorré. - Domitien fut soupçonné d'avoir empoinné Titus son frère.

V. Saint Jean, surnommé Chrysostôme ou ouche-d'Or, étoit applaudi lorsqu'il prêhoit. — Commode fut félicité lorsqu'il entra Rome après la mort de son père; mais bienıt après il fut détesté.

VI. Caligula fut admiré lorsqu'il demanda ıx Juifs pourquoi ils s'abstenoient de la hair de porc; et il fut applaudi, comme s'il ût dit quelque chose d'ingénieux et de fort laisant.

246.e Règle : Vous dites que Pierre aim Paul, *Dicis Paulum à Petro amari*, etc :

I. Vous savez qu'Alexandre vainquit Darius, roi des Perses.

II. Tout le monde sait qu'Annibal vainqu plusieurs fois les Romains, et qu'ensuite Scipion vainquit Annibal.

III. Le roi de Babylone reconnut enfin qu les prêtres de Bel le trompoient. — Dalil dit à Samson : je vois bien que vous ne m'aimez point.

IV. Saül, voyant que le Seigneur éto avec David, et que tout le peuple l'aimoit commença à le craindre plus que jamais.

V. Artaxerxe ne s'attendoit pas que Datam lui amenât sitôt Thyus, dont la rébellion l' avoit causé de grandes alarmes.

VI. On dit que dans la guerre que les Cantabres soutinrent contre les Romains, l mères mangèrent leurs enfans, et les jeune gens, les vieillards inutiles.

247.e Règle : *Virtus amatur*, etc.

I. Chez les Egyptiens, on condamnoit mort les parjures.

II. Chez les Perses, on châtioit sévèreme l'intempérance de la langue.

III. On tira par force Athalie hors du temple, et on la tua à coups d'épée.

IV. On estime trop les richesses de terre, et pour cela, on n'estime pas assez l biens du ciel.

V. On offroit tous les jours à l'idole apelée *Bel*, douze mesures de farine, quarante outons et six grands vases remplis de vin.

VI. On rendit à Timoléon de plus grands onneurs après sa mort que pendant sa vie.

78.e Règle : *Adolescentibus non modò non invidetur, sed*, etc.

I. On porte envie aux riches. — On se défie s menteurs.

II. Selon le poëte Horace, on interdisoit vin aux athlètes.

III. On ne nuit pas moins quelquefois par s paroles que par les actions. — C'est par voie de la croix qu'on parvient à la gloire ı ciel.

IV. Samuel dit au roi Saül : Sont-ce des ctimes que Dieu demande? Ne demandeil pas plutôt qu'on obéisse à sa voix?

V. On ne délibéroit à Syracuse sur aune affaire importante sans consulter Timoon.

VI. Babylone fut livrée à un si horrible rnage, qu'on n'épargnoit ni les vieillards, les femmes, ni les enfans, pas même ceux ıi étoient encore enfermés dans le sein de urs mères.

249.e Règle : On admire, on aime la vertu
Admirantur, amant virtutem.

On dit... on rapporte... *Aiunt... Ferunt*, etc.

I. On respecte partout la vieillesse. — On détestera toujours le mensonge.

II. Pour l'ordinaire on meurt comme on a vécu. — On croit que l'empereur Claude fut empoisonné par Agrippine son épouse.

III. On imite plus souvent les mauvais exemples que les bons.

IV. On admiroit la constance et l'intrépidité de Phocion lorsqu'on le conduisoit au supplice. — On rapporte que Vitellius fut chargé d'opprobres, et assommé de coups, et qu'on jeta son corps dans le Tibre.

V. Si l'on félicitoit Turenne sur quelque victoire, loin d'en concevoir de l'orgueil, il l'attribuoit à la valeur de ses soldats.

VI. On dit que Néron, avant de mourir, pleura long-temps, et qu'ensuite il s'enfonça son poignard dans la gorge.

250.e Règle : On se repent, etc. *Hominem pœnitet malè vixisse*, et autres règles.

I. On a pitié des veuves, des orphelins et des malades.

II. On a honte d'avoir trahi un ami.

III. Tôt ou tard on se repentira d'avoir offensé Dieu.

IV. On s'ennuie bientôt des vaines joies du monde.

V. On se repent toujours d'avoir perdu le temps dont la perte est irréparable. — On aura honte un jour d'avoir préféré les vains plaisirs du monde à un bonheur éternel.

VI. Lorsque le déluge arriva, on dut se repentir de n'avoir pas ajouté foi aux avertissemens de Noé.

251.e Règle : On ne peut, etc. *Nemo sinè virtute potest esse beatus.*

I. On ne parvient point au ciel sans violence.

II. On ne se repent jamais d'avoir pratiqué la vertu.

III. On ne peut entrer dans le royaume des cieux, si l'on n'a reçu le baptême. — On ne remporte point la victoire sans combat.

IV. Sous un Dieu juste, on ne peut être être misérable, si l'on n'est criminel.

V. Selon les lois des Perses, on ne pouvoit parler au roi en personne, sans se prosterner profondément devant lui.

VI. Socrate, malgré une grande inégalité de fortune, fut toujours d'une si grande égalité d'ame, qu'on ne le vit jamais ni plus gai ni plus triste.

252.e Règle : Quand on, etc. *Qui bonum alienum appetit, meritò amittit proprium*, et autres règles.

I. Quand on commet le péché mortel, on crucifie de nouveau J. C.

II. Quand on se livre au démon, on perd la paix du cœur qui est préférable à tous les trésors du monde.

III. Quand on a la charité dans le cœur, on trouve de quoi soulager les pauvres. — On est toujours riche, quand on a peu et qu'on ne désire que le seul bien qui peut remplir le cœur.

IV. Quand on est riche, on est tourmenté, non-seulement par le désir d'augmenter ses richesses, mais encore par la crainte de les perdre.

V. On estime bien peu les richesses, quand on considère en quel état on est né, et en quel état on doit mourir.

VI. Moïse, par l'ordre de Dieu, fit un serpent d'airain qu'on éleva au haut d'une pique; et quand on le regardoit, on étoit guéri.

253.e Règle : Si on, si l'on, etc. *Si quis te interroget*, et autres règles.

I. Si l'on veut me louer, disoit Néron éla empereur, qu'on attende que je l'aie mérité.

II. D'après une loi d'Athènes, si on avoit été estropié à la guerre, on étoit nourri aux dépens du public.

III. Si l'on obéit à son corps, disoit un ancien philosophe, on ne peut jouir de sa liberté.

IV. Si on vous frappe sur la joue droite, dit J. C., présentez encore l'autre.

V. Si on se rappelle l'histoire de Denis et de Damoclès, on sera convaincu que le bonheur n'est point attaché aux honneurs et aux richesses.

VI. Si on lit le prophète Isaie, on ne sera pas étonné que Cyrus ait eu si peu de peine à assujettir les nations, et à mettre en fuite les plus puissans rois du monde.

254.e Règle : *Si quandò, ne quandò, si quis*, etc.

I. S'il arrivoit quelque malheur à Benjamin, disoit Jacob, je mourrois de chagrin.

II. Si quelqu'un, dit le Seigneur, a recours aux devins et aux magiciens, il sera exterminé du milieu de mon peuple.

III. Enfans, n'oubliez pas ces paroles de la loi : si quelqu'un outrage de parole son père ou sa mère, qu'il soit puni de mort.

IV. Jacob dit à Laban son oncle : si quelque brebis avoit été dévorée par les bêtes, ou enlevée par les voleurs, c'étoit moi qui en portois la perte.

V. Si quelqu'un, dit un auteur, croit qu'Homère est né aveugle, il est sans doute lui-même aveugle, et privé de tous ses sens.

VI. Voici ce qu'écrivit Antiochus III à

toutes les villes de son royaume : Si je viens à vous prescrire quelque chose qui soit contraire aux lois, je défends à qui que ce soit de m'obéir.

255.e Règle : *Videas, reperias.... videre est*, etc.

I. On voit quelquefois des hommes plus cruels que les tigres et les lions.

II. On trouve encore des hommes qui méprisent les honneurs ; mais on en trouve bien peu.

III. On voit des hommes qui osent nier l'existence de Dieu. O étrange aveuglement !!

IV. On trouve quelquefois des éléphans qui ont quinze pieds de haut.

V. On voit des savans qui apprennent et savent tout, excepté J. C. : que leur sort est à plaindre !

VI. On voit la plupart des hommes ensorcelés de l'amour des richesses et des plaisirs ; et pour cette raison, on en trouve bien peu qui n'estiment que la vertu.

56.e Règle : On dit que, etc. *Cervi dicuntur diutissimè vivere*, etc.

I. On rapporte que Scipion et Asdrubal oupèrent ensemble chez Syphax, le plus ›uissant roi de l'Afrique.

II. On dit qu'Annibal, pour ne pas tomber ·if entre les mains des Romains, avala du ›oison.

III. On dit que Métellus, le Numidique, ›artit pour l'exil, et en revint avec le même visage, c'est-à-dire, avec la même égalité l'ame.

IV. On rapporte que Camille poursuivit si loin et si vivement les Gaulois, qu'il n'en resta que les morts sur les terres de la république.

V. On rapporte qu'Hunéric, persécuteur des Chrétiens, fut mangé des vers dont son corps fourmilloit.

VI. On rapporte que l'empereur Auguste, tantôt pêchoit à l'hameçon, tantôt jouoit aux osselets ou aux noix avec de petits enfans.

257.e Règle : On dit que les cerfs, etc. *Dicitur cervos*, et autres règles.

I. On dit que Coriolan fut tué par les Volsques.

II. On dit que César étoit très-habile à manier les armes et à monter à cheval.

III. On dit que l'empereur Julien se levoit toujours au milieu de la nuit.

IV. On rapporte qu'Alcibiade faillit être brûlé vif dans la chambre où il étoit couché. — On dit que Philippe étoit plutôt marchand que conquérant.

V. On dit que Caligula avoit coutume de se montrer armé, tantôt de la foudre de Jupiter, tantôt du trident de Neptune.

VI. On rapporte qu'Arius, fameux hérésiarque, fut trouvé mort le dimanche même où il devoit être introduit dans l'église de Constantinople.

258.e Règle : *Dicitur te tuæ culpæ pœnitere*, et autres règles.

I. On dit qu'Alexandre eut honte du meurtre de Clitus.

II. On croit qu'Annibal se repentit de n'avoir pas marché contre Rome, après la bataille de Cannes.

III. On dit que l'empereur Auguste eut honte des désordres de Julie sa fille.

IV. On dit que Darius se repentit d'avoir fait mourir Caridème.

V. On rapporte que Minucius se repentit d'avoir livré bataille, malgré Fabius qui ne laissa pas de venir à son secours.

VI. On dit qu'Alexandre se repentit de la cruauté qu'il avoit exercée envers les Thébains, et que ce souvenir le rendit plus doux et plus humain envers beaucoup d'autres.

59.e Règle : *Pueri docentur grammaticam*, et autres règles.

I. On enseigna à saint Arsène les lettres recques et latines.

II. Saul observoit exactement la loi de Ioïse, qu'on lui avoit enseignée.

III. Moïse fut élevé dans le palais de Phaaon; et là on lui enseigna toutes les sciences les Egyptiens.

IV. Saint Germain, à qui on enseigna les ettres humaines, fut élevé aux charges, et nsuite élu évêque d'Auxerre.

V. Il paroît qu'on avoit enseigné la muique à Alexandre; car son père lui dit un our : n'as-tu pas honte de chanter si bien ?

VI. Chez les Perses, on enseignoit la jusice aux fils du roi dans les écoles publiques, le la même manière qu'on enseigne ailleurs ux enfans la rhétorique et la philosophie.

260.e Règle : *Vulpes negavit se esse culpæ proximam*, etc.

I. Les enfans de Jacob répondirent au roi Pharaon qu'ils étoient bergers.

II. Salomon supplia le Seigneur de lui donner un cœur docile. — Alexandre tomba malade et connut qu'il alloit mourir.

III. Le poète Eschile vit avec peine qu'on lui avoit préféré Sophocle, tellement qu'il partit d'Athènes, et se retira en Sicile où il mourut. — Dieu ayant demandé à Caïn où étoit son frère Abel, il répondit qu'il n'en savoit rien, et qu'il n'étoit pas le gardien de son frère.

IV. Agésilas savoit qu'il avoit reçu le commandement, non pour lui, mais pour sa ville et ses alliés. Ce prince crut qu'il seroit plus glorieux pour lui d'obéir aux lois que de faire la conquête de l'Asie.

V. Sénèque nous apprend qu'il s'étoit interdit les parfums. — Les Carthaginois ne purent croire qu'ils étoient vaincus, jusqu'à ce qu'Annibal lui-même leur eût avoué qu'il étoit vaincu.

VI. Alexandre, qui croyoit pouvoir commander aux esprits aussi bien qu'aux langues, ordonna que non-seulement on l'appelât, mais qu'on le crût fils de Jupiter.

261.e Règle : *Credo illum mentitum fuisse*, et autres règles.

I. Noé invitoit les hommes à la pénitence ; mais Moïse nous apprend qu'il ne fut point écouté.

II. Alexandre fit de rapides conquêtes : l'Esprit-Saint dit qu'il ne touchoit pas la terre.

III. Bessus fut puni de sa perfidie : Quinte-Curce rapporte qu'il fut mis en croix et tué à coups de flèches par les Barbares, après qu'on lui eut coupé le nez et les oreilles.

IV. Darius, dans sa fuite, fut réduit à boire de l'eau bourbeuse et souillée de cadavres : un historien dit cependant qu'il n'avoit jamais bu avec plus de plaisir.

V. Le philosophe Callisthène qui vivoit parmi les courtisans d'Alexandre, ayant dit qu'il étoit un homme et non pas un dieu, le roi lui en fit un crime.

VI. Philippe étoit absent de son royaume lorsque trois courriers annoncèrent en même temps qu'il avoit été couronné aux jeux olympiques, qu'il avoit remporté une grande victoire par l'un de ses généraux, et qu'il lui étoit né un fils.

262.e Règle : *Pater amat suos liberos*, etc.

I. Caïn tua son frère Abel. — J. C. nourrit ses brebis de sa parole, de sa chair et de son sang.

II. Joseph présenta son père au roi Pharaon. — Une mère aime ses enfans, un mari son épouse, un ami son ami.

III. Tobie apprit à son fils à craindre Dieu et à s'abstenir de tout péché. — Joseph, âgé de seize ans, gardoit les troupeaux de son père.

IV. Pompée par l'ordre de Ptolémée, roi d'Alexandrie, fut percé d'un poignard sous les yeux de sa femme et de ses enfans. — César déclara la guerre à sa patrie parce qu'on lui avoit refusé le consulat.

V. Eurydice recommanda instamment Philippe, son cher fils, à Pélopidas qui l'emmena à Thèbes comme otage. — David, avant de mourir, crut devoir établir son fils Salomon unique héritier de son royaume.

VI. Démosthène, par son éloquence, rendit à sa patrie de plus grands services, que les plus habiles généraux par leur bravoure. — Les Juifs furent tellement pressés par la famine, que les mères les plus tendres, devenues cruelles par la faim, faisoient cuire de leur propre main leurs petits enfans, et mangeoient le fruit de leurs entrailles.

263.e Règle : *Pater amat.... at eorum vitia odit*, etc.

I. Dieu regarda favorablement Abel et ses dons ; mais il ne regarda point les présens de Caïn son frère.

II. Nabuchodonosor reconnut que Dieu seul est grand, et que rien ne résiste à sa main toute-puissante.

III. Datame ayant attaqué Thyus à force ouverte, le prit, ainsi que son épouse et leurs enfans.

IV. Dieu ayant résolu de perdre le genre humain par un déluge, épargna Noé, sa femme et leurs enfans qui pratiquoient la vertu.

V. L'impie Antiochus, malgré les belles promesses qu'il faisoit à Dieu, ne put fléchir sa colère.

VI. Le nom seul d'Alexandre épouvanta tellement Bessus, Nabarzane et leurs complices, que malgré la supériorité du nombre et des forces, ils prirent la fuite.

264.e Règle : *Suum Cæsari gladium restitui*, et autres règles.

I. Jésus ! rendez à votre épouse chérie sa première beauté.

II. C'est vous, ô Jésus ! qui avez arraché au démon sa proie et ses esclaves. — Le père de l'enfant prodigue dit à ses serviteurs : mon fils qui étoit perdu est retrouvé ; revêtez-le promptement de sa première robe.

III. Tobie dit à son fils : allez trouver Gabélus, et après en avoir reçu l'argent que je lui ai prêté, vous lui rendrez son obligation.

IV. Deux vieillards ont calomnié la chaste Susanne : Daniel, vengez-la par votre sagesse, et rendez-lui son honneur.

V. Souverain juge des vivans et des morts, viendra enfin le jour où vous infligerez à l'impie son supplice, et où vous assignerez au juste sa récompense.

VI. Voilà que les ennemis du tyran Pisistrate, craignant pour leur vie, s'enfuient de la ville d'Athènes : pour toi, Solon, ne crains pas de reprocher aux Athéniens leur lâcheté, et au tyran sa perfidie.

265.e RÈGLE : *Mater te orat ut filiolo ign cas suo*, etc.
Ad amicum scribo ut mihi negotium comn tat suum, etc.

I. CRUEL Joab, David t'avoit conj d'épargner son fils Absalom.

II. Saul, le Seigneur se plaint de ce vous ravagez son troupeau.

III. Cruel Appius, c'est donc en vain Virginius te conjure d'avoir pitié de sa fill

IV. O Dieu, combien de fois Augus vous conjura-t-il de briser ses chaînes par tre puissante grâce ! — Jeunes gens, pr le Seigneur de vous revêtir de ses arm contre le démon.

V. Ange Raphaël, c'est donc vous q Tobie conjure, sans vous connoître, de co duire son fils dans le pays des Mèdes ! J. C. en mourant conjura son Père de pardo ner à ses bourreaux.

VI. Conjurons le Seigneur de nous for fier par sa grâce contre les ennemis de notr salut. — Eurydice, épouse d'Amyntas, roi Macédoine, conjura Iphicrate, général Ath nien, de protéger ses deux fils, Perdiccas Philippe encore enfans, contre Pausania usurpateur du royaume.

66.e Règle : *Te rogabo ut illius commodis inservias*, etc.

I. Gordien est jeune; Romains, nous vous ipplions de prendre ses intérêts.

II. Chrétiens, Alexandre qui succède à éliogabale, vous est favorable; priez Dieu u'il prolonge ses jours.

III. Arius est un vrai hypocrite; Cons ntin, nous vous conjurons de vous défier e ses artifices.

IV. Nous connoissons Annibal : Varron, ous te conseillons de te défier de ses ruses.

V. Catilina a juré la perte de Rome : Ciéron, les Romains vous conjurent de renre tous ses efforts inutiles.

VI. Susanne n'a point commis le crime ont on l'accuse; saint prophète Daniel, ous vous conjurons de prouver son innoence.

67.e Règle : *Ejus indoles est optima*, etc.

I. Vous lisez souvent l'histoire des marrs : leur patience est vraiment admirable.

II. Moïse étoit l'ami de Dieu : son frère et i sœur qui lui portoient envie furent punis.

III. Judas résolut de livrer bataille : ses oldats se jetèrent sur les ennemis comme es lions.

IV. Darius étoit le plus beau des hommes : on épouse étoit la plus belle femme du monde, et leurs filles ressembloient à l'un e à l'autre.

V. Dix jeunes hommes achevèrent Absalom, percé de trois dards : son corps fut jet dans une grande fossè et couvert d'un monceau de pierres.

VI. On jeta Jésabel par la fenêtre : soi sang rejaillit contre la muraille, et son corp fut foulé par les pieds des chevaux.

268.e Règle : *Sua eum commendat modestia* et autres règles.

I. Salomon fut enseveli dans la ville d David, et son fils lui succéda.

II. Le jeune Cyrus voulut détrôner son frère Artaxerxe; mais son ambition le perdit.

III. Porus, que sa défaite n'avoit poin abattu, voulut être traité en roi.

IV. Cicéron, que son éloquence a immortalisé, fut tué par les satellites d'Antoine à qui il avoit reproché publiquement ses crimes et ses désordres.

V. L'empereur Vespasien régna dix ans : ses fils lui succédèrent l'un après l'autre.

VI. Louis IX, que ses vertus rendront à jamais célèbre, estimoit beaucoup plus la qualité de chrétien que le titre auguste de roi de France.

69.e Règle : *Sua hominem perdet ambitio*, et autres règles.

I. L'Avarice de Judas l'a perdu. — La mme de Samson le trahit.

II. Les éminentes vertus de Marie l'ont evée au-dessus des Anges.

III. L'orgueil des Anges rebelles les a chass du ciel et précipités dans les enfers.

IV. Les frères de Joseph le vendirent vingt èces d'argent à des marchands qui alloient ı Égypte.

V. Les soldats de Judas Machabée le chéssoient tant pendant sa vie, qu'ils le pleurent long-temps après sa mort.

VI. L'envie des Pharisiens les avoit tellement aveuglés, que malgré les miracles sans ombre que faisoit J. C., ils ne voulurent oint le reconnoître pour le fils de Dieu.

70.e Règle : Tel que..... *Non is sum qui tu*, et autres règles.

I. Numa ne fut pas tel que Romulus, à qui avoit succédé.

II. Varron n'étoit pas tel que Paul Emile, on collègue.

III. Domitien, fils de Vespasien, ne fut as tel que Tite son frère. — Brutus n'étoit as tel que pensoit Tarquin.

IV. Peu de gens se voient et se jugent tels

qu'ils sont en effet. — Fabricius n'étoit pas tel que l'imaginoit le médecin de Pyrrhus.

V. Quoique la religion de J. C. soit toujours la même, il faut avouer que les Chrétiens aujourd'hui ne sont pas tels qu'ils étoient autrefois. — Manius Curius n'étoit pas tel que pensoient les Samnites qui lui offrirent de l'or.

VI. Saint Thomas n'étoit pas tel que croyoient ses condisciples; mais il s'est montré tel qu'avoit cru le grand Albert, son maître. — Il s'en faut bien qu'Auguste, empereur, ait été tel qu'Octave, triumvir.

271.e Règle : Tel non suivi de que.... *Is ou Talis fuit pater meus.*

I. Parmi les rois des Perses, quelques-uns furent très-cruels : tel fut Ochus.

II. Parmi les docteurs de l'Eglise, on en trouve de très-éloquens : tel fut S. Jean Chrysostôme.

III. Parmi les Pères de l'Eglise, on en trouve d'aussi savans que pieux : tel fut sans contredit saint Augustin.

IV. On admire un roi qui chérit son peuple : tel fut Henri IV, roi de France.

V. C'est un grand trésor qu'un prince qui ne compte ses jours que par ses bienfaits : tel fut l'empereur Tite.

VI. Vous savez comment périt Absalom qui s'étoit révolté contre David son père : tel a la fin des enfans qui ne respectent pas urs parens. — Il y a eu des souverains qui ont mérité que des éloges : tel fut Antonin.

2.e Règle : Tel.... qui.... *Quidam hodiè rident qui cras flebunt*, etc.

I. Tel se porte bien aujourd'hui qui demain peut-être sera malade.

II. Tel espère beaucoup qui trouve peu.

III. Tel danse aujourd'hui qu'on enterrera eut-être demain.

IV. Il y a des temps où tel obéit qui devoit commander, et tel commande qui devoit obéir.

V. Tel, pour acquérir de la gloire, supporte avec courage des blessures cruelles, ui ne peut résister aux douleurs d'une maladie. — Tel pense être ferme comme une olonne, qui est plus foible qu'un roseau.

VI. Tel croit être saint, lorsqu'il se compare avec des scélérats, qui ne manquera pas e se trouver criminel, lorsqu'il se comparera vec les Saints.

273.e Règle : Tel répété.... *Qui pater est, is est filius*, etc.

I. Le plus souvent, telle mère, telle fille.

II. Pour l'ordinaire, tel général, tels soldats.

III. Telle a été la voie du chef, telle doit être la voie des membres.

IV. Tel avoit été Tobie le père, tel fut son fils à qui il avoit appris à servir le Seigneur.

V. Tels avoient été saint Basile et son épouse, tels furent leurs dix enfans que Dieu bénit d'une manière particulière.

VI. Tel s'étoit montré Amilcar, tel se montra son fils Annibal, héritier de sa haine contre les Romains.

274.e Règle : *Ea esse debet liberalitas, ut nemini noceat*, etc.

I. L'amour de Dieu envers les hommes a été tel, qu'il n'a pas épargné son Fils unique.

II. Telle étoit la haine des enfans de Jacob envers Joseph, qu'ils ne pouvoient lui parler avec amitié.

III. Telle étoit la douceur des vers de Sophocle, qu'on lui donna, pour cette raison, le surnom d'Abeille.

IV. Telle étoit la barbarie de Pharaon envers les Hébreux, qu'il ordonna de jeter dans le Nil leurs enfans mâles nouvellement nés.

V. Telle étoit la sincérité d'Evagore, roi de Salamine, qu'une de ses paroles étoit regardée comme un serment sacré.

VI. Telle étoit la bonté d'Henri IV envers ses sujets, qu'il vouloit que les laboureurs missent la poule au pot tous les dimanches.

5.e RÈGLE : *Tel* pouvant se tourner par *de cette sorte*, etc.

I. Tous les Romains pleurèrent Titus : qui uroit pas regretté un tel prince ?
II. Les démons nous tendent sans cesse ; embûches : qui ne redoutera de tels ad- saires ?
III. Les Tyriens fermèrent les portes de r ville à Alexandre : il ne put supporter tel affront.
IV. Pyrrhus voyant les soldats Romains ndus sur le champ de bataille, s'écria : :c de tels hommes j'aurois bientôt subjugué aivers.
V. Lycurgue avoit ordonné aux Lacédé- niens de vivre dans l'oisiveté lorsqu'ils ne soient point la guerre : qui approuvera une le loi ?
VI. On attribuoit à Junon et à Vénus des oses si abominables, qu'aucun citoyen Athènes n'eût voulu que sa femme ou ses es ressemblassent à de telles déesses. — C., fils de Dieu, nous a tracé la voie : on ne ut s'égarer en suivant un tel guide.

6.e RÈGLE : Le même que.... *Idem qui* ou *ac*, *atque*, etc.

I. ALEXANDRE, vainqueur de Darius, ne t pas le même qu'auparavant. — Scipion ourut la même année qu'Annibal.

II. Ezéchias, à la fin de sa vie, mon la même piété qu'au commencement. Ochus, roi de Perse, mourut la même ann que Philippe, roi de Macédoine.

III. La gloire des Thébains, qui avoit co mencé avec Epaminondas, eut la même que ce grand homme. — Alexandre répon à Darius avec la même fierté que celui-ci avoit écrit.

IV. Annibal se plaignoit que les Roma n'étoient plus les mêmes que du temps Pyrrhus. — On dit que Platon, après av vécu 81 ans, mourut le même jour qu'il étoit

V. La mollesse des rois de Perse étoit grande, qu'ils vouloient trouver dans camps la même magnificence et les mêm délices que dans leur cour. — Abdalony désiroit porter la couronne avec le mê courage qu'il avoit supporté sa misère.

VI. Quintilien, célèbre rhéteur, veut qu maître aime son disciple avec la même te dresse qu'un père chérit son fils. — Socra comme philosophe, méprisoit en secret idoles; mais, comme citoyen d'Athènes sénateur, il ne laissoit pas de leur rendre même culte que les autres.

277.e Règle : *Le même* devant un no *même* après un nom ou pronom, etc.

I. Néron, dit un auteur, ne porta jam deux fois le même habit. — Le fer même consumé par la rouille.

II. Saint Hilaire, évêque d'Arles, étoit ;tu du même habit en hiver et en été. — es rois eux-mêmes sont sujets à la maladie ; à la mort.

III. Tibère embrassa en pleurant son petit-ls, et dit à Caligula : un jour tu feras périr ;t enfant; mais tu auras toi-même le même ort. — Le lion même devient quelquefois la âture des plus petits oiseaux.

IV. On dit que l'empereur Auguste habita même chambre en hiver et en été pendant lus de 40 ans. — Alexandre alla lui-même vec Ephestion visiter les princesses captives.

V. Saint Arnou et saint Clou, ou Clodul-he, son fils, occupèrent, l'un après l'autre, : même siége épiscopal, c'est-à-dire le siége e Metz. — A Lacédémone, on conduisoit :s enfans mêmes aux repas publics, comme une école de sagesse et de tempérance.

VI. On dit qu'en Egypte la même terre orte dans une même année trois ou quatre ortes de fruits différens. — Apion assure u'il avoit vu lui-même ce qu'il rapporte 'Androcle et du lion.

77.e Règle : * *Avarus sibi ipse nocet*, etc.

I. Le roi Saül se perça lui-même de son épée.

II. Pilate, réduit au désespoir, se tua lui-nême. — Anaxarque, dit-on, se coupa lui-nême la langue avec les dents.

III. Judas, après avoir trahi son maître, se donna lui-même la mort.

IV. Attila, roi des Huns, s'appeloit lui-même le fléau de Dieu.

V. Charondas, pour ne pas enfreindre les lois qu'il avoit faites, se perça lui-même de son épée.

VI. Magon se tua lui-même; et les Carthaginois, irrités de ce qu'il n'avoit pas fait la conquête de la Sicile, firent mettre son corps en croix. --- On ne sait pas si Appius se tua lui-même dans la prison, ou s'il fut tué par un autre (1).

278.e Règle : Ne pas même.... *Eum ne vidi quidem*, et autres règles.

I. Lorsque saint Jean, évêque d'Alexandrie, mourut, il ne lui restoit pas même un sou.

II. Parmi les accusateurs de la femme adultère, il n'y en eut pas même un seul qui osât lui jeter la première pierre.

III. Camille passa tous les Gaulois au fil de l'épée, et il n'en resta pas même un seul qui pût porter la nouvelle de cette défaite.

IV. Les 300 Fabius furent massacrés, et il n'y en eut pas même un seul qui échappât à l'épée des ennemis.

---

(1) Nulle proportion, je l'avoue, entre le premier numéro et le sixième, pour les difficultés. Je renvoie à la préface où l'on trouvera la réponse à cette objection.

V.

V. Le mauvais riche qui a refusé les miet-es de sa table à Lazare, n'obtiendra pas nême une goutte d'eau pour rafraîchir sa lan-ue.

VI. Comme on demandoit s'il y avoit quel-u'un avec Domitien dans son cabinet, Crispus répondit qu'il n'y avoit pas même ne mouche. — Lorsque Claude apprit la nort de Messaline, son épouse, il ne fut oint ému; il ne s'informa pas même si on avoit tuée, ou si elle s'étoit tuée elle-nême.

79.e Règle : De même que si... *Non secùs ac*, *perindè*, *ac*, etc.

I. Alexandre aimoit Aristote, de même ue si celui-ci eût été son père.

II. Samson déchira un lion rugissant, de nême que si c'eût été un chevreau.

III. Sisygambis, mère de Darius, étoit hérie d'Alexandre, de même que si elle eût té sa mère.

IV. La plupart des hommes vivent aujour-l'hui de même que s'il n'y avoit pas une féli-ité éternelle à espérer, ou des supplices ternels à redouter.

V. O aveuglement déplorable! nous vivons et nous nous attachons aux biens terrestres, le même que si nous ne devions jamais nourir.

VI. Sisygambis ayant appris la mort d'A-exandre, déplora son propre sort et celui de ses petites filles, de même que si elle eût perdu un second Darius.

280.e RÈGLE : De même, *Itèm...* et même *Imò*, *quin etiam*, etc.

I. SAÜL haïssoit mortellement David : il n'en étoit pas de même de Jonathas. — Les Juifs et même les païens ont admiré la doctrine de Jésus-Christ.

II. On plie aisément un jeune arbre : il en est de même d'un enfant. — Tous les pécheurs, et même les apostats, recouroient à saint François.

III. Le terroir d'Egypte, dit un auteur, produit beaucoup de drogues excellentes, et en même temps beaucoup de poisons : il en étoit de même d'Alcibiade. — Les martyrs souffroient la faim et la soif dans les prisons, et même on refusoit de l'eau fraîche aux malades.

IV. Cyrus paroissoit toujours le même, c'est-à-dire, toujours grand, même dans les plus petites choses. Il n'en est pas de même de beaucoup d'autres. — Jonathas donna à David son épée, son arc, son baudrier, et même il se dépouilla de ses habits pour l'en revêtir.

V. Lorsqu'Alexandre avoit formé quelque projet, il n'étoit pas homme à reculer : il en fut, dit-on de même de Charles XII, roi de Suède. — Tous admiroient la doctrine des

Jésus-Christ; et même les démons confessoient qu'il étoit le Christ.

VI. Philippe, roi de Macédoine, se servoit, dit-on, aussi bien de la plume que de l'épée ; il en fut de même de César. — Pour l'ordinaire, dès que Caligula entendoit le tonnerre, il pâlissoit et trembloit, et même quelquefois il se cachoit sous son lit.

281.e Règ. : Autre, autrement que... *Alius, aliter quàm, ac*, etc.

I. Aristide pensoit et agissoit autrement que Thémistocle.

II. L'empereur Domitien étoit autre que Tite son frère.

III. Les Apôtres n'ont pas été traités autrement que leur Maître. — Les soldats d'Annibal, après avoir séjourné à Capoue, furent autres qu'ils n'étoient auparavant.

IV. Si quelqu'un sacrifie à un autre Dieu qu'au seul et véritable Seigneur, il sera puni de mort.

V. Femme de Jéroboam, dit le Prophète, pourquoi feignez-vous d'être une autre que vous n'êtes ?

VI. Nous vivons bien autrement qu'on ne vivoit dans les premiers siècles ; mais il s'en faut bien qu'on vive aussi long-temps.

282.e Règle : Tout autre que, *Quivis alius*, *longè alius*, etc.

I. Tout autre qu'Annibal auroit été épouvanté par la hauteur des Alpes. — Paul-Emile pensoit tout autrement que Varron.

II. Tout autre que David auroit tué le roi Saül qu'il trouva seul dans une caverne. — Après la captivité, les Juifs furent tout autres qu'auparavant.

III. Tout autre qu'Alexandre auroit abandonné le siége de Tyr. — La ville de Syracuse, sous Timoléon, étoit toute autre que sous les deux Denis.

IV. Tout autre qu'Aristide, après avoir été injustement chassé de sa patrie, auroit eu de la peine à oublier cette injure. — Lorsqu'Alcibiade écoutoit Socrate, il paroissoit tout autre qu'on ne l'avoit vu un moment auparavant.

V. Tout autre que Judas, en entendant ces paroles de J. C. : mon ami, à quel dessein êtes-vous venu ? auroit renoncé à son détestable projet. — Cimon se montra tout autre que ne s'étoient montrés la plupart des magistrats qui avoient gouverné la république avant lui.

VI. Tout autre que Salomon n'auroit su à laquelle des deux femmes il falloit donner l'enfant que l'une et l'autre revendiquoient. — Si Alexandre eût tourné ses armes contre l'Italie, il auroit eu affaire à des généraux tout autres que Darius.

283.e Règle : *Autre*, après *lequel des deux*... *Quære uter utri insidias fecerit*, etc.

I. David osa combattre contre Goliath, vous savez lequel des deux vainquit l'autre.

II. Valerius Corvinus en vint aux mains avec un Gaulois remarquable par sa taille et ses armes : vous n'ignorez pas lequel des deux trancha la tête à l'autre.

III. Quel amour ne se témoignoient pas Oreste et Pylade, lorsqu'ils se disputoient vivement devant le roi Thoas, lequel des deux mourroit pour l'autre !

IV. Si vous êtes le seul qui ignoriez lequel des deux est soumis à l'autre, disoit fièrement Alexandre à Darius, une bataille pourra vous l'apprendre.

V. Auguste dit à Cinna : je vous ai donné deux fois la vie, d'abord comme à un ennemi déclaré, et ensuite comme à un ami perfide : voyons désormais lequel des deux montrera plus d'amour envers l'autre.

VI. A comparer l'armée des Perses avec celle d'Alexandre, on n'auroit pas eu de la peine à décider laquelle des deux devoit remporter sur l'autre la victoire.

284.e Règle : *L'un l'autre*, *les uns les autres*.

I. Alexandre encourageoit ses soldats, les uns par le désir de la gloire, les autres par l'appât du butin. — Judas et Pierre étoient apôtres : l'un trahit J. C., l'autre le reni trois fois.

II. Les Juifs parloient bien différemmen de J. C. : les uns disoient : c'est un prophète les autres disoient au contraire : il séduit l peuple. — Caïn et Abel offrirent des présen au Seigneur, l'un des fruits de la terre, e l'autre des agneaux.

III. Thrasybule étoit détesté des Syracu sains ; il bannissoit les uns, confisquoit l bien des autres, et en faisoit mourir u grand nombre. — Les deux officiers du ro Pharaon eurent un sort bien différent ; l'u fut rétabli dans son ancienne charge, e l'autre fut attaché au poteau.

IV. Philippe traita favorablement les Athé niens ; il n'en fut pas de même des Thébains dont les principaux furent condamnés, le uns à mort, les autres à l'exil. — A en croir les députés des Scythes, Alexandre, d'un main vouloit atteindre l'orient, et de l'autr l'occident.

V. Mentor soumit à Ochus, roi des Perses les peuples rebelles, les uns par son habilet et ses stratagèmes, et les autres, par l force. — A en croire l'historien Valère deux filles nourrirent de leur lait dans la pri son, l'une son père ; et l'autre, sa mère.

VI. Telle étoit la politique de Philippe qu'il s'unissoit aux uns pour accabler les au tres, afin de devenir le maître de tous. — — Qu'Alexandre ressembloit peu à Diogène l'un vouloit tout avoir, et l'autre s'estimoit heureux de n'avoir rien.

285.e Règle : *L'un* répété, et *l'autre* aussi répété.

I. Parmi les villes d'Egypte, les unes adoroient un animal, les autres un autre.

II. Philippe subjugua les uns d'une manière, les autres d'une autre.

III. Les historiens se contredisent sur la mort de Coriolan : les uns disent qu'il mourut d'une manière, les autres, d'une autre. — On dit qu'après la bataille près d'Issus, les barbares s'enfuirent les uns d'un côté, les autres d'un autre.

IV. Philippe ayant rasé les villes des Phocéens, en fit passer les habitans, les uns dans un bourg, les autres dans un autre. — Les trente tyrans furent punis, les uns d'une manière, les autres d'une autre.

V. Après la bataille de Trasymène, environ dix mille Romains qui avoient échappé au carnage, se rendirent à Rome, les uns par un chemin, les autres par un autre. — Les Juifs après avoir entendu J. C., parloient de lui, les uns d'une manière, les autres d'une autre.

VI. Les historiens nous apprennent que les barbares, après avoir percé Darius de dards, se dispersèrent les uns d'un côté, les autres d'un autre. — Absalon voulant détrôner David, attiroit dans son parti les sujets de son père, les uns d'une manière, les autres d'une autre.

Ni l'un ni l'autre... l'un l'autre.

286.e Règle : *Neuter alterum amat, uterque alterum odit*, etc.

I. Jean-Jacques et Voltaire ont vécu dans le même siècle : ils ne s'aimoient ni l'un ni l'autre. — Parisatis étoit la mère d'Artaxerxe, et Statira étoit l'épouse de ce roi : cependant elles se détestoient l'une l'autre.

II. Annibal et Scipion eurent une entrevue: ils s'estimèrent et s'admirèrent l'un l'autre. — Annon et Annibal étoient deux Carthaginois qui ne se chérissoient ni l'un ni l'autre.

III. Carthage étoit la rivale de Rome : ces deux villes ne pouvoient se supporter ni l'une ni l'autre. — Saint Jean a été le précurseur de J. C. ; ils se sont rendu témoignage l'un à l'autre.

IV. Claudius Néron et Livius Salinator furent nommés consuls la même année, quoiqu'ils ne s'aimassent ni l'un ni l'autre. — Othon et Vitellius prétendoient à l'empire : aussi étoient-ils acharnés l'un contre l'autre.

V. S. Paul, ermite, et S. Antoine s'embrassèrent en se saluant par leur nom, quoiqu'ils n'eussent jamais ouï parler l'un de l'autre. — On distingue l'ancienne alliance et la nouvelle : il est clair qu'elles sont liées l'une à l'autre.

VI. Pélopidas et Epaminondas gouvernèrent long-temps la république Thébaine, soit en paix, soit en guerre ; cependant ils ne se portèrent jamais envie l'un à l'autre. — Pompée étoit gendre de César ; ils ne laissèrent pas de chercher la perte l'un de l'autre.

287.e RÈGLE : L'un ou l'autre... *Alterutrum ad te mittam*, etc.

I. Nous ne pouvons servir deux maîtres, Dieu et l'argent : choisissons l'un ou l'autre.

II. Fabius dit aux Carthaginois : je vous apporte la paix et la guerre ; choisissez l'une ou l'autre.

III. Comme Ismael ne pouvoit vivre en paix avec Isaac, Abraham fut obligé de renvoyer l'un des deux.

IV. Nul ne peut jouir du bonheur de la terre et du bonheur du ciel : il faut renoncer à l'un ou à l'autre.

V. Jusques à quand, dit le prophète Elie aux enfans d'Israël, serez-vous partagés entre le Seigneur et Baal ? choisissez l'un ou l'autre, et attachez-vous à lui.

VI. A entendre Caton, Rome et Carthage ne pouvoient subsister ensemble : il falloit que l'une ou l'autre fût détruite.

288.e Règle : L'un après l'autre... *Cœpit vesci singulis*, etc.

I. Joseph embrassa ses frères l'un après l'autre.

II. Philippe, père d'Alexandre, asservit tous les peuples de la Grèce, en les attaquant les uns après les autres.

III. La guerre contre la Sicile ayant été résolue, les vaisseaux défilèrent du port l'un après l'autre.

IV. Gélon, Hiéron et Trasybule étoient trois frères qui gouvernèrent l'un après l'autre Syracuse, la plus puissante ville de la Sicile.

V. Un des Horaces, voyant que ses frères avoient été tués par les Curiaces, attaqua séparément ses trois adversaires, et les tua l'un après l'autre.

VI. Domitien, au commencement de son règne, avoit coutume de se renfermer pendant une heure dans son palais; et après avoir fait la chasse aux mouches, il les enfiloit l'une après l'autre avec un stilet fort pointu.

289.e Règle : *Prior*, *posterior.... primus*, *secundus*, etc.

I. Scipion et Annibal étoient deux généraux fort habiles : le premier vainquit le second.—Quel fut le premier roi des Romains ? Romulus. Quel fut le second ? Numa Pompilius.

II. Pompée fut vaincu par César : le premier étoit gendre du second. — Quel a été le premier évêque de Lyon? Saint Pothin. Quel a été le second ? Saint Irénée.

III. Depuis Cyrus, premier roi des Perses, jusqu'à Darius qui fut le dernier, on compte treize rois.—Saint Pierre et S. Paul furent martyrisés à Rome le même jour : le second eut la tête tranchée, comme citoyen romain, et le premier fut attaché à une croix.

IV. Codrus, dernier roi d'Athènes, vivoit dans le même temps que Saül, premier roi des Juifs. — Vespasien étoit tout autre que Tibère. Ce dernier, après être monté sur le trône, ne se souvenoit plus de ce qu'il avoit été, au lieu que le premier n'oublia jamais la bassesse de son extraction.

V. Vous savez que saint Jean et saint Jacques étoient frères : le second fut le premier des Apôtres qui reçut la palme du martyre ; et le premier, qui vécut environ 100 ans, mourut le dernier de tous les Apôtres.

VI. Vous n'ignorez pas que les premiers enfans d'Adam notre premier père, et d'Eve, la première femme, furent Caïn et Abel; que le premier fut le premier meurtrier, et que le second fut le premier des hommes sur lequel la mort exerça son empire.

290.e Règle : Celui-ci, celui-là... *Hic*, *ille*, et autres règles.

I. Paul-Emile fut le collègue de Varron : celui-ci étoit impétueux et téméraire, celui-là au contraire étoit fort prudent.

II. Les Mèdes ne ressembloient point aux Perses : ceux-ci étoient sobres et laborieux, et ceux-là étoient mous et voluptueux.

III. Aristide étoit tout autre que Pausanias son collègue; celui-là étoit tout dévoué à la république, celui-ci au contraire forma le projet de trahir sa patrie.

IV. Pélopidas et Epaminondas naquirent à Thèbes, celui-ci de parens pauvres, et celui-là de parens très-riches.

V. Héraclite et Démocrite étoient deux philosophes grecs; on dit que celui-ci rioit toujours, et que celui-là pleuroit sans cesse.

VI. Pharnabase et Tissapherne, satrapes du roi des Perses, étoient d'un caractère bien différent : celui-là se piquoit d'une grande fidélité, au lieu que celui-ci se jouoit même des sermens.

291.e Règle : Celui des deux qui, etc. *Uter demutaverit*, *pecuniâ mulctabitur*, et autres règles.

I. Ismael et Isaac vivent ensemble : celui des deux qui troublera la paix sera chassé de la maison paternelle.

II. Deux frères se disputent l'empire : celui des deux qui sera choisi par Annibal sera reconnu roi des Allobroges.

III. Rébecca porte deux enfans dans son sein : celui des deux qui viendra au monde le premier, perdra un jour son droit d'aînesse.

IV. Pierre et Jean courent au tombeau de J. C. : celui des deux qui arrivera le premier entrera cependant le dernier.

V. Cyrus ayant rétabli la paix entre les Arméniens et les Chaldéens dit : celui des deux peuples qui manquera au traité, sera regardé comme mon ennemi.

VI. Popilius est député par le sénat à Antiochus et à Philippe : celui des deux qui refusera de mettre bas les armes sera regardé comme ennemi du peuple romain.

292.e Règle : Quel, quelle que, etc. *Quicumque*, *qualiscumque*, *quantuscumqué*, etc.

I. Quelle que soit la distance entre nous et les planètes, les astronomes la mesurent exactement.

II. Quelle que soit la force de l'éléphant, l'homme le conduit à son gré. — Quelle que soit la condition d'un homme, il est condamné au travail.

III. Quelle que soit la bonté de Dieu, il faut que le péché soit puni. — Quel que soit le coupable, disoit Saül, il mourra sans rémission.

IV. Quelle que soit l'amertume des remèdes, nous ne laissons pas d'en faire usage pour recouvrer la santé. — Quels que soient les maux de cette vie, on a de la joie, si on a de la foi.

V. Quelle que fût l'habileté d'Epaminondas, les Thébains furent assez ingrats pour lui ôter le commandement. — Quel que soit l'emploi, disoit Epaminondas, il peut faire honneur à celui qui l'exerce.

VI. Quelle que fût la science de Socrate, le plus célèbre des philosophes de la Grèce, il ne laissoit pas d'avouer qu'il ne savoit rien. — Quelle que soit la conduite des parens, que les enfans se gardent bien de les haïr, ou de leur manquer de respect.

293.e Règle : Qui que ce soit qui, *Quicumque, quilibet*... Qui que ce soit des deux qui... *Utercumque*, etc.

I. Caïn disoit : qui que ce soit qui me rencontre me tuera. — David et Goliath s'avancent pour combattre : qui que ce soit des deux qui soit vaincu aura la tête tranchée.

II. Qui que ce soit qui me méprisera, dit le Seigneur, tombera lui-même dans le mépris. — Niger et Sévère se disputent l'empire : qui que ce soit des deux qui arrive le premier à Rome, succédera à Julien.

III. Qui que ce soit qui fasse la volonté du Père, connoîtra que la doctrine du Fils est livine. — Matthias et Joseph, surnommé le uste, tirent au sort : qui que ce soit des leux qui sera ainsi élu de Dieu, il prendra a place du traître Judas.

IV. Qui que ce soit qui ait dérobé quelque chose du butin de Jéricho, il sera brûlé. — Rome fut alarmée quand elle vit qu'Othon et Vitellius étoient proclamés empereurs : qui que ce soit des deux, disoit-on, qui remporte a victoire, il y aura beaucoup de sang répandu.

V. Après le meurtre de Pertinax, les cohortes prétoriennes osèrent crier à haute voix : qui que ce soit qui offrira le plus, il sera proclamé empereur. — Sulpicien et Julien marchandent l'empire : qui que ce soit des deux qui montrera le plus d'écus, il l'obtiendra.

VI. Qui que ce soit qui voulût aborder l'empereur Claude, il étoit fouillé, de crainte qu'il ne cachât des armes sous son habit. — Hyperbolus, homme méchant, ne cessoit d'irriter le peuple contre Alcibiade et Nicias : qui que ce soit des deux qui soit banni, disoit-il en lui-même, je lui serai substitué ; mais lui-même, contre son attente, fut condamné à l'exil.

294.e Règle : *Quelque que* avec un substantif singulier, etc.

I. Quelque livre que vous lisiez, le trouverez-vous comparable à l'Evangile ? — Quelque sagesse que Salomon eût d'abord montrée, il adora pourtant ensuite les dieux des nations.

II. Thébains, quelque général que vous choisissiez, sera-t-il plus habile qu'Epaminondas ? — Quelque courage qu'eussent d'abord montré les Apôtres, ils abandonnèrent ensuite leur Maître.

III. Quelque avis qu'ouvrît Caton dans le sénat, il ajoutoit : je pense de plus qu'il faut détruire la ville de Carthage. — Auguste craignoit qu'on ne se moquât de Claude, quelque dignité qu'il l'élevât.

IV. On dit que Caton ne se fâcha jamais contre son esclave, quelque mets que celui-ci lui présentât. — De quelque gloire qu'un Régulus se fût couvert pendant sa vie, sa mort ne laissa pas d'être encore plus glorieuse.

V. De quelque genre de mort qu'on menaçât les martyrs, ils n'étoient nullement ébranlés. — De quelque ignominie que Faustine se fût couverte, Marc-Aurèle voulut que son épouse fût honorée comme une déesse.

VI. Les Pharisiens qui avoient amené à J. C. la femme adultère, s'imaginoient que quelque réponse qu'il leur donnât, ils auroient sujet de l'accuser. — De quelque fureur que les Falisques fussent transportés, ils n'eurent pas plus tôt appris la belle action de Camille, général romain, qu'ils demandèrent la paix.

95.e RÈGLE : *Quelques.... que* avec un substantif pluriel, etc.

I. QUELQUES péchés qu'eût commis Manassès, il obtint miséricorde.

II. Quelques tourmens qu'on fît souffrir ux Machabées, ils demeurèrent invincibles.

III. Quelques contrées que saint Paul eût arcourues en prêchant l'Evangile, il se donoit pour le moindre des Apôtres.

IV. Quelques bienfaits que Judas eût reçus e son Maître, il ne laissa pas de le trahir.

V. Quelques miracles que J. C. ait opérés n présence des Juifs, la plupart n'ont pas ru en lui.

VI. Quelques services que nous rendions à os parens, ferons-nous jamais pour eux ce u'ils ont fait pour nous?

96.e RÈG. : *Quelque... que* avec un adjectif, un adverbe, etc.

I. QUELQU'INNOCENT que fût Socrate, il ut condamné à mort. — Quelque sagement u'un homme se comporte, il est critiqué.

II. Quelque forte que fût la ville de Syracuse, Timoléon l'emporta de force en un nstant. — Quelque vaillamment que combattît Annibal, il fut vaincu par Scipion.

III. Quelque fourbe que fût Lysandre, il ne laissa pas d'être trompé par Pharnabaze. — Quelqu'estimable que fût la libéralité, au jugement de Cyrus, il faisoit encore plus de cas de la bonté et de l'affabilité.

IV. Quelque riche que fût Crassus, il fit point bâtir d'autre maison que celle où i logeoit. — Quelqu'estimables que soient l biens du ciel, la plupart des Chrétiens so assez aveugles pour leur préférer les r chesses de la terre.

V. Quelque pauvre que fût Phocion, g néral des Athéniens, il ne voulut point a cepter cent talens qu'Alexandre lui avo envoyés. — Quelqu'estimé d'ailleurs que f Thémistocle, on le blâma de n'avoir pu après un repas, toucher de la lyre, comm les autres convives.

VI. Agésilas étoit boiteux; mais il n avoit aucune entreprise, quelque diffici qu'elle fût, qu'il refusât à cause de son in commodité. — Quelqu'estimable que par aux Grecs la musique, Philippe ne laissa p de demander à son fils Alexandre comme il n'avoit pas honte de chanter si bien.

297.e Règle : *Quelque grand que... quelqu petit que*, etc.

I. Quelque petite que fût l'offrande de veuve, le Seigneur la préféra aux présens d riches.

II. Quelque grand que fût le Gaulois qu provoquoit le plus vaillant des Romains Manlius Torquatus le perça de son épée le tua.

III. Une loi défendoit aux Lacédémonien de prendre la fuite, quelque grand que fût le nombre des ennemis.

IV. Quelque petites que nous paroissent
es étoiles, elles sont pourtant beaucoup
lus grosses que la terre.

V. Il n'y avoit point de présent, quelque
etit qu'il fût, que le roi Artaxerxe ne reçut
rès-volontiers.

VI. Thaumaste ayant présenté au roi
gripp a un peu d'eau, celui-ci récompensa
ar les plus riches présens ce service, quel-
ue petit qu'il nous paroisse.

98.e Règle : *Il* devant un impersonnel ne s'exprime pas, excepté devant *pœnitet*, *pudet*, etc.

I. L'Évangile nous apprend qu'il a fallu
ue le Christ souffrît. — Sylla abusa de la
ictoire ; vous savez qu'il s'ennuya de la dic-
ature.

II. Vespasien disoit qu'il falloit qu'un emereur mourût debout. — Héliogabale adopta
lexandre ; nous savons qu'il s'en repentit
ientôt.

III. Jeunes gens, soyez persuadés qu'il
st doux de servir le Seigneur. — Vitellius
toit excessivement gourmand; je ne crois
as qu'il ait jamais eu honte de sa gour-
nandise.

IV. Trajan pensoit avec raison qu'il valoit
mieux ne point punir un coupable, que condamner un innocent. — Judas témoigna qu'il
se repentoit d'avoir livré le sang innocent ;
mais il n'eut point recours à Dieu.

V. Que les jeunes gens ne comprenne- ils qu'il est avantageux à l'homme de por de bonne heure le joug du Seigneur ! Achab fit le mal devant le Seigneur : il constant qu'il ne se repentit jamais de impiété.

VI. Les anciens Bretons ne croyoient qu'il leur fût permis de se nourrir de pou ni d'oies ; cependant ils en élevoient po leur plaisir. — Antiochus témoigna qu'il repentoit de sa cruauté envers les Juifs ; ne laissa pas de mourir dans son péché.

299.e Règle : *Celui*, *celle*, *ceux* suivis d' génitif, etc.

I. Le crime des princes des prêtres ét plus grand que celui de Pilate (1).

II. Les maladies de l'ame se communique comme celles du corps. — L'empereur A tonin ne versa ni le sang des Romains, ni lui des étrangers.

III. Les habitans de Sodome et ceux d quatre villes voisines s'abandonnoient au désordres les plus honteux. — Nul joug n'e plus dur que celui du démon ou du péché.

IV. L'éducation des Athéniens étoit bie différente de celle des Lacédémoniens.

V. Une horrible peste fit mourir la pl grande partie des bestiaux des Egyptien sans toucher à ceux des Israélites.

---

(1) *Qui me tradidit tibi majus peccatum habet.*
S. Jean, ch. 19, v. 11.

'I. Théopompe, beaucoup moins recom-
ıdable par les qualités de l'ame que par
es de l'esprit, étoit assez vain pour se
ter publiquement de l'avoir emporté sur
:rate son maître.

.e Règle : *C'est ainsi que... Est-ce ainsi que*, etc.

. C'est au Nil que l'Egypte doit sa fé-
dité.

I. Ce fut au commencement du printemps
Alexandre partit pour l'Asie.

II. Ce fut après sept mois de siége que la
e de Tyr fut prise par Alexandre.

V. Ce n'est point à la ville d'Athènes,
s aux trente tyrans que Thrasybule avoit
laré la guerre. — Un serviteur du pontife
dire à J. C. : est-ce ainsi que vous ré-
ıdez au grand-prêtre?

/. Ce fut toujours en son absence qu'on
ıisit Phocion, pour le mettre à la tête des
ıées. — Bessus, tu charges Darius de
înes : est-ce ainsi que tu payes ses bien-
s?

/I. Ce fut dans une chaumière qu'Antio-
ıs apprit pour la première fois ce qu'on
ısoit de lui. — Judas, tu trahis ton Maî-
par un baiser : est-ce ainsi que tu lui té-
ignes ta reconnoissance?

301.e Règle : *Ce n'est pas que... mais c'e*
que, etc.

I. Le mauvais riche est tourmenté dans l
enfers : ce n'est pas qu'il ait ravi le bien d'au
trui, mais c'est qu'il n'avoit pas pitié d
pauvres.

II. Philippe subjugua la Grèce ; ce n'e
pas qu'il en forçât les villes, mais c'est qu
les achetoit. — Dieu châtie ses enfans : c
n'est pas qu'il ne les chérisse ; mais c'e
qu'il veut les rendre dignes de lui.

III. L'impie dit : il n'y a point de Dieu
ce n'est pas qu'il le croie, mais c'est qu'il
désire. — Les Juifs dirent à J. C. : dite
nous si vous êtes le Christ : ce n'est pas qu'i
ne comprissent les paroles de J. C., ma
c'est qu'ils n'étoient pas dociles.

IV. Pline disoit que les jeunes gens dev
noient tout à coup sages et savans : ce n'e
pas qu'il le pensât, mais c'est qu'il les taxo
d'orgueil et d'indocilité. — Les Juifs deman
dèrent que Barabbas fût renvoyé : ce n'e
pas qu'ils l'estimassent plus que J. C. ; ma
c'est qu'ils étoient moins acharnés contre lu

V. S. Sébastien embrassa la profession d
armes : ce n'est pas qu'il fût plus porté
cette profession qu'à toute autre, mais c'e
qu'il désiroit secourir les Chrétiens persécu
tés. — Tibère désigna Caligula pour son su
cesseur : ce n'est pas qu'il ne le haït, ma
c'est qu'il vouloit donner un serpent aux R
mains, et un Phaéton aux autres peuples.

Dieu reçut les dons d'Abel, et rejeta
ıx de Caïn : ce n'est pas que les agneaux
ısent plus agréables à Dieu que les fruits
la terre ; mais c'est que l'un avoit plus de
que l'autre.

VI. Annibal voyant Capoue son alliée as-
gée par les Romains, marcha brusque
:nt vers Rome : ce n'est pas qu'il eût in-
ıtion de l'assiéger ; mais c'est qu'il s'atten-
it que les Romains lèveroient le siége de
poue, pour accourir au secours de leur
trie. — Caligula n'épargna que Claude son
cle : ce n'est pas qu'il le haït moins que
; autres parens, mais c'est qu'il le mépri-
t et le railloit sans cesse.

2.e RÈGLE : *Ce n'est pas à dire.... Est-ce à dire pour cela que*, etc.

I. DOMITIEN étoit frère de Titus ; ce
:st pas à dire pour cela qu'il lui ait res-
nblé. — Commode voulut être surnommé
us ; est-ce à dire pour cela qu'il ait été
:ux ?

II. Philippe et Alexandre n'abhorroient
s la trahison ; ce n'est pas à dire pour cela
'ils aimassent les traîtres. — Annibal, tu
vaincu Sempronius, Flaminius et Varron ;
t-ce à dire pour cela que tu vaincras Fabius
Scipion ?

III. L'empereur Adrien méprisoit Homère
Virgile ; ce n'est pas à dire pour cela que
s poètes soient dignes de mépris. — Xerxès

conduit en Grèce des troupes innombrables; est-ce à dire pour cela qu'il remportera la victoire ?

IV. Antiochus faisoit les plus belles promesses ; ce n'est pas à dire pour cela qu'il se soit repenti sincèrement de ses crimes. — L'impie n'est pas toujours puni en ce monde; est-ce à dire pour cela qu'il ne sera pas puni après cette vie ?

V. Jusqu'à présent les Juifs n'ont pas voulu reconnoître J. C. pour le Messie; ce n'est pas à dire pour cela qu'ils persisteront toujours dans leur aveuglement. — Commode ne persécuta pas les Chrétiens ; est-ce à dire pour cela qu'il ait été humain et équitable ?

VI. Ruben conseilla à ses frères de jeter Joseph dans une fosse; ce n'est pas à dire pour cela qu'il fût irrité contre lui; il vouloit au contraire le délivrer de leurs mains, et le conduire à Jacob, après l'avoir tiré de la fosse. — Judas avoua qu'il avoit péché en livrant le sang du juste ; est-ce à dire pour cela qu'il ait obtenu miséricorde ? nullement, puisqu'ensuite il se pendit lui-même.

303.e Règle : *Ce qui*, *ce que*, suivis de *c'est* et d'un nom, etc.

I. Ce qui perd la plupart des jeunes gens, c'est l'amour des plaisirs.

II. Ce qui a épouvanté tous les Saints, c'est le petit nombre des élus.

III. Ce que Cyrus préféroit à tout, c'étoit le respect envers les dieux.

IV.

IV. Ce qui fait le plus d'honneur à Alexandre, c'est son extrême bonté envers a mère et l'épouse de Darius. — Ce que je ne puis m'empêcher d'admirer, c'est la clé-nence de César envers ses ennemis. — Ce que nous ne comprendrons jamais que dans le ciel, c'est l'amour infini de Dieu envers les hommes.

V. Ce que je ne puis comprendre, c'est l'aveuglement des hommes qui préfèrent une ombre de bonheur à un bonheur éternel.

VI. Ce qui alluma la colère de Dieu contre Babylone, ce fut l'orgueil insupportable de cette ville, sa dureté pour les Juifs, et l'impiété sacrilége de son roi.

304.e Règ. : *Ce qui*, *ce que*, suivis de *c'est de* ou *que*, etc.

I. Ce que nous admirons dans Alexandre, c'est d'avoir traité honorablement la mère, l'épouse et les filles de Darius, son ennemi. — Ce que Caïn, meurtrier d'Abel, appréhendoit, c'étoit d'être tué.

II. Ce qui affligea extrêmement Annibal, c'est qu'il voyoit Capoue, son alliée, assiégée par les Romains. — Ce dont nous doutons, c'est que Salomon ait obtenu miséricorde.

III. Ce que craignoit Jacob, c'est qu'il n'arrivât quelque malheur à Benjamin. — Ce qu'espèrent les vrais disciples de J. C., c'est de trouver après la mort un bonheur éternel.

IV. Ce que je blâme dans Thémistocle, c'est d'avoir porté envie à Aristide. — Ce que craignoit Tobie et son épouse, c'étoit qu'il ne fût arrivé quelque malheur à leur fils.

V. Ce qui charmoit Périclès sur le point de mourir; c'étoit de n'avoir fait prendre le deuil à aucun citoyen. — Ce que Plutarque blâme avec raison dans Caton, c'est d'avoir cru qu'il falloit vendre les esclaves lorsqu'ils étoient devenus vieux, et ne pas nourrir des hommes inutiles.

VI. Ce que je blâme dans Socrate, c'est d'avoir reconnu qu'il n'y avoit qu'un Dieu, et de n'avoir pas laissé d'en adorer plusieurs. — Ce que craignoient les parens de l'aveugle-né, c'étoit d'être chassés de la Synagogue.

305.e RÈGLE : *C'est* devant un infinitif suivi de *que de*, etc.

I. C'EST outrager J. C. lui-même, que de traiter avec dureté les pauvres.

II. C'est commettre le crime de Judas, que de communier indignement. — C'est se haïr soi-même que d'aimer le péché.

III. C'est vouloir périr que de ne pas éviter les occasions du péché. — C'est régner, que de vaincre ses passions.

IV. C'est ne pas se connoître soi-même, que de mépriser les autres. — C'est renier J. C. que de n'oser s'avouer son disciple.

V. C'est régner, dit Sénèque, que de ne vouloir pas régner, quand on le peut. —

C'est préférer Barabbas à J. C., que d'aimer mieux suivre ses passions que l'Evangile, l'esprit du monde que celui de Dieu.

VI. C'est être fou que de s'attacher aujourd'hui pour un moment à des richesses qu'on ne possédoit pas hier, et que demain on ne possédera plus. — Ce n'est pas perdre, mais c'est gagner que de donner à J. C. en secourant les pauvres.

306.e RÈGLE : *Etant*, *ayant été*, devant un substantif, etc.

I. AUGUSTE étant empereur, J. C. naquit à Bethléem. — J. C. étant notre chef, nous devons l'imiter. —Quintius Cincinnatus, ayant été dictateur 16 jours, abdiqua la dictature, et retourna à ses travaux rustiques.

II. Maximien et Dioclétien étant empereurs, S. Maurice fut mis à mort avec la légion qu'il commandoit. — J. C. étant le fondement de l'Eglise, elle ne peut périr. — Tarquin, surnommé le Superbe, ayant été roi environ vingt-quatre ans, fut détrôné.

III. Fabricius étant consul, Pyrrhus, roi d'Epire, lui offrit la quatrième partie de son royaume. — Charles X étant notre roi, nous devons prier pour lui. — Marius, ayant été six fois consul, fut proscrit, sortit de Rome et passa en Afrique.

IV. Scipion étant consul, Carthage fut détruite l'an 144 avant J. C. — J. C. étant la vérité, ne peut se tromper, ni nous tromper. — S. Louis, ou Louis IX, ayant été roi de

France environ quarante-quatre ans, mourut de la peste près de Tunis en Afrique.

V. Théodose, surnommé le Grand, étant empereur, on détruisit en Egypte et ailleurs les temples des idoles. — L'Eglise étant notre mère, nous devons l'aimer et lui obéir. — Dioclétien ayant été empereur environ dix-neuf ans, fut contraint d'abdiquer l'empire.

VI. S. Martin étant soldat, donna la moitié de son manteau à un mendiant qu'il vit transi de froid, lorsqu'il entroit à Amiens. — Marie étant la mère de Dieu, nous devons recourir à elle avec la plus grande confiance. — Néron, ayant été empereur de Rome treize ans, sept mois et vingt-huit jours, mourut abhorré de tout l'univers.

307.e RÈGLE : *Ayant* se tourne par *lorsque*, *puisque*, *parce que*, *quoique*, etc.

I. JÉSUS ayant aimé les siens, dit S. Jean, il les aima jusqu'à la fin. — Jésus ayant porté sa croix, nous devons aussi porter la nôtre.

II. Pilate ayant condamné à mort J. C., les soldats le conduisirent au Calvaire. — Pierre ayant promis de mourir pour J. C., ne laissa pas de le renier trois fois.

III. Denis le tyran ayant appris que Platon étoit sur le point d'arriver à Syracuse, alla au-devant de lui, monté sur un char attelé de quatre chevaux blancs. — Néron ayant maltraité ses sujets, sera à jamais détesté.

IV. Un des trois Anges ayant demandé

pourquoi Sara avoit ri, comme s'il y avoit quelque chose de difficile à Dieu, Sara épouvantée dit qu'elle n'avoit pas ri. — Saül ayant désobéi au prophète Samuel, fut rejeté de Dieu.

V. Caton ayant appris que son frère étoit tombé malade dans la Thrace, ne balança pas à s'embarquer, malgré une furieuse tempête, dans un petit vaisseau de charge. — Henri IV ayant montré beaucoup d'affabilité envers ses sujets, les Français chériront à jamais sa mémoire.

VI. La mort d'Alexandre affligea tellement Sisygambis, qu'ayant survécu plusieurs années à Darius, elle ne put survivre que peu de jours au roi de Macédoine. — S. Jérôme ayant tremblé de tous ses membres en pensant au jugement dernier, qui pourra s'empêcher de trembler? — Dieu ayant interdit sous peine de mort le fruit d'un seul arbre à Adam et à Eve, ils ne laissèrent pas d'en manger.

308.e Règle : *Etant*, *ayant été*, devant un verbe neutre ou déponent, etc.

I. Les enfans de Jacob étant arrivés en Egypte, allèrent trouver Joseph, et lui rendirent hommage. — Darius ayant été flatté par les courtisans, perdit la couronne et la vie.

II. Isaac étant devenu grand (*adolescere*), Dieu, pour éprouver la foi d'Abraham, lui dit : prenez votre fils unique que vous aimez, et allez me l'immoler. — Vitellius sortit de son palais par une porte de derrière, n'étant suivi que de son pâtissier et de son cuisinier.

III. Isaac étant devenu vieux (*senescere*), ses yeux s'obscurcirent de telle sorte qu'il ne pouvoit plus voir. — Joseph ayant été oublié du grand échanson, demeura encore deux ans en prison.

IV. L'esclave Androcle qui vivoit depuis trois ans avec un lion, s'étant ennuyé de cette vie sauvage, s'enfuit lorsque le lion étoit à la chasse. — Bessus étant poursuivi par les troupes d'Alexandre, gagna la Bactriane.

V. Alexandre étant monté sur le trône, subjugua divers peuples barbares, les uns par la terreur de son nom, les autres par la force de ses armes. — Turenne étant félicité sur les victoires qu'il remportoit, les attribuoit à la valeur de ses soldats.

VI. Un jeune homme bien parfumé étant venu remercier Vespasien d'une charge qu'il en avoit obtenue, l'empereur le regarda avec mépris, et lui ôta l'emploi qu'il lui avoit accordé. — Les Carthaginois ayant été menacés de la guerre par les Romains, les femmes coupèrent leurs cheveux pour faire des câbles.

309.e Règle : *Ayant autant* devant un nom ; *étant aussi* devant un adjectif.

I. Fabius ayant autant de prudence qu'il en avoit, ne put être vaincu par Annibal. — Alexandre étant aussi vaillant qu'il l'étoit, ne redoutoit aucun danger.

II. Aristide ayant autant d'équité qu'il en avoit, ne put approuver le conseil de Thémistocle. — Les Pharisiens étant aussi envieux qu'ils l'étoient, n'ont pas voulu reconnoître le Messie.

III. Les anciens philosophes ayant autant d'orgueil qu'ils en avoient, étoient plus malades que ceux qu'ils vouloient guérir. — Samson étant aussi fort qu'il l'étoit, rompoit sans peine les chaînes dont on le lioit.

IV. César ayant autant d'ambition qu'il en avoit, ne pouvoit se contenter de la seconde place. — S. Augustin étant aussi savant qu'il l'étoit, pulvérisoit toutes les erreurs.

V. S. Louis ayant autant de piété qu'il en avoit, préféroit la qualité de chrétien au titre de roi. — Moïse étant aussi doux qu'il l'étoit, conjura le Seigneur de pardonner à Aaron et à Marie.

VI. Démosthène ayant autant d'éloquence qu'il en avoit, se faisoit redouter de Philippe, roi de Macédoine. — Xerxès étant aussi puissant qu'il l'étoit, s'attendoit à asservir la Grèce.

310.e Règle : *Que* adverbe interrogatif..... *que ne... que* signifiant *combien*, *etc.*

I. Ajax disoit à Ulysse : que (1) demandes-tu le bouclier d'Achille dont le poids t'accableroit ? — Que Darius ne suivoit-il le conseil de Caridème ? — Que valoit le boisseau de blé, lorsque Titus assiégeoit Jérusalem ? 600 écus.

II. Ulysse disoit à Achille : que balancez-vous à détruire la puissante ville de Troye ? — Que n'imitons-nous les Saints pour participer à la gloire dont ils jouissent dans le ciel ? — Qu'estimoit-on Bucéphale ? treize talens. Que valoit le talent ? mille écus.

III. Samuel répondit au roi Saül : que vous adressez-vous à moi, puisque le Seigneur vous a abandonné ? —Eliab entendant parler David, lui dit tout en colère : que faites-vous ici ? Que ne retournez-vous à votre troupeau ? — Que valoit la tête d'un âne lorsqu'on assiégea Samarie ? 80 pièces d'argent.

IV. Qu'Absalon se révoltoit-il contre son père ? — Que ne pensons-nous souvent à la mort, pour la trouver moins terrible ? — Judas, qu'estimes-tu le parfum que Marie a répandu ? trois cents deniers. Qu'estimes-tu J. C. ? trente deniers. Quel est ton aveuglement !

---

(1) Je sens bien que dans cette règle 310.e, la première phrase de chaque N.o pourra choquer quelques oreilles ; mais j'ai été obligé de me conformer à la règle de Lhomond : Que tardez-vous ? *Cur moraris ?*

V. O ma mère! s'écrioit Jérémie, que m'avez-vous mis au monde pour être un sujet de discorde pour tout ce pays? — Saint Antoine disoit aux malades qui avoient recours à lui pour être guéris : que n'allez-vous à mon fils Hilarion? — Que se vendit un rat lorsqu'Annibal assiégea Casilinum? deux cents deniers.

VI. Insensé Phormion, que te mêles-tu de donner des leçons à Annibal sur l'art militaire? — Après avoir subjugué l'Afrique, disoit Pyrrhus, nous jouirons d'un doux repos. Eh! lui répondit Cinéas, que n'en jouissez-vous dès-à-présent? — Qu'avoit coûté au roi Attale un tableau qu'il avoit acheté après la prise de Corinthe? six mille écus.

311.e Règle : *Que* de désir, *Utinam*, etc.

I. Je suis le froment de Dieu, s'écrioit saint Ignace, que ne puis-je être moulu par les dents des bêtes!

II. Absalon mon fils, mon fils Absalon, s'écrioit David, que ne puis-je donner ma vie pour la tienne!

III. Que tout homme riche ne peut-il dire comme Job : je n'ai point refusé aux pauvres ce qu'ils me demandoient!

IV. Moïse répondit à Josué : que le Seigneur ne répand-il sur tous son esprit pour que j'entende tout le peuple prophétiser!

V. Les Israélites dans le désert se mirent à murmurer en disant : que ne sommes-nous morts en Egypte où nous mangions tant que nous voulions ! — Que les plaies du corps de J. C. fouetté jusqu'au sang, ne guérissent-elles celles de mon ame!

VI. Un des amis de Théodose se plaignant de ce qu'il ne condamnoit pas à mort les coupables, que ne puis-je aussi, répondit l'empereur, ressusciter les morts ! — Riches, pourquoi vous attacher aujourd'hui pour un moment à des richesses périssables ? Que ne considérez-vous que vous ne les aviez pas hier, et que demain vous ne les posséderez plus !

312.e RÈGLE : *Ne... que* signifiant *seulement*, *rien autre chose*, etc.

I. ESTHER dit à Dieu : Seigneur, assistez-moi : ce n'est que de vous que j'attends quelque secours. — Il est doux de ne mettre qu'en Dieu sa confiance.

II. Samuel étant juge, les Israélites rejetèrent les fausses divinités, et ne servirent que le Seigneur. — Un Chrétien n'a point d'ennemis, il n'a que des frères.

III. La colère de Dieu n'est allumée que par les péchés des hommes. — Cyrus ne reconnoissoit pour fidèles sujets que ceux qui respectoient la Divinité.

IV. Saül ayant entendu parler David, ne put s'empêcher de dire : vous êtes plus juste que moi ; car vous ne m'avez fait que du bien, et je ne vous ai rendu que du mal.

V. Les Spartiates n'étoient habiles qu'à

manier les armes ; il n'en étoit pas ainsi des Athéniens. — Les enfans des Perses se rendoient de grand matin aux écoles publiques, ne portant que du pain et du cresson pour leur nourriture, et un gobelet pour puiser de l'eau à la rivière la plus proche.

VI. Mardochée craignoit de transférer à un homme l'honneur qui n'est dû qu'à Dieu. — Dans un temple magnifique tout brillant d'or et d'argent, disoit un auteur, en se moquant des Egyptiens, les yeux avides ont beau chercher un Dieu, ils n'y trouvent qu'un singe, un chat, une cigogne.

313.e Règle : *Que* entre deux négat., etc.

I. Cimon ne voyoit point de malheureux qu'il ne soulageât. — Moïse n'entreprenoit rien qu'il n'eût consulté le Seigneur.

II. Il n'est point d'artifice que Satan n'ait employé contre les Disciples de J. C. — Les Perses ne décidoient aucune affaire importante qu'ils n'eussent consulté les mages.

III. Il n'y a rien qu'on n'apprenne aux éléphans. — Philippe, roi de Macédoine, n'enfonçoit jamais une porte, qu'il n'eût tâché de l'ouvrir avec une clef d'or.

IV. Il n'y eut point d'avanie que Socrate n'essuyât de la part de Xantippe son épouse. — L'armée des Perses, d'après une ancienne coutume, ne se mettoit point en marche que le soleil ne fût levé.

V. Quelqu'habile par lui-même que fût Evagore, roi de Salamine, il ne formoit aucune entreprise qu'il ne la soumît au jugement de quelques personnes sages. — Les Perses ne condamnoient jamais personne qu'ils ne l'eussent entendu, et qu'ils ne lui eussent confronté ses accusateurs.

VI. Régulus étant revenu à Carthage sans avoir obtenu l'échange des prisonniers, il n'y eut point de supplice que la cruauté des Carthaginois n'imaginât contre cet illustre Romain. — Philippe, dit-on, ne sortoit jamais de son palais qu'un esclave, par son ordre, ne lui eût crié trois fois : Philippe, souviens-toi que tu es mortel.

314.e Règ. : *Que* d'admiration, etc.

I. Qu'il est doux de servir le Seigneur ! — Qu'un plaisir d'un moment coûte cher !

II. Jacob saisi de frayeur, s'écria : que ce lieu est terrible ! — Que de foi montra Abraham !

III. Que je suis malheureux ! s'écrioit le prophète Jérémie. — Que de pays Alexandre a parcourus pour n'occuper qu'un petit espace après sa mort !

IV. Qu'Evagore, roi de Salamine, ressembloit peu à Nicoclès son père (1) ! — Que les Chrétiens sont plus heureux que les autres peuples !

V. Que la doctrine de J. C. l'emporte sur

(1) L'histoire fait mention de deux princes qui ont porté le nom d'Evagore ; l'un étoit père de Nicoclès, et l'autre son fils.

celle des philosophes! — Que les Romains estimoient Titus! qu'ils le regrettèrent après sa mort!

VI. Qu'un forçat chargé de sept chaînes de fer est digne de compassion! Qu'une ame possédée de sept démons est encore plus misérable!

315.e RÈG. : *Que* d'admiration, ou *combien* joint au mot *grand*, ou au mot *petit*.... et autres règles.

I. QUE la douleur des Français fut grande lorsqu'ils apprirent la mort de Turenne! — Combien la moisson est grande aujourd'hui! mais que le nombre des ouvriers est petit!

II. Que le corps d'un ciron est petit! cependant il est pourvu de tous les organes qui lui sont nécessaires.

III. Que la terre est petite en comparaison des étoiles! — Que J. C. a paru petit dans son premier avénement! mais qu'il paroîtra grand dans le second!

IV. Que saint Louis étoit grand aux yeux des Français! cependant qu'il étoit petit à son propre jugement! — Que notre œil est petit! cependant que de merveilles nous découvrons par son secours!

V. Que la joie de Jacob fut grande, lorsqu'il apprit que Joseph étoit vivant! — Que l'épouse de notre roi est petite! s'écrioient les Lacédémoniens : elle ne nous donnera que des roitelets. — Combien les étoiles nous paroissent petites, malgré leur prodigieuse grosseur!

VI. Que la consternation des impies sera grande, lorsqu'ils verront briller la croix de J. C.! — Que l'univers paroît petit à celui qui a beaucoup de foi! — Jean-Jacques lui-même s'écrioit: combien les plus grands philosophes sont petits, si on les compare à J. C.!

316.e Règle : Après un *que d'admiration*, la négation française ne s'exprime pas en latin, et autres règles.

I. Que de miracles J. C. n'a-t-il pas opérés !

II. Que de tempêtes l'Eglise n'a-t-elle pas essuyées depuis son établissement! — Que ne vaut point une ame rachetée par le sang de J. C.!

III. Que de victoires Alexandre et César n'ont-ils pas remportées! — Que de jeunes gens ne perd pas la contagion du mauvais exemple!

IV. Que de ruses n'emploie pas le démon pour perdre les hommes! — Que de travaux saint Paul n'a-t-il pas supportés pour augmenter le troupeau de J. C.!

V. Que de douleur ne causa pas à J. C. le crime de Judas! — Que de belles qualités n'ont pas éclaté dans Epaminondas!

VI. Que de tourmens n'endure pas l'avare, soit par la crainte de perdre son trésor, soit par le désir de l'augmenter! — Que de maux n'ont pas éprouvés les Juifs, pour avoir fait mourir J. C.!

317.e Règle : *Adverbes de quantité.*

I. L'Inde produit beaucoup de ris, de millet, de sucre, d'encens et de canelle.

II. Quel pays produit plus d'orge, de ris et de blé que l'Egypte ?

III. Le Portugal produit peu de blé, de vin et d'huile, mais beaucoup d'oranges. — L'Eglise est une aire où il y a plus de paille que de bon grain.

IV. On recueille dans la Perse assez de vin, beaucoup de ris, de légumes et de grains, mais peu de seigle et d'avoine.

V. L'Italie produit beaucoup de soie, autant de vin que de blé, et l'on y trouve beaucoup de marbre, et assez de mines d'or, d'argent et de fer.

VI. Platon, tout païen qu'il étoit, conseilloit aux parens de laisser à leurs enfans, non beaucoup d'or et d'argent, mais beaucoup d'honneur.

317.e Règle : * Un peu d'eau, *Tantillùm, aliquantulùm aquæ... leviter vulneratus.... leviter irascitur*, et autres règles.

I. Le prophète Elie demanda un peu d'eau, et ensuite un peu de pain à une veuve.

II. Abraham dit aux trois Anges : reposez-vous sous cet arbre; je vous apporterai un peu d'eau pour vous laver les pieds, et un peu de pain pour reprendre vos forces.

III. Alexandre fut un peu blessé au combat du Granique. — Les médecins conseillèrent en vain à sainte Paule qui avoit été malade à l'extrémité de boire un peu de vin, de crainte qu'elle ne devînt hydropique.

IV. Jacob se fâcha un peu contre Joseph pour avoir rapporté deux songes qui présageoient sa grandeur future.

V. Le roi d'Egypte se fâcha un peu contre Abraham qui n'avoit pas déclaré que Sara étoit son épouse.

VI. Caton, pour l'ordinaire, ne buvoit que de l'eau ; et ce n'est que lorsque les forces lui manquoient qu'il buvoit un peu de vin commun. — Pyrrhus, après avoir été un peu blessé d'un coup de lance, fut tué un moment après d'un coup de tuile qu'une femme lui lança des deux mains sur la tête.

318.e Règle : *Adverbes de quantité* avec un nom de chose qui ne se compte pas, et peut se dire *grande*, etc.

I. Les anciens joignoient beaucoup de simplicité à beaucoup de dignité. — Pompée n'avoit pas moins d'ambition que César.

II. Que les jeunes gens se souviennent que trop de babil a toujours nui. — Varron avoit peut-être assez de valeur, mais il avoit peu de prudence.

III. Les éléphans faisoient quelquefois plus de dégât dans leur propre armée, que dans celle des ennemis. — S. Ambroise avoit autant de science que de piété.

IV. Il faut avouer qu'il y avoit trop d'arrogance dans la lettre que Darius vaincu écrivit à Alexandre vainqueur. — Combien d'érudition on trouve dans les ouvrages de saint Augustin !

V. La complaisance, dit un poète, fait des amis, et la vérité des ennemis; prenons garde cependant de trahir la vérité par trop de complaisance. — J. C. se plaint que ses Disciples montrent moins de prudence pour opérer leur salut, que les enfans du siècle pour parvenir à leur but.

VI. Que nous serions heureux si nous montrions autant d'ardeur pour mériter la gloire éternelle, qu'en montroient les athlètes pour gagner une couronne corruptible! — Lucius Scipion, frère de l'Africain, montra qu'il avoit assez de forces et de courage pour faire la guerre à Antiochus roi de Syrie.

319.e Règle : *Adverbes de quantité* devant un nom de choses qui se comptent, etc.

I. Dieu dit à Gédéon : vous avez trop de soldats. — Combien de peuples saint Paul a convertis à la foi ! — On compte beaucoup d'appelés, mais peu d'élus.

II. Moïse monta sur la montagne, ayant en main la verge par laquelle Dieu avoit fait tant de miracles. — Tantôt les arbres produisent beaucoup de fleurs et peu de fruits, tantôt ils produisent plus de fruits que de feuilles.

III. Samson tua plus de Philistins en mourant qu'il n'en avoit tué pendant sa vie. — Alexandre avoit moins d'hommes que Darius, mais il avoit plus de soldats.

IV. Xerxès, dit un auteur, avoit beaucoup d'hommes, mais peu de soldats. — Moïse conjura Dieu de pardonner au peuple qu'il avoit délivré de l'Egypte par tant de prodiges.

V. Sénèque s'écrioit autrefois : combien d'hommes met en mouvement le ventre d'un seul ! Gédéon avoit beaucoup moins de soldats que le général des Madianites ; cependant, étant favorisé de Dieu, il remporta une victoire éclatante.

VI. Magon, frère d'Annibal, étant arrivé à Carthage après la bataille de Canne, fit répandre au milieu du sénat un boisseau d'anneaux d'or pour montrer combien de nobles romains étoient restés sur le champ de baaille. — Les Pharisiens étoient fâchés que ésus fût suivi d'un plus grand nombre de lisciples que saint Jean.

320.e RÈGLE : *Combien* signifiant *combien de personnes*, et autres règles.

I. COMBIEN accouroient pour entendre I. C. !

II. Combien, comme la chaste Susanne, sont accusés injustement !

III. Combien périrent dans le siége de Jérusalem !

IV. Combien souffrent plus pour se perdre que les Saints n'ont souffert pour se sauver !

V. Seigneur, disoit Cænus à Alexandre, vous savez combien nous étions à votre départ de la Macédoine, voyez ce qui vous reste maintenant.

VI. Nous savons combien partirent avec Xerxès pour envahir la Grèce ; et nous n'ignorons pas combien (1) retournèrent avec lui dans la Perse. — Combien étoient-ils dans le vaisseau qui transportoit saint Paul à Rome, et qui échoua contre l'île de Malte ? 276.

---

(1) Il est à propos de consulter la règle suivante.

321.e Règle : *Combien*, signifiant *combien peu*, etc.

I. Parmi tant de riches, combien y en-a-t-il qui imitent Cimon l'Athénien ?

II. Parmi tant de Chrétiens, combien y en a-t-il qui doivent entrer dans le ciel ?

III. Combien y en a-t-il aujourd'hui qui observent rigoureusement les lois de l'Eglise ?

IV. Parmi les jeunes gens, combien y en a-t-il aujourd'hui qui aient conservé la grâce du baptême ?

V. Parmi tant d'orateurs, disoit Cicéron, combien en trouverez-vous qui soient vraiment dignes de ce nom ?

VI. Nous savons combien (1) partirent de l'Egypte sous la conduite de Moïse, mais hélas ! nous savons aussi combien entrèrent dans la terre promise.

322.e Règle : *Que*, *combien*, *peu*, *trop*, etc. devant un adjectif ou un adverbe, etc.

I. Alexandre étoit trop avide de gloire. — Combien Turenne étoit modeste !

II. On dit qu'Epaminondas n'étoit pas plus avide de gloire que d'argent.

III. Balthasar, roi de Babylone, pesé dans la balance, fut trouvé trop léger.

IV. Que Titus étoit bienfaisant ! Que Domitien son frère au contraire étoit cruel !

---

(1) Voyez la règle précédente.

V. Cyrus étoit tellement maître de lui-ıême, qu'il ne lui échappa jamais une parole :op dure.

VI. La contrée qu'habitoient les Caduıens entre le Pont-Euxin et la mer Casienne, étoit si peu propre au labourage u'on n'y semoit point de blé.

323.e Règle : *Si grand*, *aussi grand*, *si petit*, *aussi petit*, etc.

I. Vous n'ignorez pas que saint Jean, si etit à ses yeux, et si grand devant le Seineur, a été le précurseur de J. C.

II. Salomon, après avoir fait bâtir le temle, s'écrioit : une si petite enceinte pourra-elle renfermer une si grande majesté ?

III. J'ai ouï dire qu'un rat donne quelqueois la mort au rhinocéros, quoique celui-ci oit si grand, et celui-là si petit.

IV. Le moucheron, si la fable dit vrai, riomphe quelquefois du lion ; n'est-il pas tonnant qu'un si grand animal soit terrassé ar un insecte aussi petit ?

V. David tua Goliath : qui ne s'étonnera u'un homme aussi petit ait terrassé un aussi rand géant ? — Quelqu'un dit à Socrate u'il ne pouvoit comprendre qu'un aussi grand hilosophe fît bâtir une maison aussi petite.

VI. Philippe, roi de Macédoine, dit à son ls Alexandre : un aussi petit royaume ne auroit contenir un aussi grand roi : cherchez-n donc un autre ; car la Macédoine ne peut ous suffire.

324.e Règle : *Que*, *combien*, *peu*, etc. devant un comparat., ou un verbe d'excellence, etc.

I. Ezéchias dit à ses soldats : ne craignez point ; nous sommes beaucoup plus forts que le roi des Assyriens. — Combien l'homme par sa nature, dit Cicéron, l'emporte sur les bêtes !

II. Gillias d'Agrigente est beaucoup plus connu par sa bienfaisance extraordinaire que par ses immenses richesses. — Le jeune Cyrus aimoit beaucoup mieux se faire aimer que se faire craindre.

III. Artaxerxe passoit pour le plus bel homme de son temps ; mais on vantoit beaucoup plus sa bonté et sa générosité. — Combien le joug du Seigneur n'est-il pas plus doux et plus supportable que la servitude des hommes !

IV. Ochus comptoit beaucoup plus sur un petit nombre de Grecs que sur une grande multitude de Perses. — Cyrus fit venir de Perse dix mille soldats pour sa garde : ils l'emportoient sur tous les autres autant par leur courage que par leur armure superbe.

V. Timoléon en étant venu aux mains avec les Carthaginois qui l'emportoient de beaucoup sur lui pour le nombre, ne laissa pas de remporter sur eux une célèbre victoire. — On dit que le poète Eschile mourut de regret, pour avoir vu la palme adjugée à Sophocle qui étoit beaucoup plus jeune que lui.

VI. Henri IV avouoit que saint François toit autant au-dessus de lui, que lui-même, n qualité de roi, étoit au-dessus des autres ıommes. — Diogène, pour prouver combien l s'estimoit plus heureux que Xerxès, disoit ju'il n'avoit besoin de rien, au lieu que le roi les Perses n'avoit jamais assez.

ı25.e Règle : *Combien*, *un peu*, *beaucoup*, *autant*, devant *ante* et *post*, etc.

I. Dieu frappa Nabal, et il mourut. Peu le temps après David épousa Abigaïl.

II. Josué renouvela l'alliance entre Dieu ɛt les Israélites, et peu de temps après, il nourut âgé de 110 ans.

III. Le coq chanta : Pierre, peu auparavant, ıvoit renié J. C. (*Cantavit gallus : paulò ıntè Christum Petrus ejuraverat.*)

IV. Nous confessons que J. C. est mort ; nais nous savons que peu après il est ressuscité.

V. J. C., Dieu et homme, a été rassasié l'opprobres ; mais combien de temps auparavant les Prophètes l'avoient prédit ! — Tibère trouva Drusus son frère encore en vie, mais peu de temps après il le vit expirer.

VI. Quelque foible que fût Alexandre à cause de la blessure qu'il avoit reçue quelque temps auparavant, il ne laissa pas de pousser vivement les Scythes, jusqu'à ce que les forces venant à lui manquer, il fut contraint de s'arrêter.

326.e Règle : *Que*, *combien*, *peu*, etc. avec un verbe ordinaire, etc.

I. Le Prophète disoit aux Juifs : vous avez semé beaucoup, et vous avez peu recueilli.

II. Jacob aimoit Joseph et Benjamin plus que ses autres enfans.

III. Combien Louis IX étoit respecté et chéri des Français ! — Le monde demande beaucoup pour donner peu : Dieu, au contraire, nous demande peu pour nous donner beaucoup.

IV. Combien Caligula et Néron étoient détestés des Romains ! — Antiochus aimoit trop la chasse.

V. Les épouses de l'empereur Claude abusoient trop de sa simplicité.

VI. Jamais capitaine ne fut plus regretté que Pélopidas : sa mort convertit en deuil la victoire que les Thébains venoient de remporter.

327.e Règle : *Plus*, *moins*, *trop*, avec *refert* et *interest*, etc.

I. Il nous importe moins de vivre longtemps que de vivre chrétiennement.

II. Jeunes gens, ne perdez pas le temps, et fuyez les plaisirs ; il vous importe trop de pratiquer de bonne heure la vertu.

III. A qui importe-t-il plus qu'à un Chrétien de connoître les mystères de J. C. ? — Il nous importe beaucoup moins d'acquérir des richesses que d'acquérir la sagesse.

IV.

IV. Il nous importe bien moins de nous procurer l'amitié des riches et des grands que celle des personnes vertueuses.

V. A qui importe-t-il plus qu'aux riches de soulager les pauvres qui leur ouvriront le ciel ?

VI. Un vrai pénitent comprend qu'il lui importe plus qu'à tout autre de bien employer le temps que Dieu lui accorde, afin de réparer en quelque sorte celui qu'il a perdu.

328.e Règle : *Que*, *combien*, *plus*, *moins*, etc. avec un verbe de prix et d'estime, etc.

I. Nous n'estimerons jamais assez la grâce de J. C. qui est le prix de son sang. — Combien le nom de Jésus a coûté au fils de Marie !

II. Tibère faisoit peu de cas de la médecine.

III. Estimera-t-on jamais trop un ami fidèle ? — Philippe, dit-on, faisoit plus de cas des conquêtes qu'il devoit à son éloquence, que de celles qu'il devoit à ses armes.

IV. Les Scythes faisoient moins de cas des grandes villes et des fertiles campagnes des autres peuples, que de leurs propres solitudes.

V. Cyrus, quoique bien fait de corps, étoit encore beaucoup plus estimé pour les qualités de l'esprit. — Que les Chrétiens sont heureux d'acheter si peu une couronne éternelle !

VI. Vantez César tant qu'il vous plaira : pour moi je fais beaucoup plus de cas des vertus d'Aristide et d'Epaminondas, que des exploits de César, quelque nombreux et quelqu'éclatans qu'ils soient. — Combien Auguste acheta-t-il un corbeau qui le salua empereur ? Vingt mille pièces d'argent.

329.e Règle : *Combien*, *peu*, *beaucoup*, etc. avec les verbes *refert*, *interest*, et autres règles.

I. Il nous importe grandement d'acquérir ce qui doit durer éternellement.

II. Il nous importe peu de vivre longtemps, et beaucoup de vivre saintement.

III. Il importe beaucoup à un maître de bien instruire les élèves qui lui sont confiés ; et il leur importe autant de l'écouter attentivement.

IV. Le roi des Perses, après avoir entendu Pélopidas, comprit qu'il lui importoit grandement de protéger les Thébains contre Athènes et Lacédémone.

V. Le perfide Aman dit au roi Assuérus : vous savez combien il importe à vous et à votre peuple de réprimer l'insolence des Juifs qui méprisent vos ordonnances.

VI. Ce fut surtout après la mort d'Agrippa et de Mécène, qu'Auguste comprit combien il importe à un roi d'avoir des amis fidèles.

330.e Règle : *Plus* devant *odisse* et *fugere*, et autres règles.

I. Philippe, roi de Macédoine, haïssoit plus les traîtres que la trahison.

II. Qui haït jamais plus les hommes que ne les haïssoit Timon l'Athénien ?

III. Les Thébains haïssoient plus les Athéniens qu'ils ne haïssoient les autres peuples.

IV. Tissapherne haïssoit plus les Grecs que ne les haïssoit aucun autre Perse. — Enfans, vous fuyez à la vue d'un serpent ; fuyez encore plus le péché.

V. Je doute que jamais nation ait plus haï le mensonge que les Perses : il passa toujours parmi eux pour un vice bas et infamant. — On fuit une maison pestiférée ; fuyez encore plus la société des impies.

VI. Parysatis, après la mort du jeune Cyrus, haïssoit plus que jamais Statira, épouse d'Artaxerxe. — Jeunes gens, fuyez les libertins plus que vous ne fuiriez les bêtes les plus féroces.

331.e Règle : *Que* après *plus*, *moins*, et autres règles.

I. Tobie craignoit plus Dieu que le roi des Assyriens.

II. Caligula n'étoit pas moins perfide que cruel.

III. Philippe étoit plus ami des armes que

des festins. — J. C. trouva moins d'humanité dans les Juifs que dans les païens.

IV. Epaminondas n'avoit pas moins de goût pour la philosophie que pour les exercices militaires.

V. A s'en rapporter à Démosthène, Philippe, roi de Macédoine, dut moins l'accroissement de son royaume à la force de ses armes, qu'à la nonchalance des Athéniens.

VI. Démosthène, par son éloquence, se faisoit plus redouter de Philippe et d'Alexandre, que les généraux d'armées par leur bravoure militaire.

332.e Règle : *Plures*, ou *pauciores urbes quàm vici*, et autres règles.

I. Cicéron comptoit moins d'illustres orateurs que de célèbres philosophes.

II. Alexandre conquit plus de provinces que les autres ne prirent de villes.

III. Quel maître eut jamais plus de disciples que Socrate ? Qui en eut de plus illustres ?

IV. Philippe se vantoit d'avoir emporté plus de places par les largesses que par les armes. — Qu'oiqu'Alexandre eût moins d'hommes que Darius, il ne laissoit pas d'avoir plus de soldats que le roi des Perses.

V. On dit vulgairement qu'on tue moins de bœufs que de veaux : ainsi la mort moissonne plus d'enfans que de vieillards.

VI. Quand le souverain Pasteur fera la revue de son troupeau, hélas! il trouvera beaucoup moins de brebis que de boucs!

333.e Règle : *Pluris* ou *minoris æstimatur quàm frater*, et autres règles.

I. Cicéron estimoit moins les trésors de Crassus que les livres d'Atticus.

II. Judas, aveuglé par son avarice, estima moins J. C. que le parfum de Marie.

III. Commode succéda à Marc-Aurèle : mais combien le fils fut moins estimé que le père!

IV. Le jeune Cyrus estimoit plus les troupes des Grecs que celles des barbares.

V. Marc-Aurèle et Lucius Verus régnèrent quelque temps ensemble; mais combien le dernier étoit moins estimable que l'autre!

VI. Faut-il que la plupart fassent plus de cas des biens périssables que des biens éternels! — Sous le règne de Salomon, l'argent étoit devenu si commun à Jérusalem, qu'on n'en faisoit pas plus de cas que des pierres et du plomb.

334.e Règle : *Tantùm modestiæ quantùm doctrinæ. Tanta modestia quanta doctrina*, et autres règles.

I. Turenne montroit autant de modestie que de valeur.

II. Annibal avoit autant de finesse que de bravoure.

III. Cyrus montroit autant de sagacité avant le combat que d'ardeur dans l'action.

IV. Aristide montra autant de courage dans l'adversité que de modestie dans la prospérité.

V. Micipsa voulut que Jugurtha, fils de son frère, fût élevé avec autant de soin que ses propres enfans.

VI. Bétis qu'Alexandre fit traîner autour des murs de Gaza, avoit servi Darius avec autant de fidélité que de bravoure. — J. C. montra autant de douceur à l'égard de Judas, que Judas montra de perfidie envers J. C.

335.e Règle : *Tot fructus quot flores*, et autres règles.

I. Nous comptons autant d'Apôtres que de petits Prophètes.

II. Dieu promit à Abraham autant de descendans qu'il y a d'étoiles dans le ciel.

III. A Lacédémone on comptoit autant de soldats que de citoyens.

IV. Denis l'ancien croyoit avoir autant

d'ennemis que de sujets. — Imilcon, général Carthaginois, remporta d'abord en Sicile autant de victoires qu'il livra de combats.

V. Abdalonyme n'ignoroit pas que le trône est environné d'autant de peines et d'inquiétudes que de plaisirs et d'honneurs.

VI. S. Flavien dit à l'empereur Théodose : prince, il ne tient qu'à vous d'avoir autant de statues vivantes qu'il y aura jamais d'hommes sur la terre.

336.e Règle : *Tàm prudens est quàm fortis*, et autres règles.

I. Saint Jean Chrysostôme étoit aussi pieux qu'éloquent. — S. Augustin étoit aussi humble que savant.

II. Philippe, roi de Macédoine, étoit aussi éloquent qu'habile dans la guerre.

III. Manassès, fils et successeur d'Ezéchias, se montra d'abord aussi impie que cruel.

IV. Annibal étoit aussi habile dans la politique que dans l'art militaire. — Jugurtha passoit pour être aussi rusé que courageux.

V. Plutarque dit que les Athéniens étoient aussi faciles à calmer que prompts à se mettre en colère.

VI. Ce qui fait honneur à Alexandre, c'est de s'être montré aussi clément envers les vaincus, que libéral envers ses soldats. — La colère de Théodose étoit aussi facile à apaiser qu'elle étoit prompte.

337.e Règle : *Tantùm te amo, quantùm me amas*, et autres règles.

I. Les Thébains vantoient autant Epaminondas que les Athéniens vantoient Aristide.

II. Les Carthaginois détestoient autant les Romains que les Romains détestoient les Carthaginois.

III. Timoléon aimoit autant sa patrie qu'il détestoit les tyrans.

IV. Sisygambis paroissoit chérir Alexandre autant qu'il étoit chéri d'Olympias sa mère. — Artaxerxe chérissoit autant son épouse que Parisatis aimoit peu sa belle-fille (1).

V. Alexandre fut autant regretté des Perses qu'il fut regretté des Macédoniens eux-mêmes. — Les Romains admiroient autant l'éloquence de Cicéron que les Athéniens admiroient celle de Démosthène.

VI. Homère fait dire à Achille : je déteste les menteurs autant que je déteste les portes de l'enfer. — Régulus respectoit autant le serment que le satrape Tissapherne le respectoit peu (2).

---

(1) Pour cette phrase et la dernière, contenue dans la Règle 337.e, il est à propos de consulter la Règle 339.e, pour l'appliquer à ces deux phrases, mais avec modification.

(2) Voyez la 339.e Règle, pag. 273.

338.e Règle : *Tanti te facio, quanti me facis*, et autres règles.

I. Alexandre chérissoit autant son maître Aristote que Philippe l'estimoit.

II. Cyrus étoit autant chéri qu'estimé dans la cour d'Astiage, son grand-père.

III. Malheur à nous qui n'estimons pas autant les biens du ciel que le monde estime ceux de la terre.

IV. Alexandre, après avoir vaincu Porus, le chérit autant qu'il l'estima.

V. Le démon avoit tellement aveuglé le perfide Judas, qu'il n'estima pas autant J. C. que le parfum de Marie.

VI. Ce qui piqua vivement Annibal, ce fut d'apprendre que le champ où il étoit campé, à la porte de Rome, venoit de se vendre autant qu'il se seroit vendu dans toute autre conjoncture. — Je ne doute point qu'Epaminondas n'ait été aussi chéri et aussi estimé à Thèbes, qu'Aristide étoit chéri et estimé à Athènes (1).

339.e Règle : *Tuâ tàm magni refert quàm parvi meâ*, et autres règles.

I. Les Grecs estimoient autant la danse et la musique que les Romains en faisoient peu de cas.

II. Cicéron estimoit autant les belles-lettres que Marius en faisoit peu de cas.

---

(1) Je vous aime et estime autant que j'aime et que j'estime votre frère. *Tantùm te amo, tantique facio, quantùm amo quantique facio tuum fratrem.*

III. Aujourd'hui on estime autant l'argent qu'on l'estimoit peu autrefois à Lacédémone. — Le fier Artaban, roi des Parthes, estima autant Caligula au commencement de son règne, qu'il avoit peu estimé Tibère auquel il succédoit.

IV. Les Romains, sur la fin de la république, estimoient autant les richesses que leurs ancêtres en avoient fait peu de cas.

V. La poésie, les belles-lettres et la philosophie étoient aussi estimées à Athènes et à Rome qu'elles l'étoient peu à Carthage. — Alexandre faisoit autant de cas d'Homère que l'empereur Adrien l'estimoit peu.

VI. Combien la noblesse des enfans de Dieu n'est-elle pas plus estimable que la noblesse des enfans des hommes! pourquoi donc la plupart des hommes estiment-ils autant la seconde qu'ils estiment peu la première ?

340.e Règle : *Quantùm prospicere possum*, et autres règles.

I. Autant qu'il le put, Titus exhorta les Juifs à la paix.

II. Autant qu'il lui étoit possible, Marc-Aurèle cachoit et excusoit les vices de Lucius-Vérus son collègue.

III. Autant que je puis le conjecturer, disoit un rhéteur, Tibère sera porté à répandre le sang.

IV. Autant que je puis percer dans l'avenir, disoit Alexandre à ses généraux, je prévois que vous célébrerez mes funérailles par de sanglantes batailles. — Autant que Joab pouvoit le prévoir, le dénombrement qu'ordonnoit David, devoit attirer quelque grand châtiment sur Israel.

V. Autant qu'on peut le connoître par l'histoire, le peuple romain et les autres nations étoient en paix, lorsque J. C. vint au monde. — Autant que je puis prévoir, disoit Albert à ses disciples, Thomas sera un trésor de lumière, et les doctes mugissemens de celui que vous appelez Bœuf-Muet, retentiront un jour par tout le monde.

VI. Autant que je puis le pressentir, disoit le rhéteur Molon, je crains que, par Cicéron, les Romains un jour ne l'emportent sur les Grecs pour le génie et l'éloquence. — Autant que je puis pénétrer dans le cœur de César, disoit Sylla, je ne doute point qu'un jour il ne ruine le parti des grands ; car je vois que dans cet enfant il y a plusieurs Marius.

241.e RÈGLE : *Autant*, *aussi*, à la fin d'une phrase, s'expriment par *tantumdem*, *totidem*, *item*, *tantidem*, etc.

I. SALOMON avoit fait paroître beaucoup de sagesse : Roboam n'en montra pas autant. — Paul Emile étoit fort prudent ; Varron, son collègue, ne l'étoit pas autant. — Combien Jacob eut-il de fils ? douze. Combien J. C. eut-il d'Apôtres ? autant.

II. Numa Pompilius montra beaucoup de

piété : Romulus n'en avoit pas montré autant. — Pyrrhus ayant renvoyé les prisonniers romains sans rançon, les Romains lui en envoyèrent autant. — L'empereur Antonin étoit fort généreux ; Faustine, son épouse, ne l'étoit pas autant.

III. Titus fut chéri de tous les Romains ; Domitien son frère ne le fut pas autant. — David avoit été un roi belliqueux ; Salomon son fils ne le fut pas autant. — Combien compte-t-on de petits Prophètes ? douze. Et combien d'Apôtres ? autant.

IV. Auguste, empereur, fut estimé de tous les Romains ; Tibère qui lui succéda ne le fut pas autant. — Jacob étoit cher à Rébecca sa mère ; Esaü ne l'étoit pas autant. — Combien de prisonniers le consul Posthumius offroit-il à Coriolan ? dix. Et combien de chevaux ? autant.

V. Caton étoit fort économe : Scipion dont il fut questeur ne l'étoit pas autant. — Les troupes des Grecs étoient fort estimées ; celles des Perses ne l'étoient pas autant. Combien S. Jean vit-il de trônes autour du trône de l'Agneau ? vingt-quatre. Et combien de vieillards ? autant.

VI. La guerre contre les Babyloniens étoit juste, disoit Artaban à Darius, c'est à vous de juger si celle des Scythes l'est autant. — Cyrus fut estimé de tous les Perses ; il s'en faut bien que son fils le fût autant. — Samson dit aux trente jeunes hommes qui l'accompagnoient : si pendant les sept jours du festin, vous m'expliquez l'énigme que je vais vous proposer, je vous donnerai trente habits; si vous ne le pouvez, vous m'en donnerez autant.

341.e Règle : Supplément à la Règle : *Autant* signifiant *la même chose*, s'exprime par *idem*, *item*.

I. L'armée proclama Adrien empereur; et le sénat en fit autant.

II. Commode n'osant se fier à un barbier, se brûloit la barbe : Denis, le tyran, en avoit fait autant.

III. Un homme se vantant de boire beaucoup sans s'enivrer, Aristippe lui répondit : un mulet en fait autant.

IV. Sextius, avant de se coucher, se demandoit à lui-même de quel vice il s'étoit corrigé ce jour-là, et en quoi il étoit devenu meilleur : Sénèque en faisoit autant.

V. Le bruit s'étant répandu qu'Absalon avoit tué tous les enfans du roi, David déchira ses habits, et se jeta par terre; tous ceux qui étoient auprès de lui en firent autant.

VI. Un poète ayant lu une pièce de vers qu'il avoit composée, un de ceux qui la lui avoient entendu lire, se mit à la réciter par cœur, et prétendit que cette pièce étoit à lui, vu que le poète n'en pouvoit faire autant. — Elie dit aux prêtres de Baal : choisissez un bœuf que vous couperez pas morceaux, sans mettre du feu par-dessous, et moi, de mon côté, j'en ferai autant.

342.e Règle : *Qu'homme du monde*, *que chose du monde*, après *autant*, *aussi*, et autres règles.

I. Alexandre étoit aussi bouillant qu'homme du monde.

II. Sardanapale étoit aussi voluptueux qu'homme du monde. — Louis IX étoit aussi affable et bienfaisant que qui que ce soit.

III. Annibal étoit aussi habile qu'homme du monde dans l'art de la guerre. — Cambyse, fils de Cyrus, aimoit le vin autant que chose du monde.

IV. Gillias d'Agrigente passoit pour être aussi libéral que qui que ce soit. — Aristide et Phocion détestoient le mensonge autant que quoi que ce soit.

V. Caton d'Utique se distingua autant que qui que ce soit par l'amour fraternel. — Régulus respectoit le serment autant que chose du monde.

VI. Xantippe, épouse de Socrate, étoit aussi bizarre que femme du monde. — Evagore (1), roi de Salamine, détestoit la fourberie autant que quoi que ce soit.

(1) Père de Nicoclès.

342.e RÈGLE : * *Que jamais... qu'en aucun lieu du monde*, après *autant*, *aussi*, et autres règles.

I. CHEZ les Ethiopiens la justice s'observoit aussi exactement qu'en aucun lieu du monde.

II. Athènes, après avoir recouvré sa liberté, montra autant de courage que jamais.

III. Chez les Perses le mensonge étoit aussi détesté qu'en aucun lieu du monde.

IV. Socrate, condamné à mort, fut conduit en prison où il passa trente jours aussi tranquille que jamais.

V. On dit qu'à Lacédémone on avoit pour les vieillards autant de respect qu'en aucun lieu du monde. — Conon, secondé par les Thébains, releva en peu de temps les murs d'Athènes, et cette ville devint aussi redoutable que jamais à ses ennemis.

VI. Nabuchodonosor, après avoir vécu sept ans comme les bêtes, remonta sur le trône, et devint aussi puissant que jamais. — Les pères et les mères étoient respectés en Perse autant qu'en aucun lieu du monde.

343.e Règle : *Qu'homme du monde*, *qu'en aucun lieu du monde*, après *autant*, *aussi*, avec un verbe de prix ou d'estime, etc.

I. Cicéron estimoit les livres autant que qui que ce soit.

II. La liberté chez les Grecs étoit aussi estimée qu'en aucun lieu du monde.

III. Alexandre prisoit les œuvres d'Homère autant que qui que ce soit.

IV. On faisoit aussi peu de cas de l'argent à Lacédémone qu'en aucun lieu du monde.

V. Les sciences étoient aussi estimées à Athènes qu'en aucun lieu du monde.

VI. Les martyrs qui ont mieux aimé être livrés aux flammes que d'y jeter les livres sacrés, ont prouvé clairement qu'ils estimoient ces livres autant que chose du monde. — Ne doutez pas que Turenne ne fût autant chéri et autant estimé des Français que qui que ce soit (1).

344.e Règle : *Autant*, répété, etc.

I. Autant Saül haïssoit David, autant Jonathas le chérissoit. — Autant de passions, autant de bourreaux. — Autant Carthage fut foible au commencement, autant elle devint puissante dans la suite.

II. Autant J. C. nous a aimés, autant nous devons aimer nos frères. — Dans l'armée

---

(1) Consultez la note pour la règle 338.e

l'Annibal, autant d'hommes, autant de soldats. — Autant Socrate étoit doux, autant son épouse étoit colère et querelleuse.

III. Autant l'avare estime les richesses, autant nous devons estimer la vertu. — Autant Cyrus avoit de soldats, autant il comptoit d'amis. — Autant Denis l'ancien avoit été vif et entreprenant, autant Denis le jeune fut paisible et tranquille.

IV. Autant le roi Ezéchias montra de zèle pour défendre la religion de ses pères, autant il montra de courage pour faire la guerre. — Autant il y aura d'élus dans le ciel, autant il y aura de rois. — Autant Démosthène étoit estimé à Athènes, autant Cicéron fut estimé à Rome.

V. Autant les Egyptiens ressentoient de chagrin, lorsqu'ils perdoient leur dieu Apis, autant ils ressentoient de joie, lorsqu'ils lui avoient trouvé un successeur. — Autant de démons, autant d'ennemis de l'Eglise; et autant d'Anges dans le ciel, autant de protecteurs. — Autant Caton étoit sévère et inflexible contre les vices, autant il étoit tendre et humain pour ses parens.

VI. Autant nous estimerons les biens du ciel qui sont ineffables et éternels, autant nous estimerons la grâce de J. C. qui nous les a mérités. — Autant il y avoit de citoyens à Lacédémone, autant on y comptoit de soldats. — Autant Turenne étoit habile dans l'art militaire, autant il étoit modeste dans le succès. — Autant la cavalerie des Lacédémoniens l'emportoit pour le nombre sur celle des Thébains, autant la dernière l'emportoit sur la première pour l'habileté et la valeur. — Autant les Athéniens vantoient et estimoient les ouvrages de Démosthène, autant les Romains vantoient et estimoient ceux de Cicéron (1).

345.e Règle : *Eò modestior est quò doctior*, et autres règles.

I. Le poison de la flatterie est d'autant plus dangereux qu'il est plus subtil. — Saint Augustin étoit d'autant plus humble qu'il étoit plus savant.

II. Epaminondas étoit d'autant plus vertueux, qu'il étoit plus pauvre.

III. Cratère portoit d'autant plus envie à Philotas, que Philotas avoit plus de crédit auprès d'Alexandre.

IV. Nicoclès, roi de Salamine, se distingua par la tempérance, vertu d'autant plus admirable dans les princes qu'elle y est plus rare.

V. Il y a des plantes dont les fruits sont d'autant plus doux, que les racines en sont plus amères : il en est de même de la vertu.

VI. Le fils de Darius, encore enfant, étoit d'autant plus digne de compassion, qu'il sentoit moins des maux qui le regardoient plus que tout autre.

---

(1) Consultez la note pour la règle 338.e

46.e RÈGLE : *Id eò mirabilius visum est, quòd à nemine expectabatur*, etc.

I. ALEXANDRE étoit d'autant plus hardi [u'il étoit toujours heureux.

II. Saint Athanase étoit d'autant plus ligne de l'épiscopat, qu'il s'étoit caché pour viter cette dignité.

III. Aristide et Epaminondas étoient d'au- ant plus estimables, qu'ils oublioient les in- ures de leurs concitoyens.

IV. Artaxerxe, roi des Perses, apprenant jue Datame s'étoit révolté, fut d'autant plus ffrayé, qu'il connoissoit sa valeur.

V. Darius apprenant par un eunuque la nort de son épouse, fut d'autant plus affligé, ju'il la croyoit privée des obsèques dues à sa jualité de reine.

VI. L'Hydaspe, fleuve de l'Inde, effrayoit l'autant plus les Macédoniens, qu'il avoit juatre stades ou 400 toises de largeur, et étoit partout si profond, qu'il ressembloit à ıne mer.

347.e RÈGLE : *A proportion que*, etc.

I. UN Chrétien est plus fort, à proportion qu'il est plus humble.

II. Nous devenons plus chers à Dieu, à proportion que nous devenons plus odieux au monde.

III. Les hommes devenoient plus méchans, à proportion qu'ils s'éloignoient plus de leur origine.

IV. La religion de J. C. sera plus belle à nos yeux, à proportion que nous la connoîtrons mieux.

V. Denis l'ancien se faisoit un plus grand nombre d'ennemis, à proportion qu'il se montroit plus cruel.

VI. Philippe, connu pour sa fourberie, se croyoit plus habile, à proportion qu'il étoit plus perfide.

348.e Règle : *Plus ou moins répétés*, et autres règles.

I. Plus vous serez charitable envers les pauvres, plus vous serez riche aux yeux de Dieu.

II. Plus J. C. faisoit de miracles, plus la haine des Pharisiens augmentoit.

III. Plus on opprimoit les Israélites, plus le nombre en croissoit de jour en jour.

IV. Plus Alexandre subjuguoit de provinces, plus il désiroit celles qu'il ne possédoit pas.

V. Plus Pilate faisoit d'efforts pour délivrer Jésus, plus ses ennemis montroient de rage contre lui.

VI. Caton aima mieux être homme de bien que de le paroître; et plus il fuyoit la gloire, plus il en acquéroit.

349.e Règle : *Plus on, plus une chose*, et autres règles.

I. Plus on est bienfaisant, plus on est héri de tout le monde.

II. Plus on est reconnoissant envers Dieu, lus on reçoit de lui de grâces abondantes.

III. Dans le royaume de J. C., plus on onne, plus on s'enrichit. — Plus une chose st précieuse, plus on doit la garder soigneu-ement.

IV. Plus on est riche, dit un poète, plus n compte d'amis. — Plus une chose est are, plus elle est estimée.

V. Plus on soulage de pauvres, plus on e procure de protecteurs dans le ciel. — 'lus une chose est difficile, plus elle pro-ure de gloire.

VI. On conseilloit à Diogène de se reposer lans sa vieillesse ; mais il répondit que plus n approchoit du but, moins on devoit se elâcher. — Plus une chose est pernicieuse, lus on doit être soigneux à s'en abstenir.

50.e Règ. : *Ut quisque est vitiosissimus, ità miserrimus est*, et autres règles.

I. Plus on est humble, plus on est agréa-le à J. C.

II. Plus on est homme de bien, plus on st estimé.

III. Pour l'ordinaire, plus on est savant, lus on est orgueilleux.

IV. Plus on est inconstant, plus on est malheureux.

V. Plus on est misérable en ce monde, plus on sera heureux dans l'autre, si on souffre patiemment.

VI. Plus on est docile, moins on a de peine à obéir.

Le plus, le moins, devant un adjectif.

351.e Règle : *Omnium doctissimus*, ou *maximè doctus... omnium minimè doctus*, et autres règles.

I. Louis IX a été le plus saint des rois de France. — Domitien n'a pas été le moins cruel des empereurs romains.

II. Saint Augustin passe pour le plus érudit des docteurs de l'Eglise, et il n'est pas certainement le moins éloquent de tous.

III. On regarde saint Jean Chrysostôme comme le plus éloquent des SS. Pères. — Tibère n'a pas été le moins artificieux des empereurs romains.

IV. Artaxerxe étoit assez vain pour se croire le plus beau de tous les Persans. — Personne ne dira que Fabius ait été le moins prudent des généraux romains.

V. Saül fut trouvé le plus grand de tous les Israélites que Samuel avoit assemblés pour élire un roi. — Il s'en faut bien que Sévère ait été le moins belliqueux des empereurs romains.

VI. Annibal donna à entendre que Scipion

toit le plus habile de tous les généraux. — luma Pompilius fut le moins belliqueux de ous les rois de Rome.

Le plus, *le moins* avec un verbe ordinaire.

52.e Règle : *Puer quem omnium maximè* ou *minimè omnium diligo*, etc.

I. Joseph et Benjamin étoient ceux des nfans de Jacob qu'il chérissoit le plus.

II. Memnon n'étoit pas celui des généraux le Darius qu'Alexandre redoutât le moins.

III. Saint Jean étoit celui des Apôtres que . C. chérissoit le plus.

IV. Jésus-Christ se cache quelquefois, nais non pour long-temps, à ceux qu'il aime e plus.

V. La bonté et la clémence sont celles les vertus d'Antonin que j'admire le plus. — Les citoyens que Domitien avoient le plus iaïs ne furent pas ceux que Trajan aima le noins.

VI. Caligula et Néron sont ceux des empereurs romains que nous détestons le plus. — Démosthène n'étoit pas certainement celui des orateurs que Philippe redoutât le moins.

Le plus, *le moins*, avec un verbe de prix ou d'estime.

353.e RÈGLE : *Puer quem plurimi* ou *minimi omnium facio*, et autres règles.

I. LES Saints ont méprisé ce que les partisans du monde estiment le plus.

II. Le nom de père de la patrie étoit le titre qu'Auguste estimoit le plus.

III. Le titre de roi est celui que Scipion prisoit le moins.

IV. Socrate et Platon sont ceux des philosophes païens qu'on estime le plus.

V. Caridème étoit celui des courtisans de Darius qu'il auroit dû estimer le plus.

VI. De tous les orateurs, tant grecs que latins, Démosthène et Cicéron sont ceux qu'on estime le plus.

354.e RÈGLE : *Le plus*, *le moins*, devant un adjectif ou un adverbe, suivis d'un *que*... adverbe, et autres règles.

I. SOYEZ le plus affable que vous pourrez.

II. Soyez le moins babillard que vous pourrez.

III. Soyez le plus bienfaisant que vous pourrez.

IV. Soyez le moins opiniâtre que vous pourrez.

V. Denis, se défiant de ses sujets, sortoit le plus rarement qu'il pouvoit.

VI. Paul Emile n'ayant pu empêcher

Varron

'arron d'en venir aux mains, accourut le lus diligemment qu'il put à son secours, et le econda le mieux qu'il lui fut possible.

55.e RÈGLE : *Le plus*, *le moins*, devant un substantif singulier suivi d'un *que* adverbe, etc.

I. ENFANS, témoignez à vos parens le plus 'affection que vous pourrez.

II. L'empereur Constantin témoignoit aux vêques et aux prêtres le plus de respect u'il pouvoit.

III. Alexandre poursuivit les meurtriers de arius avec le plus de célérité qu'il put.

IV. Alexandre traita les reines captives vec le plus de bonté qu'il put.

V. Le collègue de Brutus le fit enterrer vec le plus de pompe qu'il put.

VI. Alexandre fit célébrer les funérailles Ephestion avec le plus de magnificence u'il lui fut possible.

56.e RÈGLE : *Le plus*, *le moins*, devant un substantif pluriel, suivi d'un *que* adverbe, et autres règles.

I. CICÉRON ramassoit le plus de livres qu'il ouvoit.

II. Saint Jean, patriarche d'Alexandrie, ourrissoit le plus de pauvres qu'il pouvoit.

III. Xerxès voulant asservir la Grèce, conuisit avec lui le plus d'hommes qu'il put. —

L'avare dépense le moins d'écus qu'il peut.

IV. L'empereur Théodose condamnoit à mort le moins d'hommes qu'il pouvoit. — Samson rassembla le plus de renards qu'il put, pour mettre le feu aux champs des Philistins.

V. Samson en mourant fit périr le plus de Philistins qu'il put.

VI. Evagore, roi de Salamine, ayant à combattre contre le roi des Perses, rassembla le plus de troupes et le plus de vaisseaux qu'il put.

357.e RÈGLE : *Le plus*, *le moins* devant un adjectif, suivi d'un *qui* ou *que* relatif, et autres règles.

I. SOCRATE est le philosophe le plus célèbre que vante l'histoire ancienne.

II. Samson est l'homme le plus robuste qui ait jamais existé.

III. Cicéron est l'orateur le plus éloquent qu'ait enfanté l'Italie.

IV. Homère est le poète le plus illustre qu'on ait jamais vu.

V. On regarde Annibal comme le général le plus rusé qui ait jamais existé.

VI. Je ne crains pas d'assurer que Timon dont parle Cicéron, fut l'homme le plus bizarre qui ait jamais existé.

358.e Règle : *Tant... que...* pouvant se tourner par *autant que*, etc.

I. Démosthène n'avoit pas tant de bravoure que d'éloquence. — Philippe ne subjugua pas tant de peuples qu'Alexandre.

II. La femme de Job ne montra pas tant de patience que ce saint patriarche. — Les Grecs n'avoient pas tant de troupes que Xerxès ; cependant ce roi fut obligé de prendre la fuite.

III. David ne montra pas tant de sévérité envers Absalon que Saül envers Jonathas. — Alexandre n'avoit pas tant d'hommes que Darius ; mais ses soldats étoient plus aguerris. — Nul empereur ne fut tant regretté que Titus.

IV. Caton ne buvoit pas tant de vin que d'eau. — Dès que Fabius eut été mis à la tête des troupes romaines, Annibal ne remporta pas tant de victoires qu'auparavant. — Il s'en falloit beaucoup que Lucius-Vérus fût tant estimé que Marc-Aurèle son collègue.

V. Nulle contrée ne produit tant de blé que l'Egypte. — Gédéon n'avoit pas tant de soldats que les Madianites ; il ne laissa pas de remporter la victoire. — Il s'en fallut bien que Domitien fût tant chéri des Romains que Titus son frère.

VI. Numa n'avoit pas tant de bravoure que Romulus ; mais Romulus ne montra pas tant de piété que Numa. — Nul siége ne coûta la vie à tant d'hommes que celui de

Jérusalem. — Il s'en falloit beaucoup que Tibère fût tant estimé que Marcellus qui auroit succédé à Auguste, si une mort prématurée ne l'eût enlevé aux Romains.

359.e Règle : *Tant...* devant un comparatif, et autres règles.

I. Les Romains subjuguèrent tout l'univers, tant ils étoient plus vaillans que les autres peuples.

II. Fabius arrêta l'impétuosité d'Annibal, tant il se montra plus prudent et plus habile que ses prédécesseurs.

III. Alexandre ne cachoit rien à Ephestion, tant il le chérissoit plus que les autres courtisans.

IV. Tous les jeunes gens couroient chez Socrate, tant il étoit plus savant que tous les autres philosophes.

V. Pharaon mit Joseph à la tête de toute l'Egypte, tant il le trouva plus sage que tous les Egyptiens. — Les Carthaginois, sous la conduite de Xantippe, remportèrent sur les Romains une éclatante victoire, tant ce général lacédémonien étoit plus habile que les généraux carthaginois.

VI. Après la mort de Memnón, Darius résolut de commander lui-même ses troupes, tant il faisoit plus de cas de Memnon que de tous ses autres généraux. — Quelqu'un ayant dit à Pélopidas qu'Alexandre de Phères arrivoit avec une grosse armée : tant mieux, lui répondit cet intrépide général, nous en battrons un plus grand nembre.

360.e Règle : Si *tant*... ne peut se tourner par *autant*, le *que* s'exprime par *ut* avec le subjonctif, etc.

I. Tous les enfans de Tobie persévérèrent dans une vie sainte avec tant de fidélité, qu'ils furent aimés de Dieu et des hommes.

II. Les Macédoniens fondirent avec tant d'impétuosité sur les Scythes, que ceux-ci s'enfuirent à toute bride.

III. L'arrivée de Thémistocle en Perse causa tant de joie au roi Artaxerxe, qu'il s'écria trois fois, tout endormi : j'ai Thémistocle l'Athénien.

IV. Alexandre prisoit tant les ouvrages d'Homère, que toutes les nuits il les mettoit avec son épée sous son chevet. — Darius fut criblé de tant de traits, que peu de temps après il en mourut.

V. Phaméas, chef de la cavalerie carthaginoise, faisoit tant de cas de Scipion, qu'il quitta le parti des Carthaginois pour embrasser celui des Romains.

VI. Philippe maintenoit la discipline militaire avec tant de sévérité, qu'un soldat qui mouroit de soif étant sorti des rangs pour la soulager, il le fit châtier rudement.

361.e Règle : *Tant que....* signifiant *tandis que*, et autres règles.

I. Tant que je vivrai, disoit Jacob, je pleurerai mon fils Joseph qu'une bête cruelle a dévoré.

II. Tant que Carthage subsistera, disoit souvent Caton, Rome ne sera pas en sûreté.

III. Tant que le jour dura, les Macédoniens poursuivirent les Scythes qu'ils avoient mis en fuite.

IV. Tant qu'Alexandre eut en tête Memnon Rhodien, il put se glorifier d'avoir vaincu un ennemi digne d'Alexandre.

V. Solon étoit persuadé qu'un homme, tant qu'il vit, ne devoit pas être mis au nombre des heureux.

VI. Fabricius étoit riche sans argent, parce qu'il étoit persuadé que tant qu'il pourroit résister à ses passions, jamais rien ne lui manqueroit.

362.e Règle : *Tant.... que*, signifiant *non-seulement... mais encore*, etc.

I. Tous les citoyens d'Athènes, tant pauvres que riches, avoient droit de suffrage dans les assemblées du peuple.

II. Tous les Romains, tant les femmes que les hommes, rejetèrent les présens de Pyrrhus.

III. Marc-Aurèle remercioit les Dieux d'avoir donné d'excellens maîtres tant à lui qu'à ses enfans.

IV. Cicéron s'est immortalisé tant par son éloquence que par son zèle pour la république.

V. Amilcar, père du fameux Annibal, se distingua parmi les généraux carthaginois, tant par la bravoure que par la prudence.

VI. On trouvoit à Carthage beaucoup d'ouvrages, tant de peinture que de sculpture : ce n'est pas que les Carthaginois les eussent faits eux-mêmes, mais c'est qu'ils les avoient enlevés aux nations vaincues. — Callicratidas le disputoit à Lysandre tant pour le courage que pour la science militaire ; mais il l'emportoit de beaucoup sur lui pour les mœurs.

363.e Règle : *Non pas tant pour... que pour*, et autres règles.

I. Les Pharisiens couroient à J. C., non pas tant pour l'entendre que pour le tenter.

II. Plusieurs Saints travailloient de leurs mains, non pas tant pour gagner leur vie que pour soulager les pauvres.

III. Pilate fit fouetter J. C., non pas tant pour sévir contre lui que pour calmer la fureur des Juifs.

IV. Combien sont fous ceux qui font l'aumône non pas tant pour soulager J. C. dans ses membres, que pour être honorés des hommes !

V. Le roi Sapor fit publier par un crieur public qu'Usthazade, intendant de sa maison, avoit été mis à mort comme Chrétien, non pas tant pour favoriser Usthazade qui lui avoit demandé cette grâce, que pour épouvanter les autres Chrétiens.

VI. Alexandre étoit passionné pour Homère, et il lisoit ce poète, non pas tant pour se délasser, que pour puiser dans ses ouvrages des sentimens dignes d'un grand roi.

364.e Règle : *Tant... tant il est vrai que*, et autres règles.

I. Alexandre seul put monter Bucéphale, tant ce cheval étoit ombrageux.

II. Xerxès fut obligé de prendre la fuite, tant les Grecs l'emportoient sur les Perses pour la bravoure. — Turenne fut regretté de tous les Français, tant il en étoit estimé.

III. Cicéron ne pouvoit lire la fin tragique de Théramène condamné à boire la ciguë, sans verser des larmes, tant il admiroit sa grandeur d'ame.

IV. Peu s'en fallut que Coriolan et Tullus-Attius ne missent Rome à feu et à sang, tant ils étoient irrités l'un et l'autre contre cette ville.

V. Après la défaite de Régulus, les Romains n'osoient tenter aucun combat sur terre contre les Carthaginois, tant ils étoient épouvantés à la seule vue des éléphans.

VI. Les éléphans, qui le croiroit? dépouillent leur férocité pour rendre à leur maître le service des esclaves, tant il est vrai que les animaux les plus féroces se laissent gagner par les bienfaits.

365.e Règle : *Si... que* pouvant se tourner par *aussi*, etc.

I. Le bouc ne fut pas si rusé que le renard.

II. Varron n'étoit pas si prudent que Paul-Emile.

III. Thémistocle ne se montra pas si équitable qu'Aristide.

IV. Pilate ne fut pas si acharné contre J. C. que les princes des Prêtres et les Pharisiens.

V. Il s'en fallut beaucoup que Tibère fût si chéri des Romains qu'Auguste son prédécesseur.

VI. Combien il s'en fallut que Domitien fût si estimé que Titus son frère !

366.e Règle : *Si....* ne pouvant se tourner par *aussi*, et autres règles.

I. Le parricide est un crime si horrible qu'il paroît renfermer tous les autres crimes.

II. S. Jérôme étoit si effrayé de la sainteté du sacerdoce qu'il n'en exerça jamais les fonctions.

III. Athalie étoit si cruelle, que pour s'emparer du trône, elle fit tuer les enfans du roi après sa mort. — Joseph étoit si estimé du roi Pharaon qu'il fut mis à la tête de toute l'Egypte.

IV. Les Carthaginois étoient si passionnés pour l'argent qu'ils ne rougissoient pas de marchander même le sang des soldats. — Daniel étoit si estimé du roi de Babylone qu'il habitoit toujours son palais.

V. Judas fut si perfide et si avare qu'il trahit son Maître, et le vendit aux Juifs trente deniers. — On fait si peu de cas d'un menteur qu'on ne le croit pas, lors même qu'il dit la vérité.

VI. Saint Jean Chrysostôme étoit si chéri et si estimé à Constantinople, que lorsque les soldats, par l'ordre de l'empereur, vinrent pour l'enlever, tout le peuple s'attroupa autour de l'église pour garder son pasteur.

367.e Règle : *Tanta est Dei bonitas ut, etc.*
Stella hæc tantula est ut, etc.
et autres règles.

I. L'amour de J. C. envers nous est si grand qu'il a souffert la mort la plus honteuse.

II. Mon fils, disoit Philippe à Alexandre, la Macédoine est si petite qu'elle ne peut suffire à un si grand roi.

III. La libéralité de Cimon l'Athénien étoit si grande qu'il ne faisoit point garder ses jardins et ses biens de campagne. — Il y a des animaux si petits qu'on ne peut les apercevoir qu'avec un microscope.

IV. L'opiniâtreté des Juifs est si grande, que depuis dix-huit siècles ils persistent dans leur incrédulité.

V. L'aveuglement des hommes est si grand, qu'ils ne font aucun cas de la gloire éternelle, et n'ambitionnent que les biens terrestres. — Antoine, évêque de Florence où il naquit, étoit d'une si petite taille qu'on le nomma Antonin.

VI. Philippe, au commencement de son règne, étoit d'une si grande sévérité qu'un soldat ayant posé ses armes, il le punit de mort sans miséricorde. — La femme de notre roi, disoient les Lacédémoniens, est si petite qu'elle ne nous donnera que des roitelets.

368.e Règle : *Non tanta est terra quantus sol, Hæc schola non tantula est quantula est nostra*, etc.

I. L'Asie n'est pas si grande que l'Amérique.

II. Les étoiles ne sont pas si petites qu'elles paroissent.

III. La Grèce n'étoit pas si grande que la Perse ; cependant la Perse fut subjuguée par la Grèce.

IV. Alexandre, la Perse n'est pas si petite que la Macédoine, cependant après l'avoir conquise, tu ne seras pas encore content.

V. Quoique David ne fût pas si grand que Goliath, il ne laissa pas de le terrasser.

VI. Combien il s'en faut que le lion soit si petit qu'un moucheron! Le premier cependant devient quelquefois la pâture du second.

369.e Règle : *Assez* suivi de *pour*, etc.

I. Nous avons été assez inhumains, disoient les enfans de Jacob, pour ne point écouter notre frère.

II. Darius se croyoit assez puissant pour écraser l'ennemi.

III. Gamaliel étoit assez estimé pour que tous les sénateurs suivissent son avis. — Ochus fut assez barbare pour faire enterrer vive sa propre sœur Ocha dont il avoit épousé la fille.

IV. Scipion Emilien eut assez de générosité pour abandonner tout entier à son frère Fabius l'héritage de leur père.

V. Le superbe Antiochus qui d'abord s'étoit cru assez puissant pour peser dans une balance les plus hautes montagnes, reconnut enfin qu'il étoit mortel. — Régulus étoit assez estimé pour qu'on suivît son avis touchant le rachat des prisonniers.

VI. Philippe fut assez adroit pour corrompre, à force de présens, les ambassadeurs d'Athènes, à l'exception de Démosthène. — On estimoit assez Aristide pour qu'on rejetât unanimement le conseil de Thémistocle même sans le connoître.

370.e Règle : *Assez peu* suivi de *pour*, et autres règles.

I. Pélopidas fut assez peu prudent pour se fier au plus féroce des hommes (1).

II. Les Syracusains eurent assez peu de pudeur pour chasser honteusement Dion qui leur avoit rendu de grands services.

III. Les Romains avoient assez peu d'humanité pour se plaire à voir couler le sang des gladiateurs.

IV. Alexandre fut assez peu sensé pour faire bâtir à l'honneur de son cheval une ville qu'il appela Bucéphalie. — Phocion faisoit assez peu de cas des dignités pour ne pas les briguer.

V. Denis l'ancien, aussi mauvais poète qu'habile capitaine, avoit assez peu de modestie pour s'imaginer que ses vers lui faisoient plus d'honneur que toutes ses victoires. — Aristide faisoit assez peu de cas des richesses pour ne pas les rechercher.

VI. Le roi de Babylone étoit assez peu sensé pour croire qu'une idole de bronze mangeoit tous les jours douze mesures de farine et quarante moutons. — Epaminondas faisoit assez peu de cas de la gloire pour n'en être pas plus avide que des richesses. — S. Louis, évêque de Toulouse, avoit fait assez peu de cas de la couronne de Naples pour la refuser.

(1) Alexandre de Phères.

371.e Règle : *Trop.... pour*, etc.

I. Mon crime est trop grand, disoit le malheureux Caïn, pour que Dieu me pardonne.

II. Je suis trop grand, disoit Sénèque, pour me rendre l'esclave de mon corps.

III. Carthage étoit trop jalouse pour confier le commandement de ses troupes à des capitaines étrangers. — Les martyrs faisoient trop de cas des saintes Ecritures pour les livrer aux flammes.

IV. Jugurtha avoit commis trop de crimes pour que les Romains eussent compassion de lui. — Datames jouissoit d'une trop brillante réputation à la cour du roi des Perses pour que les courtisans ne lui portassent pas envie.

V. Dieu dit à Gédéon : vous avez trop de soldats pour remporter la victoire. — Philippe fut mis à la place d'Amynthas beaucoup trop jeune pour pouvoir défendre le royaume contre tant d'ennemis.

VI. Epaminondas estimoit trop la pauvreté pour se laisser corrompre par des présens. — Les Spartiates défendirent aux Athéniens de recevoir dans leur ville les Thébains bannis, et de les secourir; mais les Athéniens avoient trop d'humanité pour avoir égard à une telle défense.

372.e RÈGLE : *Trop peu... pour, pas assez... pour*, et autres règles.

I. L'EMPEREUR Claude avoit trop peu d'esprit pour gouverner un empire. — Saint Louis ne faisoit pas assez de cas du titre de roi, pour le préférer au titre de Chrétien.

II. Vespasien avoit trop peu d'ambition pour aspirer à l'empire. — Moïse n'estimoit pas assez la qualité de petit-fils de Pharaon, pour la préférer au titre de serviteur du vrai Dieu.

III. Fabricius estimoit trop peu l'or et l'argent pour accepter les présens de Pyrrhus. — Julien qui succéda à Pertinax, et qui acheta l'empire, n'étoit pas assez modeste pour s'en reconnoître indigne.

IV. Saül dit à David : vous avez trop peu de forces pour combattre avec le plus robuste des hommes. — Scipion Nasica croyoit que les Carthaginois n'étoient pas assez forts pour subjuguer les Romains, et qu'ils l'étoient trop pour en être méprisés.

V. Scipion faisoit trop peu de cas du titre de roi pour l'accepter lorsqu'on le lui offrit. — Les soldats de Judas lui conseillèrent en vain de ne pas livrer bataille, disant qu'ils n'étoient pas assez nombreux pour faire face à l'ennemi.

VI. L'empereur Adrien avoit trop peu de modestie pour céder à ceux qui étoient plus savans que lui. — Artabaze et les Grecs qui étoient trop dévoués à Darius pour approuver la noire perfidie de Bessus, mais qui n'étoient pas assez forts pour l'empêcher, quittèrent le grand chemin, et se retirèrent vers les montagnes.

373.e Règle : *A peine... que*, etc.

I. A peine Josué eut-il parlé que le soleil s'arrêta.

II. A peine Alexandre eut-il expiré, que tout le palais retentit de plaintes et de gémissemens.

III. L'homme naît comme une fleur qui à peine est éclose, qu'elle est foulée aux pieds.

IV. A peine les accusateurs de Daniel eurent-ils été jetés dans la fosse, qu'ils furent dévorés par les lions.

V. A peine les enfans de Jacob étoient-ils sortis de la ville, que Joseph envoya son intendant pour leur faire des reproches d'avoir volé sa coupe d'argent.

VI. A peine les Philistins eurent-ils vu tomber par terre Goliath, ce guerrier aussi insolent que téméraire, qu'étant saisis de crainte, ils prirent la fuite.

374.e Règle : Aussitôt que, pas plutôt que; *statim ut*, et autres règles.

I. Aussitôt que l'armée apprit la fin tragique de Virginie, elle créa dix tribuns militaires. — Les Anges orgueilleux ne se furent pas plutôt révoltés contre Dieu qu'ils furent chassés du ciel.

II. Aussitôt que César fut entré dans le sénat, les conjurés l'assaillirent. — Les enfans d'Israel n'eurent pas plutôt aperçu l'armée de Pharaon, qu'ils furent saisis de frayeur.

III. Aussitôt que la guerre contre les pirates fut achevée, Pompée marcha contre Mithridate. — Joseph n'eut pas plutôt appris l'arrivée de Jacob, qu'il alla au-devant de lui.

IV. Aussitôt que Coriolan aperçut sa mère, il s'écria: ô patrie! tu as vaincu mon ressentiment! — Annibal ne fut pas plutôt arrivé chez Prusias, roi de Bithynie, que ce prince déclara la guerre à Eumène, roi de Pergame, ami déclaré des Romains.

V. Aussitôt que J. C. eut expiré, les rochers se fendirent, le voile du temple se déchira et les tombeaux s'ouvrirent. — Tant que Darius anima ses troupes par sa présence, elles se défendirent vigoureusement; mais il n'eut pas plutôt pris la fuite qu'elles furent taillées en pièces.

VI. Aussitôt que le pontife Azarias et les autres prêtres virent le roi Ozias frappé de lèpre, ils le chassèrent promptement du temple. — Les soldats d'Alexandre n'eurent pas plutôt appris qu'il étoit atteint d'une maladie mortelle, qu'ils accoururent à son palais, demandant qu'il leur fût permis de le voir.

375.e Règle : *Plutôt* signifiant de meilleure heure, plus promptement, s'exprime par *maturiùs*, *citiùs*, *celeriùs*, etc.

I. Saint Pierre et S. Jean coururent au tombeau de J. C., et S. Jean arriva plutôt que S. Pierre. — La tortue arriva au but plutôt que le lièvre.

II. Démosthène, cet orateur célèbre, se levoit plutôt que les artisans. — La mort arrive toujours plutôt que nous ne pensons.

III. Abraham s'étant levé plutôt qu'à l'ordinaire, congédia Agar et Ismael. — La guerre contre Porsenna se termina plutôt qu'on ne l'avoit cru.

IV. Sévère arriva à Rome plutôt que Niger qui lui disputoit l'empire. — La guerre contre Pyrrhus fut achevée plutôt qu'on ne s'y étoit attendu.

V. Datame saisit Thyus et le conduisit à Artaxerxe plutôt que ce prince ne s'y étoit attendu. — Darius s'étant levé plutôt qu'à l'ordinaire, courut à la fosse aux lions où l'on avoit jeté Daniel.

VI. L'arrêt que Dieu prononcera plutôt que nous ne pensons, ou pour notre malheur éternel, ou pour notre éternelle béatitude, sera irrévocable. — Tibère, informé de la maladie de Drusus, arriva à Rome plutôt qu'Auguste ne s'y étoit attendu.

376.e Règle : *Plutôt* marquant la préférence... par *potiùs*, et autres règles.

I. Homère, dit Cicéron, est plutôt peintre que poète.

II. Eve n'eut pas honte de croire au démon plutôt qu'à Dieu.

III. Les Thébains apprenant l'accident d'Epaminondas qu'ils croyoient mort, paroissoient plutôt vaincus que victorieux.

IV. Usthazade qui avoit eu le malheur de trahir J. C. s'écria : que n'ai-je éprouvé tous les malheurs ensemble plutôt que d'adorer le soleil !

V. Les Egyptiens auroient souffert les plus cruels tourmens plutôt que de maltraiter un chat, un crocodile : à les en croire, c'eût été un sacrilége.

VI. je me souviens d'avoir lu dans quelque historien que S. Louis, roi de France, signoit Louis de Poissy plutôt que Louis de Reims (1).

377.e Règle : *Que* après les adverbes et les noms de temps, etc.

I. Du temps que Ferdinand régnoit, l'Amérique fut découverte. — La première fois que Noé but du vin, il s'enivra.

II. Un jour que Joseph étoit seul, la femme de Putiphar saisit le bord de son manteau, mais Joseph laissa son manteau et s'enfuit. — Un jour viendra que les Juifs embrasseront la religion de J. C.

---

(1) Il avoit été baptisé à Poissy et couronné à Reims.

III. Il y a eu des temps que les hommes se nourrissoient d'herbes comme les bêtes. — Philippe fut mis à mort dans le moment même que sa statue entroit dans le théâtre.

IV. Il n'y avoit que deux ans qu'Agésilas étoit à la tête de l'armée, et déjà son nom faisoit trembler les provinces de la haute Asie. — La première fois que les soldats romains virent des éléphans, ils furent étrangement effrayés. — La dernière fois que le tribun vint demander à Marc-Aurèle le mot du guet, il lui dit : allez au soleil levant, pour moi je me couche.

V. Ce fut à trois heures après midi que J. C. expira entre deux voleurs. — Il y eut un temps que Denis n'étoit plus le même qu'auparavant, tellement qu'on avoit de la peine à le reconnoître.

VI. Du temps que Lycurgue commandoit la ville de Lacédémone, on condamnoit à mort quiconque gardoit de l'or ou de l'argent dans sa maison. — La dernière fois que David s'entretint avec Jonathas, ils s'embrassèrent, et se jurèrent une amitié inviolable.

378.e Règle : *De* au commencement d'une phrase, et autres règles.

I. De tous les livres, il n'en est pas de comparable à l'Evangile.

II. De tous les courtisans d'Alexandre, aucun ne lui étoit plus cher qu'Ephestion.

III. De tous les biens humains, la bonne

éputation est le seul que la mort ne peut ious ravir.

IV. De tous les fleuves d'Orient, il n'en est ɔas de plus rapide que le Tigre. — De tous es animaux qu'adoroient les Egyptiens, le ɔœuf Apis étoit le plus célèbre.

V. De tous les Grecs, l'histoire ne cite ju'Aristide d'Athènes à qui sa rare probité iit mérité le surnom de juste.

VI. De tant de milliers de soldats que :ommandoit Agésilas, il n'y en avoit aucun jui eût une paillasse plus dure que celle sur aquelle il couchoit lui-même.

379.e Règle : *De* entre un nom et le présent de l'infinitif actif, etc.

I. Les Juifs disoient : le temps de rebâtir a maison du Seigneur n'est pas encore venu.

II. Les enfans de Jacob formèrent le projet de tuer Joseph leur frère.

III. Nous n'avons pas le temps de prier Dieu et de penser à l'autre vie, disent beaucoup de Chrétiens : malheur à eux! Ne trouvent-ils pas le temps de boire, de manger, de voyager, de danser, de se promener et de dormir?

IV. Tobie obtint du roi la liberté d'aller partout où il voudroit.

V. Aristippe ayant ouï parler de Socrate, conçut un si vif désir de l'entendre philosopher, qu'il devint tout maigre et tout pâle, jusqu'à ce qu'il eût contenté un désir si ouable.

VI. Cyrus ne négligeoit pas les moyens d'acquérir les richesses : ce n'est pas qu'il en fît beaucoup de cas ; mais c'est qu'il prenoit plaisir à les distribuer aux autres.

380.e Règle : *De* entre un nom et l'infinitif d'un verbe qui n'a point de gérondif, et autres règles.

I. Darius, dans la crainte d'être saisi vif par les ennemis, prit la fuite.

II, Sainte Hélène, mère de l'empereur Constantin, eut une grande joie d'avoir pu trouver la croix de J. C. qu'elle estimoit plus que tous les trésors du monde. — Saint Paul châtioit rudement son corps dans la crainte d'être réprouvé.

III. Le roi Agis reçut une réprimande de s'être absenté du repas public pour manger avec la reine son épouse. — Ste. Marcelle sortoit rarement, et surtout elle n'alloit point chez les dames de qualité, dans la crainte d'être obligée de voir dans leurs maisons ce qu'elle avoit méprisé.

IV. La crainte d'être privé de la sépulture a été cause que plusieurs rois d'Egypte se sont distingués par leur amour pour la justice. — Les martyrs avoient une grande joie d'être tourmentés et mis à mort pour J. C.

V. S. Pierre sortant de Rome pour éviter la mort qui le menaçoit, vit J. C. qui lui dit qu'il venoit à Rome dans le dessein d'être crucifié de nouveau. — Les Apôtres ressenoient une grande joie d'avoir été frappés de èrges pour J. C.

VI. S. Pierre, surnommé Gonçalès, quitta a cour d'Espagne dans la crainte d'être sé- luit par l'orgueil, après avoir triomphé de 'impureté. — Les athlètes, dans l'espérance l'être couronnés aux jeux Olympiques, s'abs- enoient des délices de la vie ; que ne de- ons-nous pas faire dans l'espérance d'être couronnés dans le ciel ?

381.e Règle : *De* suivi d'un infinitif pouvant se tourner par *si*, etc.

I. Dans l'Inde, les femmes se croient couvertes d'infamie de survivre à leurs maris.

II. Suivant Maharbal, Annibal auroit bien fait de marcher contre Rome après la bataille de Cannes.

III. Chez les Lacédémoniens, il étoit glorieux pour un soldat d'être rapporté dans sa patrie étendu sur son bouclier. — Darius auroit bien fait de suivre le conseil de Caridème.

IV. Que nous serions heureux de pleurer dans ce monde, pour n'être pas condamnés en l'autre à des larmes éternelles !

V. Chez les Grecs, et surtout chez les Lacédémoniens, il n'y avoit rien de plus diffamant pour un soldat que de revenir d'une bataille sans son bouclier.

VI. Quelqu'un représentant à Julie qui se paroit avec beaucoup de magnificence, qu'elle feroit beaucoup mieux d'imiter la modestie d'Auguste, elle lui répondit fièrement : mon père oublie qu'il est César, pour moi, je me souviens que je suis la fille de César.

382.e Règle : *De* suivi d'un infinitif et pouvant se tourner par *moi qui*, *vous qui*, etc., et autres règles.

I. Sainte Elizabeth dit à la Ste. Vierge : vous êtes heureuse d'avoir cru.

II. Philippe regardoit son fils Alexandre comme un téméraire, de vouloir monter Bucéphale, cheval très-fougueux.

III. J'estime Alexandre heureux d'avoir cru n'être roi que pour faire du bien ; mais il étoit fou de vouloir passer pour un Dieu.

IV. Un saint abbé ayant vu saint Arsène expirer, s'écria les larmes aux yeux : que vous êtes heureux, Arsène, d'avoir tant pleuré pendant votre vie ! — Misérable prince, s'écrie Cicéron, en parlant d'Alexandre de Phères, de s'être plus fié à un esclave et à un barbier qu'à son épouse !

V. Alexandre estimoit Achille heureux d'avoir eu pendant sa vie Patrocle pour ami, et après sa mort, Homère pour panégyriste. — Enfans des hommes, que vous êtes aveugles de préférer une ombre de bonheur à une félicité éternelle !

VI. Que Phormion étoit insensé de vouloir donner des préceptes à Annibal sur l'art militaire ! — Diogène ayant vu un jour un enfant

enfant puiser de l'eau dans le creux de sa main, brisa aussitôt sa tasse : ne suis-je pas un fou, dit-il, de m'être chargé si long-temps d'un meuble inutile ?

383.e Règle : *A* précédé d'un nom et pouvant se tourner par *qui*, *que*, etc.

I. Les enfans d'Israel ne trouvèrent rien à reprendre dans la conduite de Samuel. — Saül ne trouva que David à opposer à Goliath.

II. Le grand-prêtre donna à David l'épée de Goliath, parce qu'il n'en avoit pas d'autre à lui donner. — Les plus nobles de Rome alloient à S. Benoît, et lui donnoient leurs enfans à élever.

III. Saint François revêtoit les pauvres de ses habits, quand il n'avoit rien autre à leur donner. — Les habitans d'Antioche ne trouvèrent que saint Flavien leur évêque à envoyer à l'empereur Théodose.

IV. Si l'on fait l'aumône pour être admiré des hommes, il n'y a rien à attendre de Dieu. — Dans tous les temps Dieu donne aux Chrétiens des modèles à imiter.

V. M. Livius Drusus ayant dissipé son patrimoine par ses largesses, disoit qu'il n'avoit plus rien à donner que de l'air et de la boue. — Athéniens, disoit Isocrate, parce que tout vous réussit, vous croyez qu'il n'y a rien à craindre ; pour moi je pense tout autrement. — Les Carthaginois ne trouvèrent que Xantippe Lacédémonien à opposer aux Romains.

VI. S. Dominique n'ayant rien à donner à une pauvre femme dont le frère étoit tombé entre les mains des Maures, s'offrit pour être donné en échange de ce malheureux esclave. — Dans la plus belle branche, dit un auteur, il reste toujours quelque chose à tailler et à émonder.

384.e Règle : *A* pouvant se tourner par *si*, et autres règles.

I. A entendre Esope, rien de meilleur, et rien de pire que la langue.

II. A compter mes victoires, disoit Alexandre, j'ai beaucoup vécu ; mais à compter mes années, je n'ai pas assez vécu.

III. A en croire quelques historiens, Démocrite se creva les yeux, pour se livrer plus profondément à l'étude de la philosophie.

IV. A consulter Sénèque, il faut donner aux uns et refuser aux autres ; mais à consulter J. C., il faut donner à tous.

V. Denis l'ancien naquit à Syracuse : à en croire quelques-uns, il étoit d'une naissance noble et illustre ; à s'en rapporter à d'autres, il étoit d'une extraction basse et inconnue.

VI. A voir dans les églises la posture de beaucoup de gens, on les prendroit plutôt pour des Juifs ou des soldats païens qui insultent à J. C. et se moquent de lui, que pour des Chrétiens qui viennent adorer leur Sauveur et leur Roi.

385.e RÈG. : *A* pouvant se tourner par *pour*, et autres règles.

I. A dire vrai, la mort de Socrate est admirable.

II. A parler franchement, la conduite d'Alexandre envers la mère et l'épouse de Darius me ravit d'admiration.

III. A dire ce que je pense, Antonin fut le plus sage des empereurs romains encore idolâtres.

IV. Vitellius ne régna qu'environ 8 mois; mais à lui rendre justice, il faut dire qu'il régna trop long-temps. — A ne point dissimuler la vérité, l'empereur Dèce avoit de belles qualités; mais qui n'auroit pas en horreur sa cruauté envers les Chrétiens?

V. A dire vrai, Alcibiade avoit de belles qualités; mais à ne point mentir, il avoit encore de plus grands défauts.

VI. Lorsque Vitellius accepta le titre d'Auguste, il dit: j'y suis forcé; mais à dire vrai, il ne l'avoit d'abord refusé que par une feinte modestie. — Vespasien guérit, dit-on, un aveugle et un boiteux; mais à ne point dissimuler mon sentiment, c'étoient deux ou trois imposteurs.

386.e Règle : *Etre homme à... femme à.... capable de...*, etc.

I. Fabricius n'étoit pas homme à approuver la perfidie du médecin de Pyrrhus. — Suzanne n'étoit pas femme à commettre un adultère.

II. Fabius étoit homme à tenir en bride Annibal. — Parysatis n'étoit pas femme à pardonner.

III. Sans contredit, Platon étoit homme à former Denis le jeune dans l'art de régner. — Il n'y avoit que les Romains qui fussent capables de tenir tête à Alexandre.

IV. Vedius Pollion n'étoit pas homme à se faire aimer de ses esclaves. — Memnon Rhodien, général de Darius, étoit capable de disputer long-temps la victoire à Alexandre.

V. Alexandre, après avoir passé tant de mers, n'étoit pas homme à se laisser épouvanter par le nom des fleuves que Darius regardoit comme autant de boulevards pour son royaume. — Les Carthaginois n'étoient pas gens à admirer la grandeur d'ame de Régulus.

VI. Esope étoit plutôt homme à se moquer des autres qu'à en être moqué. — Curius montra aux Samnites qu'il n'étoit pas plus capable de se laisser corrompre par l'argent, que de se laisser vaincre par les armes.

387.e Règle : *Capable* avec un nom de chose inanimée, et autres règles.

I. Les Alpes ne furent pas capables d'arrêter l'intrépide Annibal.

II. Tous les efforts de Pilate ne furent pas capables d'apaiser la fureur des Juifs.

III. L'armée de Xerxès étoit si nombreuse que la Grèce étoit à peine capable de la contenir.

IV. Rien ne fut capable de rebuter ni de vaincre le courage d'Alexandre qui avoit résolu de se rendre maître de la ville de Tyr, à quelque prix que ce fût.

V. La violence de la tempête ne fut pas capable d'empêcher Caton de s'embarquer, pour aller secourir son frère qui étoit tombé malade dans la Thrace.

VI. Un auteur remarque que les hommes les plus illustres de la Grèce vécurent dans une extrême pauvreté, et que l'éclat de l'or ne fut jamais capable de corrompre leur vertu.

388.e Règle : *Pour* signifiant *envers*, et autres règles.

I. Qui n'admirera pas l'amour de J. C. pour les hommes ?

II. La tendresse de Caton pour son frère et son zèle pour la république sont connus de tout le monde.

III. Héliogabale voyant le zèle des Romains

pour Alexandre, commença à le haïr, et voulut le faire périr.

IV. Le roi Childebert envoya un jour six mille sous d'or à saint Germain, dont il connoissoit l'amour pour les pauvres. — Il faut avoir pour le prochain un cœur de frère, si nous voulons que Dieu ait pour nous un cœur de père.

V. Marc-Aurèle avoit tant de zèle pour la république qu'il eût abdiqué l'empire, si cela eût pu lui être utile. — Vespasien, pendant tout son règne, donna des marques d'humanité et d'affection pour ses sujets.

VI. Quel ne doit pas être l'amour des parens pour leurs enfans, puisqu'on voit les bêtes braver les coups et les blessures pour défendre leurs petits!

389.e Règle : *Pour* pouvant se tourner par *de*, etc.

I. La passion pour les richesses enfante bien des crimes. — L'amour pour les plaisirs perd la plupart des jeunes gens.

II. Les Athéniens se sont distingués par leur amour pour la liberté.

III. L'amour pour les sciences fit qu'Alexandre étudia même en médecine.

IV. Je doute que jamais personne ait montré plus d'ardeur pour la gloire qu'Alexandre, roi de Macédoine.

V. Les Lacédémoniens, pour inspirer à leurs enfans plus d'horreur pour l'ivresse, faisoient paroître devant eux des esclaves remplis de vin.

VI. Lorsque j'entends Socrate prêcher l'amour pour la vérité, et tonner afin d'inspirer de l'horreur pour le vice, il est comme douteux pour moi si c'est un païen ou un chrétien qui parle.

390.e Règle : *Pour* signifiant *au lieu de.... à cause de...*, etc.

I. Mucius-Scévola tua le secrétaire du roi Porséna pour le roi lui-même. — Aristide, pour sa grande équité, fut surnommé le juste.

II. Pour épée, Samson prit la mâchoire d'un âne. — Abdalonyme pour sa vertu fut jugé digne du trône.

III. Pour Judas qui avoit trahi son Maître et qui s'étoit pendu, les Apôtres élurent saint Matthias. — Dieu tout-puissant, s'écrioient Moïse et Aaron, votre colère éclatera-t-elle contre tous pour le péché d'un seul ?

IV. Pour l'évêque saint Prix, les assassins tuèrent le saint abbé Damarin. — S. Moïse Ethiopien avoit d'abord été chassé de chez son maître pour ses larcins et ses déréglemens.

V. Pour sceptre les Juifs donnèrent à J. C. un roseau, et une couronne d'épines pour diadème. — Pélopidas, général des Thébains, étoit encore plus respecté et plus estimé pour sa probité que pour sa bravoure.

VI. Caligula fit présent à Agrippa d'une chaîne d'or pour la chaîne de fer qu'il avoit portée. — Dion, beau-frère de Denis, tyran de Sicile, en fut autant estimé que chéri pour ses rares qualités.

391.e Règle : *Pour* signifiant *pour l'amour de...*
Pour marquant l'intention, et autres règles.

I. Jésus-Christ a donné sa vie pour ses brebis. — Le diable veille pour notre perte, comme Dieu veille pour notre salut.

II. N'oublions jamais que J. C. est mort pour nous. — David fit les plus grands préparatifs pour la construction du temple.

III. Brutus, pour la république, oublia qu'il étoit père. — Ce fut pour son malheur que Joram épousa la fille de l'impie Achab.

IV. Coriolan étoit prêt à tout faire pour sa mère. — Le royaume de Salomon, pour punition de ses crimes, fut partagé entre son fils Roboam et Jérobom son serviteur.

V. Saint François disoit à son économe : peut-on rien refuser à un Dieu qui a voulu être crucifié pour nous ? — Darius offroit à Alexandre autant d'argent qu'il en voudroit pour la rançon de sa mère, de sa femme et de ses enfans.

VI. Qui se seroit attendu qu'Aristide, après avoir été condamné à l'exil par les

Athéniens, se seroit de nouveau sacrifié pour eux ? — Alexandre ne considéroit pas qu'après avoir conquis tant de provinces, il ne lui resteroit qu'un petit espace pour la sépulture de son corps.

392.e Règle : *Pour* signifiant *à l'avantage... au désavantage de...*, etc.

I. David pria pour l'enfant : cependant celui-ci mourut le septième jour.

II. Minos fit des lois pour les Crétois, Lycurgue pour les Lacédémoniens et Solon pour les Athéniens.

III. Denis, la terreur de Syracuse, craignoit pour lui-même, et trembloit pour sa vie.

IV. Les Perses n'offroient jamais de sacrifice pour eux seuls, mais pour le roi et pour tout l'Etat.

V. Callicratidas étoit aussi sévère pour lui-même que pour les autres. — Les flatteurs sont plus à craindre pour les princes, que les armes des ennemis.

VI. Les récompenses militaires que recevoit Coriolan, étoient un aussi grand sujet de joie pour sa mère que pour lui. — A en croire Pittacus, un prince gouverne avec sagesse, lorsqu'on craint pour lui, au lieu de le craindre lui-même.

393.e Règle : *Pour* devant un infinitif, et autres règles.

I. Abraham, pour obéir à Dieu, n'épargna pas son fils unique ; car déjà il avoit pris le glaive pour le frapper.

II. Jugurtha n'épargnoit pas l'argent pour corrompre les sénateurs Romains.

III. Ne vivons pas pour boire et pour manger, dit un auteur ; mais buvons et mangeons pour vivre.

IV. Les Israélites, après avoir offert des sacrifices au veau d'or, s'assirent pour manger et pour boire, et se levèrent pour danser.

V. Heureux l'aveugle à qui Dieu ne donne pas seulement des yeux pour le connoître, mais des pieds pour le suivre, une langue pour le louer, et un cœur pour l'aimer !

VI. C'étoit une coutume que, dans les grandes calamités, les rois de Tyr immolassent leurs fils pour apaiser la colère des dieux.

394.e Règle : *Pour* devant un comparatif, et autres règles.

I. Saint Lucien, prêtre d'Antioche, pour servir Dieu avec plus de liberté, renonça au monde, et distribua tous ses biens aux pauvres.

II. Diogène, pour mieux s'appliquer à la philosophie, se dépouilla de ses richesses comme d'un fardeau, et s'enferma dans un tonneau.

III. Le démon portant envie au bonheur de l'homme et de la femme, se cacha sous la figure d'un serpent pour les tromper plus facilement.

IV. Les soldats d'Alexandre, en passant le fleuve Iaxarte sur des radeaux, se mirent à genoux pour être moins exposés aux flèches des Scythes.

V. Datame, pour causer plus de joie au roi Artaxerxe, partit avec Thyus qu'il avoit fait prisonnier, sans donner avis de son voyage.

VI. Philippe, pour frapper plus sûrement, éludoit les coups dont il étoit menacé; et pour envahir avec moins de peine toute la Grèce, il n'en attaqua les peuples que les uns après les autres.

395.e Règle : *Pour*, accompagné d'une négation, et autres règles.

I. David dit à ses officiers : fuyons d'ici, pour ne pas tomber entre les mains d'Absalon.

II. Saint Hilaire travailloit des mains pour n'être point à charge aux autres.

III. Agar, accablée de douleur, s'éloigna de son fils couché sous un arbre, pour ne pas le voir mourir.

IV. J'admire la conduite de Sisygambis; mais je blâme cette illustre reine de s'être abstenue de toute nourriture, pour ne pas survivre à Alexandre.

V. Ce qui m'afflige, répondit Usthazade au roi Sapor, c'est d'avoir adoré le soleil en apparence, pour ne pas vous déplaire.

VI. De quelque douleur que fût pénétré Datame, dont le fils puîné avoit été tué, il jugea à propos de céler sa mort à ses soldats pour ne pas les décourager. — L'empereur Dèce, pour ne pas tomber entre les mains des ennemis, poussa son cheval à toute bride dans un marais profond.

396.e RÈGLE : *Pour*, pouvant se tourner par *qui*, *que*, etc.

I. SAÜL envoya pendant la nuit des archers pour tuer David. — Philippe confia à Aristote son fils Alexandre pour l'élever.

II. Samuel dit au peuple : j'ai fait ce que vous m'avez demandé, et vous avez un roi pour marcher à votre tête. — Judith donna à sa servante la tête d'Holoferne pour la mettre dans un sac.

III. Le général des Babyloniens ne laissa dans la Judée que les plus pauvres pour cultiver la terre. — L'empereur Théodose choisit saint Arsène pour lui confier l'éducation de son fils Arcade.

IV. L'Ange dit à Tobie : le Seigneur m'a envoyé pour vous guérir, et pour délivrer du démon Sara, femme de votre fils. — La fille de Pharaon dit à la mère de Moïse, sans la connoître : je vous confie cet enfant pour le nourrir, et je vous récompenserai.

V. Après la bataille de Cannes, Annibal envoya à Carthage son frère Magon, pour informer les Carthaginois de la victoire qu'il avoit remportée, et leur demander du secours afin de terminer plus promptement la guerre. — Cimon, dit un auteur, amassoit des richesses pour s'en servir; et il s'en servoit pour se faire aimer et estimer.

VI. Alexandre envoya Léonatus à la mère et à l'épouse de Darius, pour les avertir que celui qu'elles pleuroient comme mort, étoit vivant. — Alexandre, atteint d'une maladie mortelle, parla avec bonté à ses soldats qui étoient venus le voir, et leur présenta sa main pour la baiser.

397.e Règle : *Pour avoir.... ce n'est pas à dire*, et autres règles.

I. Infortuné Samson, pour avoir rompu plusieurs fois vos chaînes, ce n'est pas à dire pour cela que vous les romprez toujours.

II. Pour avoir été appelé de Dieu même, ce n'est pas à dire pour cela que Saül ait été un bon roi.

III. Pour avoir été accoutumé à manger peu, ce n'est pas à dire pour cela que l'empereur Sévère ne se soit jamais enivré.

IV. Pour s'être lavé les mains, ce n'est pas à dire pour cela que Pilate fût innocent.

V. Juifs aveugles, pour avoir mis à mort J. C., est-ce à dire pour cela qu'il n'est pas le Fils de Dieu?

VI. Pour avoir épargné les Chrétiens, ce n'est pas à dire pour cela que Commode fût meilleur que Marc-Aurèle qui d'abord les avoit persécutés.

397.e Règle : * Supplément. *Pour avoir*, pouvant se tourner par *parce que*, s'exprime par *quòd*, *quia*, etc.

I. Ephestion mourut pour avoir trop bu. — Dieu maudit le serpent pour avoir trompé Eve.

II. L'empereur Antonin tomba malade et mourut pour avoir mangé du fromage avec excès. — Le jeune Manlius fut mis à mort pour avoir combattu sans l'ordre du consul.

III. La femme de Loth fut changée en une statue de sel pour avoir regardé derrière elle. — Moïse et son frère n'entrèrent point dans la terre promise pour n'avoir pas rendu gloire à Dieu devant le peuple.

IV. Michol, pour s'être moquée de David, n'eut jamais d'enfans. — Ovide fut relégué par Auguste dans le Pont, pour avoir composé des élégies licencieuses.

V. Jérusalem a été détruite, et les Juifs ont éprouvé les plus grands malheurs, pour avoir fait mourir J. C. — Quarante-deux enfans furent dévorés par deux ours, pour s'être moqués du prophète Elisée, en disant : montez, chauve, montez.

VI. Peu s'en fallut que Caracalla, meurtrier de son frère Géta, ne fît tuer sa mère et quelques femmes, pour avoir versé des larmes. — Hérode Atticus, Grec d'origine et célèbre orateur, voulut un jour aller se jeter dans le fleuve, pour avoir prononcé une mauvaise harangue en présence d'Adrien.

398.e RÈGLE : *Pour peu que* s'exprime par *si vel minimùm*, *si vel minimi*, *si vel paucissimi*, *æ*, *a*, *etc.* suivant le mot auquel il se rapporte, et autres règles.

I. POUR peu que nous ayons de foi, nous préférerons les biens éternels à des biens périssables.

II. Pour peu que Domitien eût estimé les sciences, il n'auroit pas détesté les gens de lettres.

III. Pour peu que nous donnions à J. C., en secourant les pauvres, nous serons libéralement récompensés. — Pour peu qu'Adrien eût fait de cas de la médecine, il n'auroit pas congédié tous ses médecins.

IV. Sous le règne d'Ezéchias, le roi des Assyriens menaça d'une entière ruine la ville de Jérualem, pour peu que ses habitans tardassent de se rendre. — Gédéon, ne craignez point; pour peu que vous gardiez de soldats, vous remporterez la victoire.

V. Pour peu que Germanicus eût voulu se prêter aux desseins des légions de Germanie, Tibère eût été détrôné. — Pour peu que

Darius eût eu d'amis fidèles, semblables à Caridème, il n'auroit pas éprouvé tant de malheurs.

VI. Pour peu que l'empereur Auguste se sentît ému, il récitoit les vingt-quatre lettres de l'alphabet grec. — Pour peu que Caligula eût fait cas de la poésie, il n'auroit pas méprisé Homère et Virgile. — Pyrrhus voyant les Romains étendus sur le champ de bataille, et conservant après la mort un air martial, disoit : pour peu que j'eusse de soldats pareils à ceux-là, j'aurois bientôt subjugué l'univers.

399.e Règle : *Pour moi*, *pour vous*, et autres règles.

I. Roboam répondit au peuple : mon père vous a châtiés avec des verges ; pour moi je vous châtierai avec des fouets armés de pointes de fer.

II. Samuel dit à Saül : que votre serviteur aille devant ; pour vous, demeurez un moment, afin que je vous apprenne ce que m'a dit le Seigneur. — Vous aurez toujours des pauvres avec vous ; pour moi, dit J. C., vous ne m'aurez pas toujours.

III. Dieu répondit à Moïse : si quelqu'un pèche contre moi, c'est celui-là que j'effacerai de mon livre ; pour vous, allez et conduisez ce peuple où je vous ai dit.

IV. Le roi de Babylone fit tuer les deux fils du roi Sédécias ; pour lui, il lui fit crever les yeux, et l'ayant chargé de chaînes, il l'emmena à Babylone.

V. Alexandre ne savoit pas à qui il devoit ses victoires ; pour nous, nous savons qu'il avoit plu à Dieu de détruire par Alexandre l'empire des Perses et d'Orient, comme il lui avoit plu d'abattre par Cyrus celui de Babylone.

VI. Les païens font grand cas des richesses ; pour nous Chrétiens, il nous importe grandement de les mépriser. — L'Ange dit à Tobie et à son fils : il faut que je retourne vers celui qui m'a envoyé ; pour vous, bénissez le Seigneur et publiez ses merveilles.

400.e Règle : *Pour* signifiant *eu égard*, et autres règles.

I. Pour un païen, Socrate aimoit beaucoup la vérité.

II. Pour un juge, Pilate n'aimoit pas assez la justice.

III. Pour un philosophe, Sénèque ne méprisoit pas assez les richesses.

IV. Pour un prince barbare, Porus avoit assez de sagesse et de prudence. — Pour un empereur romain, Alexandre étoit fort populaire, et très-frugal.

V. Aristide, Epaminondas et Caton, pour des païens, avoient beaucoup de sagesse. — Pour sa bienfaisance, Titus ne régna pas assez long-temps.

VI. Pour un tyran, Alexandre de Phères aimoit fort tendrement son épouse, si toutefois on peut dire qu'un tyran aime quelqu'un. — Alexandre trouvoit que Darius, pour un vaincu, montroit trop de fierté.

401.e RÈGLE : *Sans*, après un verbe non accompagné de négation ou d'interrogation, et autres règles (1).

I. Le Prophète disoit aux Juifs : vous avez mangé sans être rassasiés, et vous avez bu sans être désaltérés.

II. Daniel demeura six jours dans la fosse aux lions sans en être dévoré. — Joseph reconnut ses frères sans être reconnu d'aucun d'eux.

III. Jugurtha étoit brave sans être téméraire, et prudent sans être timide. — Philippe et son fils Alexandre aimoient la trahison sans aimer les traîtres.

IV. Périclès fut accablé d'invectives un jour entier par un scélérat, sans lui répondre un seul mot. — Les Chaldéens firent un carnage effroyable des habitans de Jérusalem,

---

(1) Il est à propos de lire la Préface contenue dans ce premier volume, pour voir de quelle manière on doit se servir de ce cours de thèmes. L'intention de l'Auteur est qu'on traduise tous les premiers numéros, depuis la première Règle jusqu'à la dernière; qu'ensuite on passe aux seconds numéros, puis aux troisièmes, etc; il ne faut donc pas être étonné si en général on trouve les derniers numéros de chaque Règle beaucoup plus difficiles que les premiers.

sans avoir pitié ni des enfans ni des vieillards.

V. Philippe imita l'activité et la bravoure d'Epaminondas, son ancien maître, sans imiter sa tempérance, sa justice, sa bonne foi et sa clémence. — Manlius - Torquatus vit trancher la tête à son fils sans paroître attendri.

VI. Phocion fut nommé 45 fois général des armées, sans avoir jamais demandé ou brigué le commandement. — Aristide, dès son enfance, pratiqua constamment la vertu, sans jamais s'écarter des règles de l'équité, et sans jamais recourir, même pour s'amuser, à la ruse ou au mensonge.

402.e Règle : *Sans* après un verbe accompagné d'une négation ou d'une interrogation, et autres règles.

I. Alexandre ne put voir le fils de Darius sans être attendri.

II. César ne put voir la tête de Pompée, son gendre et son ennemi, sans verser des larmes.

III. Lycurgue ne donna aucune loi aux Spartiates, sans la confirmer par son exemple.

IV. Alexandre ne put voir le corps de Darius qui venoit d'expirer, sans déplorer le sort de ce prince.

V. Cicéron dit qu'il ne pouvoit jamais lire dans Platon la description de la mort de Socrate, sans verser des larmes. — Le soleil ne put voir expirer Jésus-Christ sans s'éclipser.

VI. Un homme, dit le sage, peut-il marcher sur des charbons ardens, sans se brûler la plante des pieds ? Qui peut chercher le danger sans y périr ?

403.e RÈGLE : *Sans* pouvant se tourner par *avant que*, et autres règles.

I. CYRUS n'entreprenoit rien sans avoir consulté ses officiers.

II. La plupart meurent sans avoir pensé à la mort.

III. La ville de Babylone fut prise comme dans un filet, sans s'être aperçue qu'on lui tendoit des piéges.

IV. Après que Timoléon eut donné la paix à la Sicile, on n'y termina aucune affaire publique, sans l'avoir consulté.

V. Auguste se repentit d'avoir banni Julie sa fille, sans avoir mûrement réfléchi.

VI. Les Spartiates n'avoient garde d'aller au combat, sans avoir imploré le secours des dieux par des sacrifices et des prières.

403.e Règle : * Supplément. Sans parler d'Athènes, *Ut omittam Athenas*, et autres règles.

I. Sans parler d'Aristide, combien d'illustres personnages n'a pas produits la Grèce !

II. Sans parler de saint Pothin et de saint Irénée, combien de saints Evêques ont illustré l'Eglise de Lyon!

III. Sans parler de S. Pierre et de S. Paul, combien d'illustres martyrs n'ont pas arrosé de leur sang la ville de Rome !

IV. Valerius-Publicola et Menenius-Agrippa, sans parler de plusieurs autres Romains, moururent si pauvres, qu'ils furent enterrés aux dépens du public.

V. Sans parler de Stangorus, roi des Indes, combien d'autres rois se rendirent à Rome pour rendre hommage à l'empereur Antonin !

VI. Homère, Platon, sans parler d'un grand nombre d'autres illustres personnages, allèrent en Egypte pour s'y perfectionner; tant elle étoit renommée pour les arts et les sciences!

403.e Règle : ** Supplément. *Sans*, pouvant se tourner par *quoique*, s'exprime par *quamvis* avec le subjonctif, et autres règles.

I. Jean-Baptiste, sans avoir fait aucun miracle, est pourtant honoré comme le plus grand de tous les Saints.

II. Un chirurgien coupe et brûle le corps d'un malade sans être en colère contre lui; il en est de même des médecins de l'ame.

III. Les Athéniens, sans être élevés aussi durement que les Spartiates, n'avoient pas moins de courage.

IV. Le crime d'ingratitude, comme l'observe Sénèque, sans être puni nulle part, est condamné partout. — Peu s'en fallut que Suzanne, sans être coupable d'adultère, ne fût lapidée par le peuple.

V. Aristide, sans être toujours en charge, ne laissa pas d'être toujours utile à sa patrie.

VI. L'empereur Trajan, sans avoir jamais étudié, et sans avoir aucune teinture des sciences, ne laissoit pas d'aimer et d'estimer les hommes de lettres.

404.e Règle : Différentes manières d'exprimer *sans* devant un infinitif, etc.

I. Pécheurs, Jésus-Christ ne rappela point Lazare à la vie sans pleurer et sans frémir. — Moïse qui étoit le plus doux des hommes souffrit sans se plaindre les discours de son frère et de sa sœur.

II. Ceux qui nourrissent les lions manient leur gueule sans rien craindre. — Les habitans de Sodome commettoient les crimes les plus honteux sans éprouver aucun remords.

III. Scipion renvoya les espions des Carthaginois sans leur faire aucun mal. — Daniel tua le dragon qu'adoroient les Babyloniens, sans se servir d'épée ni de bâton. — Vespasien ne put jamais soutenir, sans soupirer et sans pleurer, la vue d'un coupable exposé au supplice.

IV. Moïse entra dans la nuée où il passa quarante jours et quarante nuits sans boire ni manger. — Antiochus, quoique vaincu par Scipion l'Africain, lui renvoya son fils sans lui faire aucun mal.

V. Socrate, condamné à boire la ciguë, prit la coupe sans changer de visage. — Darius I.er s'étant donné une entorse, souffrit des douleurs incroyables, et passa sept jours et sept nuits sans dormir. — Je vais susciter contre Babylone, dit le Seigneur dans Isaïe, les Mèdes qui, sans chercher l'or et l'argent, perceront les enfans mêmes de leurs flèches, et n'épargneront pas ceux qui ne font que de naître.

VI. Agis fut condamné à mort par les Ephores, sans avoir été entendu. — On peut dire sans blesser la vérité, que Démosthène s'entendoit mieux à haranguer le peuple qu'à commander une armée. — Alexandre étant à la chasse, un lion d'une épouvantable grandeur vint droit à lui; le roi, sans s'effrayer, combattit contre le lion et le tua d'un seul coup.

Après, suivi d'un nom.

405.e Règle : *Post prandium... secundùm Ciceronem, à Cicerone*, etc.

I. Après le passage de la mer Rouge, les Israélites entrèrent dans un vaste désert. — Après Alexandre, Pyrrhus paroissoit à Annibal le plus grand des généraux.

II. Après le déluge, Noé se mit à cultiver la terre et à planter la vigne. — Après Pharaon, Joseph étoit l'homme le plus puissant de toute l'Égypte.

III. Après le combat de David contre Goliath, Jonathas aima David comme lui-même. — David avoit promis avec serment que Salomon régneroit après lui.

IV. Après la mort de Moïse, les enfans d'Israel dirent à Josué : puisse le Seigneur être avec vous, comme il a été avec Moïse ! — Pythius étoit de son temps le prince le plus opulent après Xerxès.

V. Après le meurtre de Caligula, Claude étoit bien éloigné de penser à l'empire; car il se cachoit dans la crainte d'être tué. — A s'en rapporter à Xénophon, le jeune Cyrus, après Cyrus le grand, étoit le prince le plus digne de commander.

VI.

VI. Rome ne songea point à demander la paix après la bataille de Cannes, comme Carthage l'avoit demandée dans un danger moins pressant. — Si Darius, disoit Alexandre, se contentoit de tenir le premier rang après moi, peut-être l'écouterois-je.

406.e Règle : *Après* suivi d'un infinitif français, et autres règles.

I. Tobie vécut encore quarante-deux ans après avoir recouvré la vue.

II. Après avoir vaincu les Romains, disoit le roi Pyrrhus, je m'emparerai de la Sicile.

III. Alexandre, après avoir subjugué plusieurs nations, forma le projet d'attaquer les Indiens.

IV. Agésilas, ayant été élevé comme les autres enfans de Sparte, ne commanda qu'après avoir appris à obéir.

V. Prince, disoit Cinéas à Pyrrhus, après vous être emparé de la Sicile, que ferez-vous? Mon intention, dit le roi, est de passer en Afrique.

VI. La jalousie des Carthaginois contre les Romains, après avoir couvé long-temps, éclata enfin par des guerres aussi longues que cruelles.

407.e Règle : *Avant*, suivi d'un infinitif français, et autres règles.

I. Evagore, né sous un tyran, avoit long-temps obéi avant de commander.

II. Caligula reçut, avant d'expirer, trente coups, en disant toujours : je suis encore en vie.

III. Six jours avant de mourir, S. Benoît fit ouvrir son sépulcre.

IV. Abdalonyme, avant d'être élevé sur le trône, étoit obligé de cultiver un jardin pour avoir de quoi vivre.

V. Alexandre, avant d'assiéger la ville de Tyr, ne s'attendoit pas à éprouver une si vigoureuse résistance de la part des habitans.

VI. Amilcar, père du grand Annibal, avant d'entrer en Espagne pour y faire la guerre, eut soin d'offrir des sacrifices aux dieux.

408.e Règle : *Avant*, suivi d'un parfait de l'infinitif, peut se rendre par un participe du passé, et autres règles.

I. Asdrubal fut tué avant d'avoir joint Annibal.

II. Les descendans de Noé furent dispersés avant d'avoir achevé la tour de Babel.

III. Les députés que les Romains avoient envoyés à Coriolan s'en retournèrent avant d'avoir été admis dans le camp.

IV. Drusus qui étoit parti pour retourner à

Rome, mourut avant d'avoir passé le Rhin. — J'ai lu dans une fable qu'il ne faut pas vendre la peau de l'ours avant de l'avoir tué.

V. Les Romains en vinrent aux mains avec les Carthaginois avant d'avoir pris aucune nourriture ; ce qui leur fut funeste. — Les quatre cavaliers qu'Asdrubal avoit dépêchés à Annibal furent pris avant d'avoir remis les lettres qu'ils portoient.

VI. Annibal frémissoit de rage d'être rappelé à Carthage avant d'avoir subjugué l'Italie.

409.e Règle : *Au lieu de*, suivi d'un nom, et autres règles.

I. Au lieu d'Isaac, Abraham immola au Seigneur un bélier.

II. Au lieu d'un roi, les Romains élurent deux consuls.

III. Au lieu du vrai Dieu, les Israélites adorèrent les idoles des peuples voisins.

IV. Au lieu de parfums, Esther se couvrit la tête de poussière et de cendre. — S. Jean fut donné à Marie au lieu de Jésus, le disciple au lieu du Maître, le fils de Zébédée au lieu du Fils de Dieu, un pur homme au lieu du vrai Dieu.

V. J'ai lu dans une fable qu'un singe, au lieu de rasoir, se servit d'un couteau rouillé pour faire la barbe à Rodilard.

VI. Les Tarentins ne tardèrent pas à se repentir d'avoir appelé le roi Pyrrhus à leur secours, et ils s'aperçurent, mais trop tard, qu'au lieu d'un allié, ils avoient reçu un maître.

410.e Règ : *Au lieu de*, pouvant se tourner par *lorsqu'il devroit* ou *qu'il auroit dû*, et autres règles.

I. Darius alla chercher l'ennemi, au lieu de l'attendre.

II. Caïn, au lieu de recourir à la miséricorde de Dieu, se livra au désespoir.

III. Après le déluge, les hommes, au lieu d'adorer Dieu leur créateur, adorèrent le soleil et la lune.

IV. Les rois d'Israël, au lieu d'écouter les Prophètes que le Seigneur leur envoyoit, les outrageoient ou les faisoient mourir.

V. Denis le jeune, après avoir éprouvé tant de malheurs, au lieu de se montrer plus humain envers ses sujets, n'en devint que plus féroce.

VI. Pilate, au lieu de renvoyer J. C. dont il venoit de reconnoître publiquement l'innocence, le condamna à mort, et l'abandonna aux Juifs pour être attaché à la croix.

411.e Règle : *Au lieu de*, pouvant se tourner par *lorsqu'il pourroit* ou *qu'il auroit pu*, et autres règles.

I. Au lieu de naître dans un magnifique palais, ô Jésus! vous naissez dans une crèche.

II. Au lieu d'exterminer Adam et Eve après leur péché, Dieu leur promit un sauveur.

III. Saint Paul travailloit des mains, au lieu de recevoir des Fidèles ce qui lui étoit nécessaire.

IV. J. C., au lieu de repousser avec indignation le traître Judas, reçut son baiser. — J. C., au lieu de confondre ses accusateurs, garda le silence.

V. Combien de Saints, au lieu d'user des biens immenses qu'ils avoient reçus en héritage, les ont distribués aux pauvres !

VI. J. C., au lieu de faire éclater sa puissance dans la cour d'Hérode, ne lui dit pas un mot, et au lieu de rugir comme un lion contre ses ennemis, il montra la douceur d'un agneau.

412.e Règle : *Au lieu de...* précédé d'un verbe à l'impératif, etc.

I. Caïn, imite ton frère, au lieu de lui porter envie.

II. Jeunes gens, pensez à la mort, au lieu de vous livrer à la volupté. — Saül, recourez au Seigneur, au lieu d'interroger les morts.

III. Désirons les biens du ciel, au lieu de nous attacher aux biens de la terre.

IV. Darius, rends grâces au généreux Caridème, au lieu de le faire traîner au supplice.

V. Usons des biens de la terre, au lieu d'en jouir. — Avares, soulagez les pauvres, au lieu d'entasser trésor sur trésor.

VI. Princes des prêtres, reconnoissez enfin que J. C. est le Fils de Dieu, et soyez les premiers à publier qu'il est ressuscité, au lieu de corrompre à force d'argent les soldats qui gardoient son tombeau. — Que Saül admire le courage de son fils Jonathas, au lieu de le condamner à périr.

413.e Règle : *Au lieu que...* se tourne par *au contraire*, et autres règles.

I. Les peuples de la Grèce étoient invincibles au fer et aux armes, au lieu qu'ils ne l'étoient pas à l'or et aux présens des Perses.

II. Les mères Spartaines admiroient la bravoure de leurs enfans qui étoient restés sur le champ de bataille, au lieu qu'elles pleuroient ceux qui avoient pris la fuite.

III. Il y en a qui ne disent rien en parlant beaucoup, au lieu que Phocion disoit beaucoup de choses en peu de mots.

IV. S. Arsène disoit souvent : j'ai toujours eu regret d'avoir parlé, au lieu que je ne me suis jamais repenti d'avoir gardé le silence.

V. On dit que les Cimbres et les Celtibériens couroient avec joie à une bataille, au lieu qu'ils se désespéroient dans une maladie. — L'orgueil anéantit devant Dieu toutes les bonnes œuvres, au lieu que l'humilité couvre tous les péchés.

VI. On croit qu'après Ephestion, Cratère étoit l'ami le plus intime d'Alexandre; le premier aimoit Alexandre, au lieu que le second aimoit le roi.

414.e Règle : *Au lieu de...* pouvant se tourner par *bien loin de*, etc.

I. Joseph, au lieu de se venger de ses frères, les combla de bienfaits.

II. Auguste, au lieu de sévir contre Cinna qui avoit conspiré contre lui, l'éleva au consulat.

III. Fabricius, au lieu de promettre une récompense au perfide médecin de Pyrrhus, lui reprocha sa perfidie.

IV. Pharaon, au lieu de laisser sortir les enfans d'Israël, les traita plus durement que jamais.

V. Qui n'est pas étonné que les hommes après le déluge, au lieu de se corriger, soient devenus plus méchans qu'auparavant ?

VI. Camille, au lieu de récompenser le traître qui avoit amené dans son camp les enfans des Falisques, lui fit lier les mains derrière le dos, et le fit battre à coups de verges par ceux mêmes qu'il avoit voulu lui livrer.

415.e Règle : *Bien loin de....* suivi d'un infinitif, et autres règles.

I. Jonathas, bien loin de haïr David, le chérissoit comme un frère.

II. Sophocle, cité en justice par ses enfans, bien loin d'être condamné par les juges, fut renvoyé absous.

III. Manlius-Torquatus, bien loin de pardonner à son fils, le fit attacher au poteau pour être décapité.

IV. L'impie Hérode, bien loin de voir opérer quelque miracle à J. C., comme il l'avoit espéré, ne lui entendit pas prononcer une seule parole.

V. Le parricide, bien loin de pouvoir dormir sans inquiétude, ne peut respirer l'air sans frayeur.

VI. Les Princes des prêtres et les Pharisiens, bien loin de reconnoître J. C. pour le Fils de Dieu après qu'il eut ressuscité Lazare, formèrent le projet de le faire mourir. — Comme la rage de Caligula, bien loin de se rallentir, croissoit de jour en jour, on conspira contre lui.

416.e RÈGLE : *Si* conditionnel, etc.

I. SI nous aimions Dieu, nous observerions ses commandemens. — Seigneur, disoit le Lépreux, si vous voulez, vous pouvez me guérir.

II. Si la main du Seigneur vous blesse, elle vous guérira. — S. François avoit coutume de dire : si Saul avoit été rejeté, jamais l'Eglise n'auroit eu S. Paul.

III. Si nous cherchons le Seigneur, nous le trouverons. — Samson dit à son épouse : Si l'on me lioit avec sept osiers encore verts, je deviendrois foible comme les autres hommes.

IV. Si Asdrubal eût pu joindre ses troupes à celles d'Annibal, c'en étoit fait de l'empire romain. — Si cela est possible, dit S. Paul, vivez en paix avec tout le monde.

V. Si vous écoutez ma voix, dit le Seigneur aux enfans d'Israël, et que vous gardiez mon alliance, vous serez mon royaume et la nation sainte. — Si je vous donnois de la fausse monnoie pour de bon argent, je serois sans doute coupable ; comment donc pourrois-je être innocent, si je vous présentois le mensonge pour la vérité que vous attendez de moi ?

VI. Nous ne commencerons pas les premiers la guerre, disoit Périclès ; mais si l'on nous attaque, nous nous défendrons courageusement. — Si la vérité et la probité étoient bannies de la société des hommes, elles devroient trouver un asile dans le cœur des rois.

417.e Règle : *Si*, suivi de *ne* seulement, et autres règles.

I. Nous ne pouvons retourner en Egypte, dirent les enfans de Jacob, si nous ne menons Benjamin avec nous.

II. Socrate dit à un de ses esclaves : je te frapperois si je n'étois en colère.

III. Le jeune Cyrus fut lié avec des chaînes d'or par l'ordre de son frère qui l'auroit fait mourir si leur mère ne l'eût empêché.

IV. C'en étoit fait de l'armée Thébaine, si Epaminondas, alors simple particulier, n'eût accepté le commandement.

V. Rome avoit tout à craindre, si Coriolan, touché par les larmes et les prières de sa mère, n'eût pardonné à cette ville ingrate l'injure qu'il en avoit reçue.

VI. Darius voyant qu'il n'y avoit point de paix à espérer pour lui, s'il ne cédoit tout l'empire à Alexandre, se prépara à une nouvelle bataille.

418.e Règle : *Si*, suivi de *ne pas*, *ne point*, et autres règles.

I. Si vous n'assistez pas les malheureux, n'insultez pas au moins à leur misère.

II. Sylla, si tu n'épargnes pas les vivans, épargne au moins les morts.

III. Si Galba ne désiroit pas le bien d'autrui, du moins il ménageoit trop le sien. — Si Manlius-Torquatus ne récompensoit pas la valeur de son fils, il devoit au moins lui sauver la vie.

IV. Si vous ne chérissez pas J. C. comme sauveur des hommes, craignez-le au moins comme votre juge.

V. Appius-Claudius-Pulcher fit jeter à l'eau les poulets sacrés, en disant : s'ils ne mangent pas, au moins ils boiront.

VI. Le préfet Modeste osa dire à saint Basile : si la bonté de l'empereur ne vous touche pas, redoutez au moins sa colère. Mais qu'avoit à craindre celui pour qui la mort étoit un gain ?

419.e RÈGLE : *Si*, signifiant *lorsque*, *parce que*, et autres règles.

I. Si Pharaon étoit frappé de Dieu, il recouroit à Moïse, et promettoit tout ; si le fléau cessoit, il oublioit aussitôt ce qu'il avoit promis.

II. Si J. C. faisoit des miracles le jour du sabbat, les Pharisiens lui en faisoient un crime.

III. Si la table de Galba étoit mieux servie que de coutume, on le voyoit s'en affliger et même pleurer.

IV. Si Claude arrivoit un peu tard au souper de Caligula, on lui faisoit faire le tour de la salle avant de le recevoir comme par grâce. S'il s'endormoit après le repas, les bouffons lui lançoient des noyaux d'olives ou d'autres fruits, ou bien ils lui donnoient des férules pour le réveiller.

V. Si Néron alloit à la pêche, les filets étoient d'or, et les cordes de soie; s'il alloit en voyage, les mules qui tiroient mille fourgons chargés de sa garde-robe, étoient richement caparaçonnées et ferrées d'argent.

VI. Si une ville étoit ruinée par le feu, Antonin la secouroit des deniers publics, et la faisoit rebâtir; si une autre étoit affligée de quelque calamité, il la soulageoit et l'aidoit de ses revenus. — Si la mère de l'empereur Claude parloit de quelqu'un qui manquât d'esprit, elle avoit coutume de dire: il est plus bête que mon fils Claude.

420.e Règle: *Que si... mais si...*, et autres règles.

I. Eve, si tu obéis à Dieu, tu vivras; que si tu obéis au démon, tu mourras.

II. Dieu dit à Caïn: si vous faites bien, vous serez récompensé; mais si vous faites mal, vous porterez la peine de votre péché. — Si cette œuvre vient des hommes, disoit Gamaliel, elle se détruira; que si elle vient de Dieu, vous ne pourrez la détruire.

III. Salomon dit: si Adonias se comporte en homme de bien, il aura la vie sauve; mais s'il se conduit mal, il mourra.

IV. Si vous cherchez le Seigneur, dit David à son fils Salomon, vous le trouverez; que si vous avez le malheur de l'abandonner, il vous rejettera pour toujours.

V. Jérémie dit au roi Sédécias : si vous vous rendez aux Babyloniens, la ville ne sera point brûlée, et vous aurez la vie sauve, avec toute votre famille; si au contraire vous ne vous rendez point, ils brûleront la ville, et vous n'échapperez point de leurs mains.

VI. Alexandre-Sévère défendoit à ses soldats de ravager les champs par où ils passoient; que si quelqu'un d'eux venoit à enfreindre ses ordres, il avoit soin de le faire châtier sur-le-champ à coups de bâton ou de verges.

421.e Règle : *Si ce n'est que... si ce n'est...*, et autres règles.

I. Abraham congédia Agar et Ismaël, et ne leur donna rien, si ce n'est du pain et un vaisseau plein d'eau.

II. Dieu combla de gloire et de richesses Salomon qui ne lui avoit rien demandé, si ce n'est la sagesse.

III. Manius-Curius n'emporta rien chez lui du butin ennemi, si ce n'est un petit vase de bois.

IV. Les Saints ont vécu pour J. C. : pour qui vivent la plupart des Chrétiens, et surtout les riches, si ce n'est pour eux-mêmes? — Salomon promit à Séméï qu'il auroit la vie sauve, si ce n'est qu'il vînt à sortir de Jérusalem.

V. Alexandre ayant fait ouvrir le sépulcre du roi Cyrus n'y trouva rien, si ce n'est son bouclier tout pourri, deux arcs et un cimeterre. — Dieu nous pardonnera nos péchés, si ce n'est que nous refusions de pardonner à nos frères.

VI. Darius, fils d'Hystaspe, ayant fait ouvrir le tombeau de Nitocris, reine des Babyloniens, n'y trouva rien, si ce n'est un cadavre et cette inscription : si tu n'étois insatiable d'argent, tu n'aurois pas ouvert les tombeaux des morts. — Othon étoit accablé de dettes, et il disoit publiquement : je suis ruiné sans ressource, si ce n'est qu'on m'élève au plutôt à l'empire.

422.e Règle : *Si* dubitatif, et autres règles.

I. David apprenant que les rebelles avoient été défaits, demanda si Absalon étoit en vie. — Les ambassadeurs des Scythes demandèrent à Alexandre s'il vouloit les avoir pour amis ou pour ennemis.

II. Joseph demanda à ses frères si Jacob vivoit encore. — Chez les Egyptiens, le meurtre volontaire étoit puni de mort, et ils ne considéroient point si celui qui avoit été tué étoit libre ou non.

III. Le neveu de Masinissa sourit à Scipion, lorsque celui-ci lui demanda s'il vouloit retourner chez son oncle. — On doute si Conon se sauva de la prison, ou s'il subit le dernier supplice.

IV. Lorsqu'on demanda à Rébecca si elle vouloit partir avec Eliézer, serviteur d'Abraham, elle répondit sans hésiter qu'elle y consentoit. — En Egypte, on auroit condamné à mort quiconque auroit tué un chat, et on n'examinoit point si le meurtrier l'avoit tué volontairemeut ou non.

V. Le juge ayant demandé à sainte Théodore si elle étoit libre, elle se contenta de répondre qu'elle étoit Chrétienne. — Chez les Perses, on ne condamnoit jamais un homme sans lui avoir confronté ses accusateurs, pour juger s'il étoit accusé justement ou à faux.

VI. Je ne sais si l'on peut rien imaginer de plus cruel que les supplices que la fureur d'Antiochus lui fit inventer contre les Juifs. — Bocchus, roi des Maures, délibéra longtemps s'il livreroit Jugurtha à Sylla, ou Sylla à Jugurtha ; il finit par livrer son gendre au questeur romain.

423.e Règle : *Comme*, *de même que*, et autres règles.

I. De même que notre ame est la vie de notre corps, de même Dieu est la vie de notre ame. — Comme J. C. a prié pour ses bourreaux, de même nous devons prier pour nos ennemis.

II. Les Israélites dirent à Josué : comme nous avons obéi à Moïse, de même nous vous obéirons.

III. Comme les oiseaux ne peuvent voler sans air, ni les poissons nager sans eau, de même, disoit S. Grégoire, l'homme ne peut faire un pas sans J. C.

IV. De même que le pain fortifie notre corps, de même la sainte Eucharistie fortifie notre ame.— Il faut que, comme un bon arbre produit de bons fruits, de même le Chrétien produise de bonnes œuvres.

V. Timoléon étoit un excellent capitaine ; et comme dans sa jeunesse il avoit eu la maturité d'un vieillard, de même dans sa vieillesse il eut le courage et la vigueur d'un jeune homme.

VI. Ne doutez point, dit un auteur, que de même que le corps est déchiré par les coups de fouet, de même l'ame ne soit déchirée par les passions criminelles. — Philippe n'avoit pas honte de dire que, comme on amuse les enfans avec des jouets, de même on amuse les hommes avec des sermens.

424.e RÈG. : *Comme*, signifiant *pendant que*, *puisque*, *parce que*, etc.

I. COMME Tobie se lavoit les pieds, un poisson monstrueux sortit de l'eau pour le dévorer.

II. Comme saint Eusèbe entroit dans une petite ville (1), une femme Arienne lui cassa la tête avec une tuile.

III. Comme J. C. montoit au Calvaire, Simon l'aida à porter la croix.

---

(1) Dolique en Syrie.

IV. Comme Pyrrhus couroit de toutes ses forces sur un jeune Argien qui l'avoit blessé d'un coup de lance, la mère du jeune homme lança une tuile sur la tête du roi qui fut tué. — Manlius dit à son fils : comme tu as combattu sans en avoir reçu l'ordre, ton châtiment rétablira la discipline militaire.

V. Comme Darius alloit expirer, un Macédonien qui l'entendit gémir, s'approcha pour le secourir. — Samuel dit au roi Saül : comme vous avez désobéi au Seigneur, votre règne ne subsistera point à l'avenir.

VI. Comme l'Espagne étoit ravagée d'une cruelle famine, saint Dominique, après avoir donné tout son argent, vendit ses meubles et ses livres mêmes, pour assister les pauvres. — Dieu dit à Abraham : comme vous n'avez pas fait difficulté d'immoler votre fils unique pour m'obéir, je vous comblerai de biens.

425.e Règle : *Aller*, *devoir*, ne marquant pas *obligation*, etc.

I. Je vais ébranler, dit le Seigneur des armées, le ciel et la terre, la mer et tout l'univers. — Ce soir, dit Moïse aux enfans d'Israël, le Seigneur doit vous donner de la chair à manger, et demain il doit vous rassasier de pain.

II. J. C. dit à ses Apôtres : ceci est mon sang qui doit être répandu pour le salut du monde. — Le désiré de toutes les nations va venir, dit le Seigneur, et je remplirai de gloire ma maison.

III. Je vais mourir, disoit Esaü avide d'un plat de lentilles ; à quoi doit me servir mon droit d'aînesse ?

IV. Malheur à toi, Pharaon : le Seigneur va étendre sa main sur toi, et te frapper toi et ton peuple. Rassurez-vous, enfans d'Israël, c'est le Seigneur lui-même qui doit combattre pour vous.

V. Le Seigneur dit à Moïse : vous allez voir si ma parole est impuissante. — Ne craignez point, dit Moïse aux enfans d'Israël saisis de frayeur ; attendez seulement, et vous verrez le miracle que le Seigneur doit faire en votre faveur.

VI. Alexandre ne fut pas plutôt entré dans les eaux du Cydnus, qu'il se sentit saisi d'un frisson si violent qu'on crut qu'il alloit mourir. — Carthaginois, ne chantez pas victoire ; Agathocle que vous tenez renfermé dans Syracuse, doit bientôt assiéger Carthage.

426.e RÈGLE : *Devoir*, *il faut*, marquant *obligation*, et autres règles.

I. On doit aimer Dieu. — Il faut chérir nos frères.

II. On doit éviter le péril. — Il faut châtier le corps rebelle à la loi de Dieu.

III. On doit instruire les ignorans. — Il faut supporter les défauts de nos frères.

IV. On doit observer les commandemens de Dieu et de l'Eglise. — Il faut fuir l'oisiveté.

V. On doit proportionner la peine à la faute. — Il faut porter la croix de J. C., pour avoir part à sa gloire.

VI. On doit honorer les parens. — Mon fils, disoit un vieillard à S. Siméon, il faut supporter la faim et la soif, les injures et les opprobres.

427.e Règle : *Avoir besoin*, suivi d'un infinitif, et autres règles.

I. La langue a besoin d'être réprimée avec le plus grand soin.

II. Les jeunes gens ont besoin d'être excités au travail. — La chair a besoin d'être domptée par le jeûne..

III. Socrate n'épargnoit pas Alcibiade dont l'orgueil avoit besoin d'être réprimé.

IV. Lors même que Claude fut sorti de tutèle, il eut besoin long-temps d'être conduit comme un enfant par un gouverneur.

V. Il ne faut jamais courber la règle, dit un auteur, mais elle a besoin quelquefois d'être amollie.

VI. Les Perses étoient persuadés que plus la jeunesse est portée aux vices, plus elle a besoin d'être retenue par une exacte et sévère discipline.

428.e Règle : *Devoir*, *il faut*, suivi d'un verbe qui ne gouverne pas l'accusatif, et autres règles.

I. On doit toujours recourir à Dieu. — Il faut résister aux passions.

II. On doit étudier les mystères et les exemples de J. C. — Il faut lutter contre Satan.

III. On doit secourir les malheureux. — Il faut user de la maladie comme de la santé.

IV. Plusieurs paroissent avoir oublié qu'on doit obéir à l'Eglise comme à Dieu même. — Ne craignons point les hommes, quand il faut obéir à Dieu.

V. On doit user des biens créés, et non en jouir. — Il ne faut jamais désespérer du salut.

VI. On doit s'abstenir de tout mal, et se tenir sur ses gardes contre les ruses de Satan. — Les Apôtres répondirent aux princes des prêtres et aux docteurs de la loi : il faut obéir à Dieu plutôt qu'aux hommes.

429.e Règle : *Tant s'en faut*, etc.

I. Tant s'en faut que Charondas violât les lois qu'il avoit établies, qu'au contraire il les scella de son sang.

II. Tant s'en faut que j'admire la mort de Lycurgue, de Caton et de plusieurs autres, qu'au contraire je les accuse d'orgueil et de lâcheté.

III. Tant s'en faut que J. C. évitât la mort, qu'au contraire il se présenta lui-même aux soldats qui le cherchoient. — Tant s'en faut que l'aumône nous appauvrisse, qu'au contraire elle nous enrichit.

IV. Tant s'en faut que Périclès approuvât l'ambition des Athéniens, qu'au contraire il ne pensoit qu'à la réprimer.

V. Nicoclès, roi de Salamine, disoit : tant s'en faut que j'aie fait tort à quelque citoyen, qu'au contraire j'en ai enrichi plusieurs.

VI. Tant s'en faut que Domitien marchât sur les traces de Titus son frère, qu'au contraire il imita Néron, le plus cruel des empereurs.

430.e Règle : *Peu s'en faut*, *il ne tient à rien que*, *etc.* et autres règles.

I. Peu s'en fallut qu'Annibal n'enlevât aux Romains l'empire du monde.

II. Peu s'en fallut que l'armée de Marc-Aurèle ne pérît par la soif en Germanie.

III. Il ne tint à rien que le poète Horace ne fût écrasé par un arbre.

IV. Peu s'en fallut que Platon ne fût tué par les gardes de Denis le jeune, auquel le philosophe conseilloit de renoncer à la tyrannie.

V. Il ne tint à rien que Pélopidas et ses compagnons n'échouassent dans l'entreprise qu'ils avoient concertée pour affranchir Thèbes de la tyrannie.

VI. Pendant qu'à Rome on remercioit un

consul de n'avoir pas désespéré de la république, peu s'en falloit qu'à Carthage on ne blâmât Annibal d'avoir remporté la victoire, tant on portoit envie à cet illustre général.

431.e Règle : *Penser*, *faillir*, *manquer*, et autres règles.

I. L'Armée de Josaphat et de Joram pensa périr de soif dans un désert.

II. Alcibiade manqua d'être brûlé vif dans la chambre où il dormoit.

III. L'empereur Adrien faillit être tué par un homme furieux qui courut sur lui l'épée nue.

IV. Alexandre manqua périr pour s'être baigné dans le Cydnus dont les eaux étoient très-froides.

V. Datames qui fut tué en trahison avoit déjà pensé périr par les embûches du perfide Thyus, son parent et gouverneur de Paphlagonie.

VI. Saül menaça de mort celui qui prendroit de la nourriture avant la défaite entière des Philistins, et Jonathas son fils faillit périr.

432.e Règle : *Il s'en faut beaucoup que.... être bien éloigné de...*, etc.

I. Il s'en fallut beaucoup que les hommes après le déluge devinssent meilleurs qu'auparavant.

II. Il s'en fallut beaucoup que Xerxès asservît la Grèce, comme il l'avoit espéré.

III. Il s'en falloit bien que les Grecs, sous le règne du second Artaxerxe, roi des Perses, fussent les mêmes que sous le règne du premier. — César étoit bien éloigné de se contenter de la seconde place à Rome.

IV. Il s'en falloit beaucoup que, du temps de Philippe et d'Alexandre, rois de Macédoine, les Athéniens montrassent autant de courage que du temps de Xerxès roi des Perses. — Cyrus étoit bien éloigné de croire qu'il fût fort glorieux de ne commander qu'à des esclaves.

V. Il s'en fallut beaucoup que Pierre qui avoit promis de mourir pour J. C. tînt sa promesse. — Les Apôtres qui avoient abandonné J. C. encore vivant, étoient bien éloignés d'enlever son corps après sa mort.

VI. Il s'en fallut beaucoup que Bessus se montrât aussi courageux pour soutenir un combat, que hardi pour commettre un parricide. — Phocion étoit bien éloigné de flatter les Athéniens ; mais telle étoit sa probité que malgré leur inconstance naturelle, ils se rendoient toujours à ses avis.

433.e Règle : *Faut-il que*... par exclamation, et autres règles.

I. Faut-il que le Fils de Dieu ait été crucifié pour les esclaves !

II. Faut-il que Barabbas, ce meurtrier, ce voleur, ait été préféré à J. C. !

III. Jonathas s'écria : Faut-il que je meure pour avoir mangé un peu de miel ! — Néron, réduit au désespoir, s'écrioit : faut-il qu'un si habile musicien périsse !

IV. Faut-il que le sang d'un Dieu ait été inutilement répandu pour un grand nombre de Chrétiens !

V. Les Romains, après la mort de Titus, s'écrioient : faut-il qu'un prince si bienfaisant ait régné si peu d'années !

VI. Le pape saint Grégoire ayant vu des esclaves anglais bien faits et d'une belle physionomie, s'écria : faut-il que de tels hommes soient si difformes aux yeux de Dieu !

434.e Règle : *Faire*, signifiant *faire en sorte*, et autres règles.

I. Mardochée fit savoir à Esther le complot du superbe Aman.

II. Le prophète Elisée faisoit savoir au roi d'Israël tous les projets du roi de Syrie.

III. Chusaï fit savoir à David, par les prêtres du Seigneur, tout ce qui s'étoit dit dans le conseil d'Absalon. — Denis, tyran de de Syracuse, fit comprendre à Damoclès combien peu il étoit heureux.

IV. Jonathas fit savoir à David que Saül avoit formé le projet de le poursuivre à force ouverte. — Pères et mères, faites élever chrétiennement vos enfans.

V. L'épouse de Pilate lui fit savoir le songe qu'elle avoit eu au sujet de Jésus. — Sainte Marguerite, reine d'Ecosse, fit inspirer de bonne heure à ses enfans l'amour de la vertu et la haine du vice.

VI. Tarquin-le-Superbe, sans dire un mot, et sans rien écrire, fit savoir à son fils Sextus ce qu'il avoit à faire à l'égard des Gabiens. — Annibal fit remporter aux troupes de Prusias plusieurs victoires tant sur terre que sur mer.

435.e Règle : *Faire connoître*, etc.

I. Les forfaits de Caligula firent connoître aux Romains sa barbarie.

II. Les pieuses sollicitudes de Magdeleine nous font connoître son ardent amour pour J. C.

III. Le zèle ardent de saint Victor fit connoître aux païens que ce généreux soldat étoit chrétien.

IV. Des lettres écrites à Tarquin firent connoître évidemment aux consuls le complot tramé en sa faveur par quelques jeunes Romains.

V. La lettre que Philippe écrivit à Aristote

sur la naissance de son fils, nous fait connoître combien il estimoit les hommes savans.

VI. Deux jeunes frères, Just et Pasteur, eurent la tête tranchée, parce que leurs gestes et leurs discours avoient fait connoître aux païens qu'ils étoient chrétiens. — Saint Alexandre, avant d'être évêque, avoit été charbonnier, de sorte que son visage et ses mains faisoient connoître son métier.

436.e Règle : *Faire*, signifiant *contraindre*, *commander*, *engager*, etc.

I. Joseph fit prendre et lier Siméon. — Caligula faisoit combattre les chevaliers romains comme gladiateurs.

II. La vue de Benjamin faisoit pleurer Joseph. — Perfide Judas, l'amour de l'argent t'a fait trahir ton Maître.

III. Les Philistins ayant pris Samson, l'enfermèrent dans une prison, et lui firent tourner la meule d'un moulin. — Marius, après avoir fait charger de chaînes Jugurtha, le fit renfermer dans un cachot fangeux. — La parabole du prophète Nathan fit ouvrir les yeux à David qui dit aussitôt : j'ai péché.

IV. Les fréquentes infirmités de sainte Marcelle lui firent prendre un peu de vin. — La honte faisoit fuir la compagnie des hommes aux légions romaines qui avoient passé sous le joug. — Artémise fit construire à Mausole son mari, un tombeau magnifique qui passoit pour une des sept merveilles du monde.

V. Le martyr saint Léon dit au juge : les tourmens dont vous me menacez ne me feront point changer de sentiment. — Le consul Néron fit jeter dans les retranchemens d'Annibal la tête de son frère Asdrubal qui étoit mort les armes à la main. — Véturie fit renoncer Coriolan au projet de mettre Rome à feu et à sang.

VI. David fit tuer sur-le-champ l'Amalécite qui lui avoit apporté le diadème et les bracelets du roi Saül. — La compassion fit mentir les sages-femmes d'Egypte ; aussi Dieu les récompensa, non pas pour leur mensonge, mais pour leur humanité. — La famine fit manger aux habitans de Casilinum des rats et d'autres animaux, et même les peaux de leurs boucliers, après les avoir amollies dans l'eau bouillante.

437.e Règle : *Ne faire que de*, etc., et autres règles.

I. Darius ne faisoit que d'expirer, lorsqu'Alexandre arriva et couvrit son corps de son manteau.

II. Alexandre ne faisoit que d'entrer dans le fleuve Cydnus, lorsqu'un froid subit s'empara de tous ses membres.

III. Les Mages ne faisoient que de sortir

de Jérusalem, lorsqu'ils aperçurent de nouveau l'étoile.

IV. Les Perses ne faisoient que de partir de la ville de Tarse où ils avoient mis le feu, lorsque Parménion y arriva pour arrêter l'incendie.

V. Alexandre ne faisoit que de partir de Tyr, lorsqu'il apprit par un eunuque que l'épouse de Darius venoit de mourir.

VI. Alexandre et ses officiers ne faisoient que de se mettre à table, lorsque tout à coup un cri lugubre, mêlé de hurlemens et de gémissemens, se fit entendre, et effraya tous les conviés.

438.e Règle : *Ne faire que*, et autres règles.

I. Esaü, fils aîné d'Isaac, ne faisoit que chasser.

II. Le gourmand Vitellius, indigne du nom d'empereur, ne faisoit que boire, manger et vomir.

III. Les méchans ne feront que hurler dans les enfers, tandis que les Saints ne feront que louer Dieu dans le ciel.

IV. S. Jean, dans sa vieillesse, ne faisoit que répéter ces mots : mes enfans, aimez-vous les uns les autres; car, disoit-il, c'est le précepte du Seigneur.

V. Héraclite voyant combien les hommes étoient fous, ne faisoit que pleurer; Démocrite au contraire ne faisoit que rire pour insulter à leur folie.

VI. Pendant le siége de Jérusalem, un homme du peuple, nommé Jésus, ne faisoit que crier : malheur à la ville, malheur au temple, malheur au peuple; enfin il ajouta : malheur à moi, et il fut tué d'un coup de pierre.

439.e Règle : Différentes manières d'exprimer *faire*, et autres règles.

I. Pilate fit sa paix avec Hérode à qui il avoit envoyé J. C.

II. Scipion l'Africain, dès sa jeunesse, fit concevoir de lui une bonne opinion. — Sylla se fit donner par force la dictature.

III. La fausse modestie de Tibère avoit d'abord fait espérer aux Romains qu'ils recouvreroient leur ancienne liberté. — Claude, au commencement de son règne, fit concevoir de lui une bonne opinion.

IV. Livius Salinator, consultant les intérêts de la république, fit sa paix avec Claudius Néron qui lui avoit été donné pour collègue. — Octave se fit donner par force le consulat.

V. La réponse d'Abdalonyme fit concevoir une haute opinion de sa vertu. — Philotas s'étoit faussement imaginé avoir fait sa paix avec Alexandre.

VI. La clémence que montra d'abord Caligula avoit fait espérer au peuple romain qu'il seroit plus heureux que sous Tibère ; mais il ne tarda pas à faire concevoir de lui la plus mauvaise opinion, et devint tout à coup un tyran et un monstre de folie et de cruauté. — L'humanité de Vespasien envers Antiochus fit espérer à ses deux fils qu'ils pourroient faire leur paix avec cet empereur.

440.e Règle : *Venir de...* devant un infinitif, et autres règles.

I. Joseph alla promptement au-devant de son père qui venoit d'arriver en Egypte.

II. Alexandre voyant le corps de Clitus qu'il venoit de percer d'une javeline, vouloit s'en percer lui-même.

III. Les enfans d'Israël étant entrés dans la mer que le Seigneur venoit de dessécher, les Egyptiens se mirent à les poursuivre.

IV. Brutus craignant d'éprouver le même sort que son frère qui venoit d'être mis à mort par Tarquin-le-Superbe, ne balança pas à contrefaire l'insensé. — Adonias et ses partisans furent surpris d'apprendre que Salomon venoit d'être sacré roi par ordre de David, et qu'il étoit déjà assis sur le trône.

V. Scipion, après avoir remercié Annibal des conseils qu'il venoit de lui donner, l'avertit de se préparer au combat, s'il n'aimoit mieux accepter les conditions qu'il venoit de proposer.

VI. Lorsque Sisygambis apprit qu'Alexandre venoit de mourir, on eût dit que Darius venoit d'expirer, et que cette reine infortunée faisoit tout à la fois les funérailles de deux fils.

441.e Règle : *Venir à... n'aller pas....*, et autres règles.

I. Si vous venez à élever un temple au Christ, disoit le sénat à l'empereur Alexandre, tous les temples de nos dieux seront fermés. — Qu'Annibal n'aille pas se fier à Prusias.

II. Lorsque Néron vint à exagérer la prudence et la sagesse de Claude dont il faisoit l'éloge, on éclata de rire. — Que Pilate n'aille pas se croire innocent pour s'être lavé les mains.

III. Tant que vous serez heureux, dit Ovide, vous compterez beaucoup d'amis ; mais si vous venez à éprouver quelque revers, ils vous abandonneront. — N'allons pas nous imaginer que Dieu qui nous a créés sans nous, veuille nous sauver sans nous.

IV. Si les Germains, disoient les Romains après la défaite de Varus, viennent à marcher contre Rome, c'en est fait de nous. — Que Xerxès n'aille pas s'imaginer que les Grecs lui abandonnent facilement la victoire.

V. Si le délateur venoit à être convaincu de mensonge, les lois des Perses le condamnoient aux mêmes peines qu'on eût fait subir à l'accusé, si celui-ci n'eût été reconnu innocent. — Que Néron n'aille pas s'imaginer que les Romains lui laissent la vie, parce qu'il se croit un habile musicien.

VI. Pourrons-nous nous empêcher de nous anéantir devant Dieu, si nous venons à comparer notre vie avec celle des premiers Chrétiens ? quelle ferveur, que de vertus d'un côté ! quelle lâcheté, que de vices de l'autre ! — Quand Dieu nous afflige, n'allons pas prendre pour un ennemi qui nous poursuit afin de nous perdre, un Dieu qui ne nous châtie qu'afin de nous rendre dignes de lui.

442.e Règle : *Etre près* ou *sur le point de*, et autres règles.

I. J. C. lava les pieds de Judas, quoique ce perfide fût sur le point de le livrer. — J. C. étoit près d'expirer, lorsqu'il dit à un des larrons : vous serez aujourd'hui avec moi dans mon royaume.

II. Saül, sur le point d'être saisi par ses ennemis, dit à son écuyer : tirez votre épée pour me tuer. — Platon, près de mourir, se félicitoit d'être venu au monde dans le siècle où vivoit Socrate.

III. Téribaze sauva la vie à Artaxerxe, roi des Perses, qui dans une chasse étoit près d'être dévoré par deux lions. — Clitus couvrit Alexandre de son bouclier, et abattit la main de Rosacès qui étoit sur le point de frapper le roi par derrière.

IV. Syracuse étoit près de se rendre aux Athéniens, lorsque Gylippe arriva fort à propos pour la secourir. — Philippe, en montant sur le trône, trouva la Macédoine sur le point d'être opprimée.

V. La ville d'Olinthe, sur le point d'être assiégée par Philippe, implora le secours des Athéniens. — Un soldat étoit près de tuer Crésus sans le connoître, lorsque son fils, qui passoit pour muet, fit effort pour crier, et prononça ces paroles : soldat, ne tue point Crésus.

VI. Philippe ayant été blessé à la cuisse et ayant perdu son cheval, étoit près d'être tué, lorsqu'Alexandre son fils vint à son secours et le couvrit de son bouclier. — Parménion étoit étonné qu'Alexandre, sur le point de livrer bataille, dormît d'un si profond sommeil qu'il fallut l'éveiller : comment ne serions-nous pas tranquilles, répondit Alexandre, en voyant l'ennemi se livrer lui-même entre nos mains, et sur le point d'être taillé en pièces ?

443.e Règle : *Ne manquer pas de*, devant un infinitif, etc.

I. Apôtres de J. C., ne craignez point ; votre maître ne manquera pas de vous assister.

II. Enfans d'Israël, pourquoi tremblez-vous en voyant l'armée de Pharaon ? le Seigneur ne manquera pas de combattre pour vous.

III. Jacob, ne redoutez point Esaü votre frère : Dieu votre protecteur ne manquera pas de l'apaiser.

IV. Cyrus peut tout entreprendre : le Seigneur ne manquera pas de briser les portes d'airain et les gonds de fer pour lui assujettir toutes les nations.

V. Pourquoi les Israélites craignent-ils de mourir de faim dans le désert ? Dieu qui les a tirés de l'Egypte, ne manquera pas de les nourrir.

VI. Les Carthaginois ont beau inventer toutes sortes de supplices contre Régulus : cet illustre prisonnier, lié par son serment, ne manquera pas de retourner à Carthage.

444.e Règle : *Ne manquez pas de*, se tourne par *souvenez-vous, etc.*, et autres règles.

I. Le perfide Judas dit aux soldats : ne manquez pas de saisir celui que je baiserai.

II. David dit en vain à ses généraux : ne

manquez pas de me conserver mon fils Absalon.

III. Jacob, sur le point de mourir, dit à son fils Joseph : ne manquez pas de transporter mon corps de l'Egypte dans le tombeau de mes pères.

IV. Le perfide Absalon dit à ses officiers : lorsque je vous ferai signe, ne manquez pas de frapper Amnon et de le tuer. — Judith, avant de partir pour couper la tête à Holoferne, dit à Osias et aux anciens : ne manquez pas de prier Dieu pour moi.

V. Tobie, avant de mourir, dit à son fils : aussitôt que vous aurez enseveli votre mère dans le même tombeau que votre père, ne manquez pas de sortir d'ici ; car je prévois que la ruine de Ninive est proche.

VI. Sainte Monique, près de mourir, dit à ses fils : mettez mon corps où vous voudrez, mais ne manquez pas de recommander mon ame à J. C., souverain prêtre, et pontife des biens futurs.

445.e Règle : *Laisser*, devant un infinitif, et autres règles.

I. Les exploits de Miltiade ne laissoient pas dormir Thémistocle.

II. Jésus-Christ se laissa prendre et enchaîner par les soldats qu'il avoit renversés par terre.

III. Le roi Agésilas ne laissa point tirer son portrait de son vivant.

IV. Samson se laissa prendre par trois mille hommes qui avoient ordre de l'arrêter.

V. Denis le jeune avoit tant de confiance en Platon, qu'il le laissoit approcher à toute heure sans le fouiller, ce qu'il n'accordoit à aucun de ses amis.

VI. Le frère de Joab, entendant les paroles insolentes de Semeï, dit : laisserons-nous ce chien mort maudire ainsi le roi mon maître ? laissez-le me maudire, répondit David : c'est le Seigneur qui lui a commandé de maudire David.

446.e Règle : *Ne pas laisser de*, devant un infinitif, et autres règles.

I. Socrate, quoique naturellement emporté, n'a pas laissé de donner des exemples de la plus grande modération.

II. Quoique Jugurtha l'emportât en tout sur ceux de son âge, il ne laissoit pas d'en être aimé.

III. Agis, quoique condamné à mort, ne laissoit pas de s'estimer plus heureux que ceux qui l'y avoient condamné.

IV. Gédéon n'ayant avec lui que trois cents hommes, ne laissa pas d'exterminer l'armée des Madianites composée de cent vingt mille hommes.

V. Quoique les Scythes l'emportassent sur les Macédoniens, tant par la valeur que pour le nombre, ils ne laissèrent pas d'être vaincus par la ruse de Philippe.

VI. Annibal, après avoir rendu des services importans à Prusias, avoit sujet de s'attendre qu'il lui seroit fidèle : ce roi ne laissa pas de le trahir.

447.e Règle : *S'occuper à...*, *se mêler de...*, et autres règles.

I. Babylone fut prise tandis que tous ses habitans s'occupoient à boire et à manger. — Alexandre se mêloit d'exercer la médecine.

II. Domitien, renfermé dans son cabinet, s'occupoit à enfiler des mouches. — Denis l'ancien se mêloit de faire des vers.

III. Lorsque Noé s'occupoit à bâtir l'arche, les hommes mangeoient et buvoient sans penser au déluge. — L'extravagant Caligùla se mêloit de critiquer Homère et Virgile.

IV. Quintus-Cincinnatus s'occupoit à labourer lorsqu'on lui annonça qu'il avoit été créé dictateur. — Phormion vouloit se mêler de donner à Annibal des préceptes sur l'art militaire.

V. Sardanapale qui surpassa tous ses prédécesseurs en luxe et en mollesse, s'occupoit à filer, étant habillé et fardé comme les femmes. — Les Pharisiens dirent à l'aveugle-né : tu n'es que péché dès ta naissance, et tu te mêles de nous enseigner !

VI. Esope demandant un jour à Chilon à quoi s'occupoit Jupiter : il s'occupe, lui répondit le philosophe, à abaisser ceux qui s'élèvent, et à élever ceux qui s'abaissent.

— L'infâme Néron se mêloit de disputer le prix aux plus habiles musiciens et aux plus fameux acteurs du théâtre.

448.e Règle : *Se mettre à....*, et autres règles.

I. Tobie et son épouse voyant leur fils, se mirent à pleurer de joie.

II. Les Egyptiens effrayés se mirent à rebrousser chemin, et furent engloutis dans les flots.

III. Les enfans d'Israël se mirent à poursuivre les Philistins, et en tuèrent un grand nombre.

IV. Pharaon, averti que les Israélites avoient pris la fuite, assembla ses troupes et se mit à les poursuivre.

V. Lorsque Socrate avala la ciguë, Apollodore se mit à hurler et à jeter de grands cris, de manière qu'il n'y eut personne à qui il ne fît fendre le cœur; Socrate seul n'en fut point ému.

VI. Alexandre ayant dit à ses soldats que peu s'en étoit fallu qu'il ne leur fût ravi par la trahison d'un petit nombre de scélérats, ils se mirent tous à pleurer et à pousser des gémissemens.

449.e Règle : *Avoir la force de..., la hardiesse de...*, et autres règles.

I. Goliath qui avoit eu la hardiesse d'insulter à l'armée d'Israël, fut terrassé par David.

II. Misérable Judas, as-tu donc eu la force de trahir ton Maître !

III. L'insolent Gaulois qui avoit eu la hardiesse de défier le plus brave des Romains, fut vaincu par Manlius-Torquatus. — Pilate, as-tu bien eu la force de condamner à mort Jésus-Christ dont tu avois reconnu l'innocence !

IV. Véturie demanda à Coriolan son fils, comment il avoit eu la hardiesse de ravager un pays qui l'avoit vu naître et qui l'avoit nourri. — Une mère a-t-elle bien eu la force de manger son enfant !

V. Les Grecs, pour flatter Alexandre, avoient la force de dire qu'Hercule, Bacchus, Castor et Pollux céderoient la place à ce nouveau dieu. — Les Babyloniens croyant n'avoir rien à craindre, à cause de leurs remparts et de leurs magasins, avoient la hardiesse d'insulter à Cyrus qui les assiégeoit.

VI. Thémistocle, banni d'Athènes, eut la hardiesse de se réfugier chez le roi des Perses qui avoit mis sa tête à prix, et promettoit 200 talens à celui qui la lui apporteroit. — Bessus qui eut la force d'enchaîner, puis d'égorger Darius son roi et son bienfaiteur, ne ressembloit-il pas plutôt à un tigre qu'à un homme ?

450.e RÈGLE : *Ne servir qu'à*, devant un infinitif, et autres règles.

I. La flamme de la fournaise ne servit qu'à rompre les chaînes des compagnons de Daniel.

II. Les efforts de Pilate pour délivrer Jésus ne servirent qu'à augmenter la rage de ses ennemis.

III. L'empereur Adrien congédia tous ses médecins, disant que les remèdes ne servoient qu'à aigrir ses douleurs.

IV. Les plaies dont Dieu frappa l'Egypte ne servirent qu'à endurcir le cœur de Pharaon.

V. La rage des empereurs romains contre Jésus-Christ ne servoit qu'à augmenter le nombre de ses Disciples, parce que le sang des martyrs devenoit une semence de Chrétiens.

VI. Toutes les précautions des Juifs, et la déposition des soldats endormis, n'ont servi qu'à prouver que J. C. est véritablement ressuscité. — Les miracles et les bienfaits de Dieu, lorsqu'on en abuse, ne servent qu'à corrompre et endurcir le cœur.

451.e RÈGLE : *Savoir*, devant un infinitif, et autres règles.

I. PISISTRATE fut détrôné deux fois, et deux fois il sut remonter sur le trône.

II. César sut user modérément de la victoire, et pardonna à tous ceux qui avoient porté les armes contre lui.

III. Fabius avoit renfermé Annibal dans le territoire de Falerne ; mais le rusé Carthaginois sut se dégager sans aucune perte.

IV. Salomon sut démêler laquelle des deux étoit la mère d'un enfant que deux femmes se disputoient.

V. L'empereur Claude qui passoit pour stupide, sut convaincre une femme qu'elle étoit mère d'un enfant qu'elle avoit la hardiesse de désavouer.

VI. Alexandre avoit su inspirer tant de confiance et de courage à ses généraux et à ses officiers, qu'on eût dit qu'ils marchoient, non à une guerre, mais à une victoire assurée.

452.e RÈGLE : *Il me tarde...*, *je suis dans l'impatience*, et autres règles.

I. S. Ignace étoit dans l'impatience d'être dévoré par les bêtes.

II. Il tardoit à Caton de voir Carthage détruite.

III. Il tardoit à J. C. de boire le calice que son Père lui avoit préparé. — Les Juifs étoient dans l'impatience de voir J. C. attaché à la croix.

IV. Les martyrs étoient dans l'impatience de monter sur l'échafaud pour prendre leur essor dans le ciel. — Il tardoit aux Juifs emmenés à Babylone, de retourner à Jérusalem.

V. Après avoir terminé la guerre, Denis le jeune étoit dans l'impatience de voir Platon. — Il tardoit aux Grecs, partisans du jeune Cyrus, d'arriver dans leur patrie.

VI. Les Romains étoient dans l'impatience de se délivrer d'Annibal, même par la trahison, tant son nom seul leur inspiroit la terreur. — Il tardoit à Alexandre de voir Bessus attaché à un gibet, payer à tous les rois et à tous les peuples de la terre la juste peine de son parricide.

453.e Règle : Il ne tient qu'à moi, qu'à vous, etc.

Per me, per te unum stat quominùs id fiat, et autres règles.

I. Il ne tenoit qu'à Socrate de sortir de prison.

II. Il ne tint qu'à David de tuer Saül son ennemi. — Il ne tenoit qu'à Solon d'être élu roi.

III. Il ne tenoit qu'à Fabricius que Pyrrhus ne fût empoisonné par son médecin. — Il ne tenoit qu'à Dion de se venger des Syracusains.

IV. Il ne tenoit qu'à l'empereur Auguste que Cinna et ses complices ne mourussent ; mais il aima mieux leur pardonner.

V. Il ne tenoit qu'à Phocion de devenir plus riche, puisqu'il commanda souvent les armées, et qu'il exerça les plus hauts emplois de la république : il ne laissa pas d'être toujours pauvre.

VI. Il ne tenoit qu'à Lycurgue de condamner à mort un jeune homme nommé Alcandre, qui, d'un coup de bâton, lui avoit crevé un œil ; mais loin de se venger, il le traita avec une extrême bonté.

454.e Règle : *Avoir beau...*, etc.

I. Noé eut beau exhorter les hommes à la pénitence.

II. Satan eut beau frapper le saint homme Job depuis les pieds jusqu'à la tête.

III. L'empereur Tite avoit beau inviter les Juifs à se rendre, ils persistoient toujours dans leur opiniâtreté.

IV. Le roi Pharaon eut beau consulter tous les devins de l'Egypte ; aucun ne put expliquer ses deux songes : il n'en fut pas de même de Joseph.

V. Parménion eut beau écrire à Alexandre de se défier de Philippe son médecin : le roi ne laissa pas d'avaler le remède qu'il lui avoit préparé.

VI. Le poète Pindare avoit assez peu de modestie pour se nommer le divin oiseau de

Jupiter, contre lequel les corbeaux avoient beau croasser.

455.e Règle : *Avoir de la peine à..., n'avoir pas de peine à...*, et autres règles.

I. Les Romains eurent de la peine à subjuguer les Carthaginois. — Annibal n'eut pas de peine à se rendre maître de Tarente.

II. Les Romains eurent de la peine à tuer un serpent énorme qui ravageoit leur armée. — Samson n'eut pas de peine à rompre les cordes dont on l'avoit lié.

III. Les soldats d'Annibal, énervés par les délices de Capoue, avoient de la peine à obéir et à supporter la faim, la soif et les travaux de la guerre. — Cimon, qu'on accusoit de s'être laissé corrompre par l'argent des Macédoniens, n'eut pas de peine à se justifier.

IV. Les grands ont de la peine à se croire pétris du même limon que le reste des hommes. — Ces mots, je suis venu, j'ai vu, j'ai vaincu, prouvent que César n'eut pas de peine à vaincre Pharnace, fils de Mithridate, qui s'étoit révolté.

V. Alexandre eut de la peine à se rendre maître de la ville de Tyr, tellement qu'il avoit délibéré s'il renonceroit à son entreprise. — Pyrrhus considérant les soldats romains qui, même après leur mort, conservoient un air menaçant, dit : avec de pareils hommes je n'aurois pas de peine à soumettre l'univers.

VI. Caton, ce grave censeur, avoit de la

peine à comprendre comment un aruspice pouvoit en regarder un autre sans rire. — On croit qu'Annibal n'auroit pas eu de peine à emporter Rome d'assaut, s'il avoit suivi le conseil de Maharbal. Cependant quelques-uns pensent autrement.

456.e Règle : *A force de....* devant un infinitif, et autres règles.

I. Sainte Thaïs, à force de prier, de pleurer et de gémir, obtint le pardon de ses péchés.

II. Les Juifs qu'Holoferne menaçoit d'une mort cruelle, se turent après s'être lassés à force de crier et de pleurer.

III. C'est à force de faire du bien que le roi Cyrus et l'empereur Tite gagnèrent la bienveillance de leurs sujets.

IV. Alexandre, à force d'avaler du vin, tomba sur le carreau, et mourut peu de temps après.

V. Annibal, âgé de 9 ans, à force de prier et de caresser son père Amilcar, l'engagea à l'emmener en Espagne.

VI. Si l'on en croit Tite-Live, Annibal vint à bout d'amollir un rocher, à force d'allumer du bois et de répandre du vinaigre.

457.e RÈGLE : *Pour ne pas dire...*, et autres règles.

I. DENIS le jeune étoit paisible et tranquille, pour ne pas dire paresseux et nonchalant.

II. L'empereur Claude étoit regardé comme imbécille, pour ne pas dire comme stupide.

III. Xerxès conduisit en Grèce des troupes considérables, pour ne pas dire innombrables. — S. Clou étoit libéral, pour ne pas dire prodigue envers les pauvres.

IV. Xantippe, épouse de Socrate, étoit d'une humeur bizarre et difficile, pour ne pas dire insupportable. — On dit que l'empereur Vespasien étoit économe, pour ne pas dire avare.

V. Jonathas qui ignoroit le serment de Saül son père, ne paroissoit-il pas excusable, pour ne pas dire innocent? — Esaü et Jacob naquirent le même jour et à la même heure, pour ne pas dire au même moment.

VI. Ce qui fait honneur à Alexandre, c'est que son camp devint un asile sûr, pour ne pas dire un temple sacré pour la mère, l'épouse et les filles de Darius.

458.e RÈGLE : *Avoir le bonheur...., le malheur de...*, etc.

I. TOBIE eut le malheur de devenir aveugle ; mais il eut ensuite le bonheur de recouvrer la vue.

II. Trajan eut le bonheur d'avoir des amis fidèles. Denis le jeune avoit eu le malheur d'être fort mal élevé.

III. Alexandre eut le bonheur de vaincre tous ses ennemis ; mais il eut le malheur d'être dompté par les vices.

IV. L'empereur Constantin eut le bonheur de connoître et d'embrasser la vraie religion ; mais il eut le malheur d'être séduit par les Ariens.

V. Timoléon eut le bonheur de rétablir la paix dans la Sicile ravagée par la guerre ; mais dans la suite il eut le malheur de perdre la vue.

VI. Caton, malgré une tempête furieuse dont il fut assailli, eut le bonheur d'arriver sain et sauf dans la Thrace ; mais en arrivant, il eut le malheur d'apprendre que son frère venoit de mourir.

459.e RÈGLE : *Avoir lieu*, *sujet* ou *raison*, et autres règles.

I. DAVID avoit sujet de se plaindre du roi Saül.

II. La mère de Vitellius avoit raison de

pleurer, lorsqu'elle apprit qu'il étoit empereur.

III. Les enfans de Jacob avoient lieu de craindre le ressentiment de Joseph ; mais Joseph pardonna à ses frères les injures qu'il en avoit reçues.

IV. Titus, devenu empereur, avoit sujet de se plaindre de Domitien son frère ; cependant il l'associa à l'empire et le déclara son successeur.

V. Claude n'avoit point de fiel, de sorte que ceux qui l'avoient insulté foible et petit, n'eurent pas lieu de le craindre empereur. — — Denis le jeune n'étoit point porté à la cruauté, de sorte qu'on a sujet de dire qu'il étoit tyran par héritage plutôt que par inclination.

VI. N'aurons-nous pas sujet de trembler, si nous considérons que les démons ont été réprouvés pour un seul péché ? — Josephe l'historien a eu raison de dire que si Vitellius eût régné plus long-temps, tous les biens de la terre n'auroient pas suffi à sa voracité.

460.e Règle : *Vous ne sauriez croire...*, *vous le prendriez...*, et autres règles.

I. L'empereur Titus disoit : j'aimerois mieux périr que perdre les autres.

II. L'empereur Antonin avoit coutume de dire : j'aimerois mieux conserver un citoyen que tuer mille ennemis.

III. Le féroce Caligula disoit tout haut : je

je voudrois que les dieux n'eussent donné qu'une tête au peuple romain : je l'abattrois bientôt d'un seul coup.

IV. La mère de saint Louis lui disoit : mon fils, j'aimerois mieux vous embrasser mort, que vous voir souillé d'un seul péché mortel.

V. Qui le croiroit? le cruel Néron qui disoit : je voudrois voir brûler le monde, avoit dit autrefois, lorsqu'il fallut signer un arrêt de mort : je voudrois ne savoir point écrire. — Auguste disoit en plaisantant : j'aimerois mieux être le porc d'Hérode que son fils.

VI. Je voudrois savoir si le grand Salomon est sauvé, disoit quelqu'un à saint Nil ; et moi, répondit le Saint, je voudrois savoir si vous le serez vous-même. — A entendre Isaïe prédire la mort de J. C., vous le prendriez plutôt pour un évangéliste que pour un prophète.

461.e Règle : *Malgré* devant un nom de personne, et autres règles.

I. Epaminondas fut toujours élevé malgré lui aux charges de la république. — Les Carthaginois rappelèrent malgré lui Annibal de l'Italie. — Varron livra la bataille malgré Paul-Emile.

II. L'empereur Adrien, malgré lui, vécut plus long-temps qu'il n'auroit désiré. — Des soldats envoyés par Salomon tirèrent malgré lui Adonias d'auprès de l'autel. — Régulus retourna à Carthage malgré ses proches et ses amis.

III. Saint Ambroise fut élevé malgré lui à l'épiscopat. — J. C. est mort parce qu'il l'a voulu ; ce n'est donc pas malgré lui que les Juifs l'ont crucifié. — Malgré Hannon, les Romains purent laver leurs mains dans la mer de Sicile.

IV. Ce ne fut que malgré lui que Job fit le dénombrement des tribus. — S. Paul vouloit se présenter aux Ephésiens mutinés qui crioient : vive la grande Diane ; mais les Disciples le retinrent malgré lui. — Scipion encore jeune, malgré les anciens, obtint le consulat, au lieu de l'édilité qu'il demandoit.

V. Fabius - Maximus, loin de briguer le consulat, le refusa d'abord ; et ce ne fut que malgré lui qu'il l'accepta ensuite. — Après le meurtre de Clitus, Alexandre se seroit tué, si ses officiers ne l'eussent emporté malgré lui dans sa chambre. — Les Sidoniens se soumirent à Alexandre, malgré Straton leur roi qui s'étoit déclaré pour Darius.

VI. Sylla ne recevoit que malgré lui des bienfaits ; et il étoit plus prompt à les rendre que si c'eût été de l'argent prêté. — Persée s'étoit retiré dans un temple où il se tenoit caché : les soldats romains l'en tirèrent malgré lui et le conduisirent au consul avec son fils aîné. — A Athènes, les esclaves pouvoient se racheter, même malgré leurs maîtres, quand ils avoient amassé une somme assez considérable.

462.e Règle : *Malgré* devant un nom de choses, et autres règles.

I. Susanne, malgré son innocence, fut condamnée à mort; mais Dieu la délivra.

II. Darius, malgré la douceur de son caractère, fit conduire au supplice Caridème qui ne lui avoit point déguisé la vérité.

III. La ville de Tyr, malgré une vigoureuse résistance de sept mois, fut prise d'assaut par Alexandre, à qui elle avoit refusé d'ouvrir ses portes.

IV. Pendant un règne de 38 ans, Denis, malgré ses grandes largesses, ne put se faire un seul ami.

V. Zoïle n'eut pas honte de critiquer les ouvrages d'Homère, malgré la brillante réputation dont ce poète jouissoit à juste titre.

VI. Abraham, malgré la tendresse qu'il avoit pour son fils Isaac, ne balança pas à obéir à Dieu, lorsqu'il lui ordonna de le lui immoler. — Malgré la famine qui désoloit les autres pays, les Egyptiens eurent toujours de quoi vivre, et même de quoi subvenir aux autres peuples.

463.e Règle : *Au haut, au milieu, au bas,* et autres règles.

I. Les trois compagnons de Daniel marchoient au milieu des flammes, louant Dieu.

II. Un aigle, dit la fable, fit son nid au haut d'un chêne, une chatte mit bas dans le milieu de l'arbre, et une laie, habitante des bois, mit ses marcassins au bas du chêne.

III. Adonibésec avoit coupé les extrémités des pieds et des mains à 70 rois qui ramassoient ses restes sous sa table; dans la suite on lui coupa à lui-même les extrémités des pieds et des mains. — Décius, espérant sauver sa patrie par sa mort, n'hésita pas à se précipiter au milieu de la mêlée.

IV. Un jour que Moïse avoit conduit son troupeau au fond du désert, le Seigneur lui apparut dans une flamme qui sortoit du milieu d'un buisson. — On dit que S. Bessarion passa 40 nuits debout au milieu des épines, sans dormir et sans s'appuyer.

V. Telle étoit la bizarrerie de Xantippe, épouse de Socrate, que quelquefois elle lui arrachoit son manteau au milieu de la rue. — Denis craignoit tellement pour sa vie, qu'il portoit sous sa robe une cuirasse d'airain, et ne haranguoit le peuple que du haut d'une tour.

VI. On coupa les extrémités des pieds et des mains à l'aîné des Machabées, à la vue de sa mère et de ses frères qui, loin de le plaindre, envioient son sort. — Les Tyriens, sans respecter le droit des gens, tuèrent les héraults qu'Alexandre leur avoit envoyés pour les inviter à la paix, et les jetèrent du haut des murs au milieu de la mer.

464.e Règle : *Il y a, il y avoit*, etc.

Il y auroit de la honte... *Turpe foret.*
Il y a cinq ans qu'il étudie... *A quinque annis studet.*
Il y eut près de huit cents morts.... *Ferè octingenti occisi sunt.*
Il y a des hommes qui... *Sunt homines qui.*

I. Il y a de la gloire à oublier une injure. — Au milieu du paradis terrestre, il y avoit l'arbre de la science du bien et du mal.

II. Il n'y eut jamais bête plus cruelle que l'empereur Maximin. — Il n'y eut presqu'aucun martyr sous le règne de Commode, ce qui paroît fort étonnant.

III. Depuis les pieds jusqu'à la tête, il n'y avoit pas dans Absalon le moindre défaut. — Comme il y a des vierges sages, il y a aussi des vierges folles. — Il y avoit environ 4 ans que Caligula régnoit, lorsque Rome fut enfin délivrée de ce monstre.

IV. Combien il y en a qui redoutent la peine du péché sans haïr le péché ! — Il y eut environ quarante mille Perses qui périrent à la bataille d'Arbèle. — Il y avoit environ 23 ans que Tibère régnoit, lorsqu'il mourut empoisonné, ou, selon d'autres, étouffé avec des oreillers.

V. Il y a dans les Indes des philosophes

qui ne vivent que d'herbes, de légumes et de fruits, et s'abstiennent de toutes sortes d'animaux qu'ils regardent comme immondes. — Il n'y avoit qu'environ deux ans et trois mois que Titus régnoit, lorsqu'il mourut regretté de tous les Romains. — Il y eut quinze mille Romains qui furent tués à la bataille de Trasimène.

VI. Il n'y a point d'animal qu'on n'adoucisse à force d'en prendre soin. — Il y avoit environ treize ans et huit mois que Néron régnoit à Rome, lorsqu'il se tua lui-même pour éviter l'affreux supplice qui l'attendoit. — A la bataille de Cannes, il y eut au moins cinquante mille Romains, et environ huit mille Carthaginois qui restèrent sur le champ de bataille.

FIN DU TOME PREMIER.

Traduction de quelques mots qui ne se trouvent pas dans le dictionnaire.

Nota. Ceux qu'on ne trouvera ni dans cette Table, ni dans le Dictionnaire, sont indéclinables.

Aaron, Aaron, *indéclin.*; ou Aar on, *g.* onis. *m.*
Abdalonyme, Abdalonym-us, *g.* i. *m.*
Abel, Ab el, *g.* elis. *m.*
Abigaïl, Abiga ïl, *g.* ïlis. *f.*
Abiron, Abiron, *m. indécl.*, *ou* Abir on, *g.* onis. *m.*
Abisare, Abisar us, *g.* i. *m.*
Abraham, Abraham us, *g.* i, *m.*
Absalon, Absal on, *g.* onis. *m.*
Achab, Achab us, *g.* i. *m.*
Achéménide, Achemenid es, *g.* is. *m.*
Achille, Achill es, *g.* is. *m.*
Adam, Adam us, *g.* i. *m.*
Adherbal, Adherb al, *g.* alis. *m.*
Admète, Admet us, *g.* i. *m.*
Adonias, Adoni as, *g.* æ. *m.*
Adrien, Adrian us, *g.* i. *m.*
Afre, Afr a, *g.* æ. *f.*
Agag, Agag us, *g.* i. *m.*
Agathe, Agath a, *g.* æ. *f.*
Agathocle, Agathocl es, *g.* is. *m.*
Agésilas, Agesila us. *g.* i. *m.*
Agis, Agis, *g.* Agid is. *m.*
Agnès, Agn es, *g.* etis. *f.*
Agrippa, Agripp a, *g.* æ. *m.*
Agrippine, Agrippin a, *g.* æ. *f.*
Albert, Albert us, *g.* i. *m.*
Ajax, Ajax, *g.* Ajac is, *m.*
Albin, Albin us, *g.* i. *m.*
Alcandre, Alcan der, *gén.* dri. *m.*
Alcibiade, Alcibiad es, *gén.* is. *m.*
Alexandre, Alexan der, *g.* dri. *m.*
Alphonse, Alphons us, *g.* i. *m.*
Alyatte, Alyatt us, *g.* i. *m.*
Amalécite, Amalecit a, *g.* æ. *m.*
Aman, Am an, *g.* anis. *m.*
Amasis, Amas is, *g.* is. *m.*
Ambroise, Ambros ius, *g.* ii. *m.*
Amestris, Amestr is, *g.* is. *f.*
Amilcar, Amilc ar, *g.* aris. *m.*
Amnon, Amn on, *g.* onis. *m.*
Ammonites, Ammonit æ, *g.* arum. *m. plur.*
Amphiloque, Amphiloch us, *g.* i. *m.*
Amyntas, Amynth as, *g.* æ. *m.*
Amytis, Amyt is, *g.* is. *f.*
Anacharsis, Anachars is, *g.* is. *m.*
Ananie, Anani as, *g.* æ. *m.*
Ananus, Anan us, *g.* i. *m.*
Anaxarque, Anaxarch us, *g.* i. *m.*
Anaximène, Anaximen es, *g.* is, *m.*
André, Andre as, *g.* æ. *m.*
Androcle, Androcl us, *gén.* i. *m.*
Andromaque, Andromach e, *g.* es. *f.*

Annibal, Annib al, *g.* alis. *m.*
Anselme, Anselm us, *g.* i. *m.*
Antagore, Antagor as, *g.* æ. *m.*
Antigone, Antigon us, g. i. *m.*
Antiochus, Antioch us, *g.* i. *m.*
Antipas, Antip as, *g.* æ. *m.*
Antipater, Antipat er, *g.* tri. *m.*
Antisthènes, Antisthen es, *g.* is. *m.*
Antoine, Anton ius, *g.* ii. *m.*
Antonia (*Tour*), Turr is Antoni a, *g.* is, æ. *f.*
Antonin, Antonin us, *g.* i. *m.*
Anystis, Anyst is, *g.* is. *m.*
Apémante, Apemant us, *g.* i. *m.*
Apion, Api on, *g.* onis. *m.*
Apis, Ap is, *g.* is *ou* idis. *m.*
Apollodore, Apollodor us, *g.* i. *m.*
Apollon, Apoll o, *g.* inis. *m.*
Apollonius, Apollon ius, *g.* ii. *m.*
Apphien, Apphian us, *g.* i. *m.*
Appius, App ius, *g.* ii. *m.*
Arbelles, Arbell a, *g.* orum. *n. pl. ou* Arbell a, *g.* æ. *f.*
Arcade, Arcad ius, *g.* ii. m.
Arcésilaus, Arcesila us, *g.* i. *m.*
Archidamus, Archidam us, *g.* i. *m.*
Archimède, Archimed es, *g.* is. *m.*
Arimaze, Arimaz us, *g.* i. *m.*
Aristide, Aristid es, *g.* is. *m.*
Aristippe, Aristipp us, *g.* i. *m.*
Aristomène, Aristomen es, *g.* is. *m.*
Aristophane, Aristophan us, *g.* i. *m.*
Aristophon, Aristoph on, *g.* onis. *m.*
Aristote, Aristotel es, *g.* is. *m.*
Arius, Ar ius, *g.* ii. *m.*
Arnoul, Arnulph us, *g.* i. *m.*
Arons, Ar uns, *g.* Ar untis. *m.*
Arsène, Arsen ius, *g.* ii. *m.*
Arsite, Arsit us, *g.* i. *m.*
Artaban, Artaban us, *g.* i. *m.*
Artabaze, Artabaz us, *g.* i. *m.*
Artagerse, Artagers us, *g.* i. *m.*
Artarius, Artar ius, *g.* ii. *m.*
Artaxerxès, Artaxerx es, *g.* is. *m.*
Artémise, Artemisi a, *g.* æ. *f.*
Asdrubal, Asdrub al, *gén.* alis. *m.*
Assuérus, Assuer us, *g.* i. *m.*
Assyriens, Assyr ii, *gén.* iorum. *m. pl.*
Astyage, Astyag es, *g.* is. *m.*
Athalie, Athali a, *g.* æ. *f.*
Athanase, Athanas ius, *g.* ii. *m.*
Attale, Attal us, *g.* i. *m.*
Atticus, Attic us, *g.* i. *m.*
Attila, Attil a, *g.* æ. *m.*
Attius, Att ius, *g.* ii. *m.*
Auguste, August us, *g.* i. *m.*
Augustin, Augustin us, *g.* i. *m.*
Aurélien, Aurelian us, *g.* i. *m.*
Auxence, Auxent ius, *g.* ii. *m.*
Azarias, Azari as, *g.* æ. *m.*
Baal, Baal, *indécl. m. ou* Baal, *g.* is. *m.*
Babylas, Babyl as, *g.* æ. *m.*
Bacchus, Bacch us, *g.* i. *m.*
Bactriane, Bactrian a, *g.* æ. *f.*
Bactriens, Bactr i, *gén.* orum. *m.*
Bagoas, Bago as, *g.* æ. *m.*

Bagoraze, Bagoraz us, *g.* i. *m.*
Balthasar, Balthasar, g. is. *m.*
Barabbas, Barabb as, *gén.* æ. *m.*
Basile, Basil ius, *g.* ii. *m.*
Bathuel, Bathu el, *g.* elis. *m.*
Benjamin, Benjamin us, *g.* i. *m.*
Benoît, Benedict us, *g.* i. *m.*
Bérite, (*v.*), Berit um, *g.* i. *n.*
Bessarion, Bessari o, *gén.* onis. *m.*
Bessus, Bess us, *g.* i. *m.*
Béthanie (*v.*), Bethani a, *g.* æ. *f.*
Betis, Bet is, *g.* is. *m.*
Bias, Bi as, *g.* antis, *m.*
Bocchus, Bocch us, *g.* i. *m.*
Brasidas, Brasid as, *g.* æ. *m.*
Brennus, Brenn us, *g.* i. *m.*
Brutus, Brut us, *g.* i. *m.*
Bucéphale, Bucephal us, *g.* i. *m.*
Bucéphalie (*ville*), Bucephal a, *g.* æ, *f.*
Burrhus, Burrh us, *g.* i. *m.*
Busiris, Busir is, *g.* is. *m.*
CADUSIENS (*les*), Cadus ii, *g.* iorum. *m.*
Cœpion, Cæpi o, *g.* onis. *m.*
Caïn, Caïn us, *g.* i *m.*
Caire (*le*), Cair us, *g.* i. *f.* *ou* Cair um, *g.* i. *n.*
Caligula, Caligul a, *g.* æ. *m.*
Callicratidas, Callicratid-as, *g.* æ. *m.*
Calippe, Callip us, *g.* i *m.*
Callisthène, Callisthen es, *g.* is. *m.*
Cambyse, Cambys es, *gén.* is. *m.*
Camille, Camill us, *g.* i. *m.*
Candaule, Candaul es, *g.* is. *m.*
Capoue (*v.*), Capu a, *g.* æ. *f.*
Caracalla, Caracalla, *g.* æ. *m.*
Caridème, Caridem us, *g.* i. *m.*
Cariens (*les*), Car es, *g.* um. *m.*, *ou* Cariat æ, *g.* arum. *m.*
Cassandre, Cassan der, *g.* dri. *m.*
Castor, Cast or, *g.* oris. *m.*
Catilina, Catilin a, *g.* æ, *m.*
Caton, Cat o, *g.* onis. *m.*
Cébalinus, Cebalin us, *g.* i. *m.*
Césaire, Cæsar ius, *g.* ii. *m.*
César, Cæs ar, *g.* aris. *m.*
Césarée (*v.*), Cæsare a, *g.* æ. *f.*
Cestius, Cest ius, *g.* ii. *m.*
Chariclès, Charicl es, *gén.* is. *m.*
Charles, Carol us, *g.* i. *m.*
Charondas, Charond as, *g.* æ. *m.*
Childebert, Childebert us, *g.* i. *m.*
Chilon, Chil o, *g.* onis. *m.*
Christophe, Christophor us, *g.* i. *m.*
Chrysostôme, Chrysostom-us, *g.* i. *m.*
Cicéron, Cicer o, *g.* onis. *m.*
Cimon, Cim on, *g.* onis. *m.*
Cincinnatus, Cincinnat us, *g.* i. *m.*
Cinéas, Cine as, *g.* æ. *m.*
Cinna, Cinn a, *g.* æ. *m.*
Claire, Clar a, *g.* æ. *f.*
Claude, Claud ius, *g.* ii. *m.*
Cléanthe, Cleanth es, *gén.* is. *m.*
Cléarque, Clearch us, *g.* i. *m.*

Cléon, Cle on, *g.* ontis. *m.*
Cléopâtre, Cleopatr a, *gén.* æ. *f.*
Cléophon, Cleoph on, *gén.* ontis, *m.*
Clitus, Clit us, *g.* i. m.
Clodius, Clod ius, *g.* ii. *m.*
Clodulphe, Clodulph us, *g.* i. *m.*
Clotilde, Clotild is, *g.* is. *f.*
Clou (*saint*), *ou Cloud*, Clodoald us, *g.* i. *m.*
Clovis, Clodove us, *g.* i. *m.*
Codrus, Codr us, *g.* i. *m.*
Cœnus, Cœn us, *g.* i. *m.*
Colomb, Colomb us, *g.* i. *m.*
Commode, Commod us, *g.* i. *m.*
Conon, Con on, *g.* onis. *m.*
Constance, Constant ius, *g.* ii. *m.*
Constantin, Constantin us, *g.* i. *m.*
Coriolan, Coriolan us, *g.* i. *m.*
Corneille, Cornel ius, *g.* ii. *m.*
Corvinus, Corvin us, *g.* i. *m.*
Cotys, Cot us, *g.* i. *m.*
Crassus, Crass us, *g.* i. *m.*
Cratère, Crater us, *g.* i. *m.*
Crésus, Crœs us, *g.* i. *m.*
Crispus, Crisp us, *g.* i. *m.*
Crotone (*ville*), Crot o, *ou* Crot on, *g.* onis. *f.* (*habitans de Crotone*), Crotoniat es, *g.* um. *pl. m.*
Cucuse (*v.*), Cucus um, *g.* i. *n.*
Curiaces, Curiat ii, *génit.* iorum. *pl. m.*
Curius, Cur ius, *g.* ii, *m.*
Cyaxare, Cyaxar us, *g.* i. *m.*
Cydnus (*fleuve*), Cydnus, *g.* i. *m.*
Cynégire, Cynegir us, *g.* i. *m.*
Cyprien, Cyprian us, *g.* i. *m.*
Cyrta (*v.*), Cyrt a, *g.* æ. *f.*
Cyrus, Cyr us, *g.* i. *m.*
Dalila, Dalil a, *g.* æ. *f.*
Damarin, Damarin us, *g.* i. *m.*
Damoclès, Damocl es, *g.* is. *m.*
Damon, Dam on, *g.* onis. *m.*
Daniel, Dani el, *g.* elis. *m.*
Darius, Dar ius, *g.* ii. *m.*
Datames, Datam es, *g.* is. *m.*
Datis, Dat is, *g.* is. *m.*
David, Dav id, *g.* idis. *m.*
Dèce, Dec ius, *g.* ii. *m.*
Décimus, Decim us, *g.* i. *m.*
Décius, Dec ius, *g.* ii. *m.*
Déjoce, Dejoc us, *g.* i. *m.*
Démade, Demad es, *g.* is. *m.*
Démarate, Demarat us, *g.* i. *m.*
Démétrius, Demetr ius, *g.* ii. *m.*
Démocède, Democed es, *g.* is. *m.*
Démocrite, Democrit us, *g.* i. *m.*
Démosthène, Demosthen es, *g.* is. *m.*
Denis, Dionys ius, *g.* ii. *m.*
Diagore, Diagor as, *g.* æ. *m.*
Dioclétien, Diocletian us, *g.* i. *m.*
Diodore, Diodor us, *g.* i. *m.*
Diogène, Diogen es, *g.* is. *m.*
Dion, Di on, *g.* onis. *m.*
Diomédon, Diomed on, *g.* ontis. *m.*

Dioscore, Dioscor us, *g.* i. *m.*
Dominique, Domfnic us, *g.* i. *m.*
Domitien, Domitian us, *g.* i. *m.*
Dracon, Drac o, *g.* onis, *m.*
Drusille, Drusill a, *g.* æ. *f.*
Drusus, Drus us, *g.* i. *m.*
Duillius, Duill ius, *g.* ii. *m.*
Dymnus, Dymn us, *g.* i. *m.*
ECBATANE (*v.*), Ecbatan a, *g.* orum. *n. pl.*
Eléazar, Eleazar us, *g.* i. *m.*
Eliab, Eliab us, *g.* i. *m.*
Elie, Eli as, *g.* æ. *m.*
Eliézer, Eliez er, *g.* eris. *m.*
Elis (*v.*), El is, *g.* idis. *f.*
Elisée, Elis eus, *g.* ei. *m.*
Eloi, Elig ius, *g.* ii. *m.*
Emile, Œmil ius, *g.* ii. *m.*
Emilien, Œmilian us, *g.* i. *m.*
Ennius, Enn ius, *g.* ii. *m.*
Epaminondas, Epaminond-as, *g.* æ. *m.*
Ephestion, Ephœsti on, *g.* onis. *m.*
Ephore, Ephor us, g. i. *m.*
Esaii, Esa ïs, *g.* i. *m.*
Eschile, Œschil us, *g.* i. *m.*
Esculape, Œsculap ius, *g.* ii. *m.*
Esope, Œsop us, *g.* i. *m.*
Esther, Esth er, *g.* eris. *f.*
Etienne, Stephan us, *gén.* i. *m.*
Euclide, Euclid es, *g.* is. *m.*
Eulalie, Eulali a, *g.* æ. *f.*
Eumène, Eumen es, *gén.* is. *m.*
Euridice, Euridic e, *gén.* es. *f.*
Euripide, Euripid es, *gén.* is. *m.*
Euryale, Euryal us, *gén.* i. *m.*
Eurybiade, Eurybiad us, *g.* i. *m.*
Eusèbe, Euseb ius, *g.* ii. *m.*
Evagore, Evagor as, *gén.* æ. *f.*
Eve, Ev a, *g.* æ. *f.*
Ezéchias, Ezechi as, *gén.* æ. *m.*
Ezéchiel, Ezechi el, *gén.* elis. *m.*
FABIUS, Fab ius, *g.* ii. *m.*
Fabricius, Fabric ius, *gén.* ii. *m.*
Falerne, Falern us, *gén.* i. *m.* (de Falerne, Falern us, a, um).
Falisques, Falisc i, *gén.* orum. *pl. m.*
Faustine, Faustin a, *g.* æ. *f.*
Ferdinand, Ferdinand us, *g.* i. *m.*
Flaminius, Flamin ius, *g.* ii. *m.*
Flavien, Flavian us, *g.* i. *m.*
Florus, Flor us, *g.* i. *m.*
François, Francisc us, *g.* i. *m.*
Fullonius, Fullon ius, *gén.* ii. *m.*
GABELUS, Gabel us, *gén.* i. *m.*
Gabiens, Gab ii, *g.* iorum. *pl. m.*
Gabriel, Gabri el, *g.* elis. *m.*
Galba, Galb a, *g.* æ. *m.*
Galère, Galer ius, *g.* ii. *m.*
Galètes, Galet es, *g.* is. *m.*
Gallus, Gall us, *g.* i. *m.*
Gamaliel, Gamali el, *gén.* elis. *m.*
Gédéon, Gede on, *g.* onis. *m.*
Gélon, Gel on, *g.* onis. *m.*

Geneviève, Genovef a, *gén.* æ. *f.*
Germain, German us, *gén.* i. *m.*
Germanicus, Germanic us, *g.* i. *m.*
Géta, Get a, *g.* æ. *m.*
Gigis, Gig is, *g.* is. *f.*
Gillias, Gilli as, *g.* æ. *m.*
Gisgon, Gisg o, *g.* onis. *m.*
Gobryas, Gobry as, g. æ. *m.*
Goliath, Goliath us, *g.* i. *m.*
Gonçalès, Gonçal es, *gén.* is. *m.*
Gordien, Gordian us, *gén.* i. *m.*
Gorgus, Gorg us, *g.* i. *m.*
Granique (*fl.*), Granic us, *g.* i. *m.*
Grégoire, Gregor ius, *gén.* ii. *m.*
Gyges, Gyg es, *g.* etis. *m.*
Gylippe, Gilipp us, *g.* i. *m.*
Hædus, Hæd us, *g.* i. *m.*
Hannon, Hann o, *g.* onis. *m.*
Harmodius, Harmod ius, *g.* ii. *m.*
Hégétoride, Hegetorid es, *g.* is. *m.*
Hélène, Helen a, *g.* æ. *f.*
Héliodore, Heliodor us, *g.* i. *m.*
Héliogabale, Heliogabal us, *g.* i. *m.*
Henri, Henric us, *g.* i. *m.*
Héraclide, Heraclid es, *gén.* is. *m.*
Héraclite, Heraclit us, *gén.* i. *m.*
Hercule, Hercul es, *g.* is. *m.*
Hermocrate, Hermocrat es, *g.* is. *m.*
Hérode, Herod es, *g.* is, *m.*
Hérodote, Herodot us, *gén.* i. *m.*
Hérostrate, Herostrat us, *g.* i. *m.*
Hiempsal, Hiemps al, *gén.* alis. *m.*
Hiéron, Hier o, *g.* onis. *m.*
Hilaire, Hilar ius, g. ii. *m.*
Himère (*v.*), Himer um, *g.* i. *n.*
Holoferne, Holofern es, *g.* is. *m.*
Homère, Homer us, *g.* i. *m.*
Horace, Horat ius, *g.* ii. *m.*
Hortensius, Hortens ius, g. ii. *m.*
Hunéric, Huneric us, *gén.* i. *m.*
Huns (*les*), Hunn i, *gén.* orum. *pl. m.*
Hydaspe (*fl.*), Hydasp ès, *g.* is. *m.*
Hyppocrate, Hyppocrat es, *g.* is. *m.*
Hyrcanie, Hyrcani a, *gén.* æ. *f.*
Hystaspe, Hystasp es, *gén.* is. *m.*
Iaxarte (*fl.*), Iaxart us, *g.* i. *m.*
Icètes, Icet es, *g.* is. *m.*
Iduméens, Idumæ i, *gén.* orum. *m. pl.*
Ignace, Ignatius, *g.* ii. *m.*
Ilotes, Helot es, *g.* um. *pl. m.*
Imilcon, Imilc o, *g.* onis, *m.*
Inarus, Inar us, *g.* i. *m.*
Innocent, Innocent ius, *g.* ii. *m.*
Iphicrate, Iphicrat es, *gén.* is. *m.*
Irénée, Irenæ us, *g.* i. *m.*
Isaac, Isaac us, *g.* i. *m.*
Isabelle, Isabell a, *g.* æ. *f.*
Isadas, Isad as, *g.* æ. *m.*
Isaïe, Isaï as, *g.* æ. *m.*
Ismael, Isma el, *g.* elis. *m.*
Isnarus, Isnar us, *g.* i. *m.*
Isocrate, Isocrat es, *g.* is. *m.*

Israël, Isra ël, *g.* elis. *m.*
Issus (*ville*), Iss us, *gén.* i. *f.*
JACOB, Jacob us, *g.* i. *m.*
Jacques, Jacob us, *g.* i. *m.*
Jean, Joann es, *g.* is. *m.*
Jean-Baptiste, Joann es-Baptist a, *g.* Joann is-Baptist æ. *m.*
Jérémie, Jeremi as, *g.* æ. *m.*
Jéroboam, Jeroboam us, *g.* i. *m.*
Jérôme, Hieronym us, *g.* i. *m.*
Jésus-Christ, Jesus-Christ-us, *g.* Jesu-Christ i. *m.*
Joab, Joab us, *g.* i. *m.*
Joachas, Joach as, *g.* æ. *m.*
Joas, Jo as, *g.* æ. *m.*
Job, Job us, *g.* i. *m.*
Joïadas, Joïad as, *g.* æ. *m.*
Jonas, Jon as, *g.* æ. *m.*
Jonathas, Jonath as, *g.* æ. *m.*
Joram, Joram us, *g.* i. *m.*
Josaphat, Josaphat us, *g.* i *m.*
Joseph, Joseph us, *gén.* i. *m.*
Josephe, Joseph us, *gén.* i. *m.*
Josias, Josi as, *g.* æ. *m.*
Josué, Josu e, *g.* es. *m.*
Judas, Jud as, *g.* æ. *m.*
Judas Machabée, Jud as Machabæ us, *g.* Jud æ Machabæ i, *m.*
Judith, Judith a, *g.* æ. *f.*
Jugurtha, Jugurth a, *gén.* æ. *m.*
Julie, Juli a, *g.* æ. *f.*
Julien, Julian us, *g.* i. *m.*
Julitte, Julitt a, *g.* æ. *f.*
Junius, Jun ius, *g.* ii. *m.*
Junon, Jun o, *g.* onis. *f.*
Jupiter, Jupit er, *g.* Jovis. *m.*
Just, Just us, *g.* i. *m.*
Juvénal, Juvenal is, *g.* is. *m.*
LABAN, Laban us, *g.* i. *m.*
Lactance, Lactant ius, *g.* ii. *m.*
Lælius, Læl ius, *g.* ii. *m.*
Lætus, Læt us, *g.* i. *m.*
Lævinus, Lævin us, *g.* i. *m.*
Lagus, Lag us, *g.* i. *m.*
Lampsaque (*v.*), Lampsac-um, *g.* i. *n.*, *ou* Lampsac-us, *g.* i. *m.*
Latinus, Latin us, *g.* i. *m.*
Laurent, Laurent ius, *g.* ii. *m.*
Lazare, Lazar us, *g.* i. *m.*
Léon, Le o, *g.* onis. *m.*
Léonatus, Leonat us, *g.* i. *m.*
Livie, Livi a, *g.* æ. *f.*
Livius, Liv ius, *g.* ii. *m.*
Loth, Loth us, *g.* i. *m.*
Louis, Ludovic us, *g.* i. *m.*
Loup, Lup us, *g.* i. *m.*
Luc, Luc as, *g.* æ. *m.*
Lucien, Lucian us, *gén.* i. *m.*
Lucius, Luc ius, *g.* ii. *m.*
Lucullus, Lucull us, *gén.* i. *m.*
Lycidas, Lycid as, *g.* æ. *m.*
Lycurgue, Lycurg us, *gén.* i. *m.*
Lydiens, Lyd i, *g.* orum. *m. pl.*
Lysandre, Lysan der, *g.* dri. *m.*
Lysias, Lysi as, *g.* æ. *m.*
Lysis, Lys is, *g.* is, *accus.* im. *m.*
MACAIRE, Macar ius, *gén.* ii. *m.*
Machabées, Machabæ i, *g.* orum. *pl. m.*

Magdeleine, Magdalene, *g.* es, *ou* Magdalena, *g.* æ. *f.*
Magon, Mag o, *gén.* onis. *m.*
Maharbal, Maharb al, *g.* alis. *m.*
Mahomet, Mahumet es, *g.* is. *m.*
Manassès, Manass es, *g.* is. *m.*
Mandane, Mandan a, *gén.* æ. *f.*
Manius, Man ius, *g.* ii. *m.*
Manlius, Manl ius, *g.* ii. *m.*
Marathon (*v.*), Marath on, *g.* onis. *f.*
Marc, Marc us, *g.* i. *m.*
Marc-Aurèle, Marc us, *g.* i. Aurel ius, *g.* ii. *m.*
Marcel, Marcell us, *g.* i. *m.*
Marcelle, Marcell a, *gén.* æ. *f.*
Marcellin, Marcellin us, *g.* i. *m.*
Marcellus, Marcell us, *g.* i. *m.*
Mardochée, Mardochæ us, *g.* i. *m.*
Marguerite, Margarit a, *g.* æ. *f.*
Marie, Mari a, *g.* æ. *f.*
Màrius, Mar ius, *g.* ii. *m.*
Marthe, Marth a, *g.* æ. *f.*
Martial, Martia lis, *g.* lis. *m.*
Martin, Martin us, *g.* i. *m.*
Masinissa, Masiniss a, *g.* æ. *m.*
Masiste, Masist us, *g.* i. *m.*
Mathathias, Mathathi as, *g.* æ. *m.*
Matthias, Matthi as, *g.* æ. *m.*
Mathusalem, Mathusal a, *g.* æ. *m.*
Modeste, Modest us, *g.* i. *m.*
Mausole, Mausol us, *g.* i. *m.*
Maximien, Maximian us, *g.* i. *m.*
Maximin, Maximin us, *g.* i. *m.*
Mécène, Mæcen as, *g.* atis. *m.*
Mèdes, Med i, *gén.* orum. *m. pl.*
Médie, Medi a, *g.* æ. *f.*
Mégabize, Megabiz us, *g.* i. *m.*
Mélèce, Melec ius, *g.* ii. *m.*
Mélithus, Melith us, *g.* i. *m.*
Memnon, Memn on, *gén.* onis. *m.*
Memphis (*v.*), Memph is, *g.* is. *f.*
Ménénius, Menen ius, *g.* ii. *m.*
Mentor, Ment or, *g.* oris. *m.*
Méroé, Mero e, *g.* es. *f.*
Mésabate, Mesabat es, *g.* is, *ou* Mesabat us, *g.* i. *m.*
Messaline, Messalin a, *g.* æ. *f.*
Métellus, Metell us, *g.* i. *m.*
Méthone (*v.*), Meth on, *g.* onis. *f.* *ou* ona, onæ. *f.*
Métius, Met ius, *g.* i. *m.*
Micipsa, Micips a, *g.* æ. *m.*
Micythe, Micyth us, *g.* i. *m.*
Milon, Mil o, *g.* onis. *m.*
Miltiade, Miltiad es, *gén.* is. *m.*
Mindare, Mindar us, *gén.* i. *m.*
Minos, Min os, *g.* ois. *m.*
Minucius, Minuc ius, *g.* ii. *m.*
Mithridate, Mithridat es, *g.* is. *m.*

Mœris (*lac*), Mœr is, *g.* is. *m.*
Moïse, Mos es, *g.* is, *ou* Moys es, *g.* is. *m.*
Molon, Mol o, *g.* onis, *m.*
Monique, Monic a, *g.* æ. *f.*
Mucien, Mucian us, *g.* i. *m.*
Mucius, Muc ius, *g.* ii. *m.*
Mustiole, Mustiol a, *g.* æ. *f.* *ou* Mustiol e, *g.* es. *f.*
Nabal, Nab al, *g.* alis. *m.*
Nabarzane, Nabarzan es, *g.* is. *m.*
Nabuchodonosor, Nabuchodonosor (*indéclinable*), *ou* Nabuchodonos or, *g.* oris. *m.*
Narcisse, Narciss us, *g.* i. *m.*
Nasica, Nasic a, *g.* æ. *m.*
Néchao, Necha o, *g.* onis. *m.*
Némésis, Nemes is; *g.* is. *f.*
Neptune, Neptun us, *g.* i. *m.*
Néron, Ner o, *g.* onis. *m.*
Nerva, Nerv a, *g.* æ. *m.*
Nicanor, Nican or, *g.* oris. *m.*
Nicée, Nicæ a, *g.* æ. *f.*
Nicias, Nici as, *g.* æ. *m.*
Nicoclès, Nicocl es, *g.* is. *m.*
Nicodème, Nicodem us, *g.* i. *m.*
Nicocréon, Nicocre on, *g.* ontis. *m.*
Nicomaque, Nicomach us, *g.* i. *m.*
Nicon, Nic on, *g.* onis. *m.*
Niger, Ni ger, *g.* gri. m.
Nil (*fleuve*), Nil us, *g.* i. *m.*
Nisus, Nis us, *g.* i. *m.*
Nitocris, Nitocr is, *g.* is, *f.*
Noé, Noem us, *g.* i. *m.*
Nothus, Noth us, *g.* i. *m.*
Numa, Num a, *g.* æ. *m.*
Numidicus ou *Numidique*, Numidic us, *g.* i. *m.*
Ocha, Och a, *g.* æ. *f.*
Ochus, Och us, *g.* i. *m.*
Octave, Octav ius, *g.* ii. *m.*
Octavie, Octavi a, *g.* æ. *f.*
Oœbasus, Oœbas us, *g.* i. *m.*
Olympias, Olympi as, *g.* adis. *f.*
Olynthe (*v.*), Olynth us, *g.* i. *f.*
Omphis, Omph is, *g.* is. *m.*
Onésime, Onesim us, *g.* i. *m.*
Onias, Oni as, *g.* æ. *m.*
Oreste, Orest es, *g.* is. *m.*
Oronte, Oront us, *g.* i. *m.*
Orsine, Orsin es, *g.* is. *m.*
Osiris, Osir is, *g.* is, *ou* idis. *m.*
Ostie (*v.*) Osti a, *g.* æ. *f.*
Otanes, Otan es, *g.* is. *m.*
Othon, Oth o, *g.* onis. *m.*
Ovide, Ovid ius, *g.* ii. *m.*
Oxidraques (*les*), Oxidrac æ, *g.* arum. *pl. m.*
Oza, Oz a, *g.* æ. *m.*
Ozias, Ozi as, *g.* æ. *m.*
Pacatus, Pacat us, *g.* i. *m.*
Palican, Palican us, *g.* i. *m.*
Panopion, Panopi o, *gén.* onis, *m.*
Papirius, Papir ius, *g.* ii. *m.*
Parménion, Parmeni o, *g.* onis. *m.*
Parysathis, Parysath is, *g.* is. *f.*
Pasteur, Past or, *g.* oris. *m.*
Patient (*nom d'homme*), Pati ens, *g.* entis. *m.*

Patizite, Patizit us, *g.* i. *m.*
Patrocle, Patrocl us, g. i. *m.*
Patron, Patr on, *g.* onis. *m.*
Paul, Paul us, *g.* i. *m.*
Paule, Paul a, *g.* æ. *f.*
Pausanias, Pausani as, *g.* æ. *m.*
Pélopidas, Pelopid as, *g.* æ. *m.*
Péluse (*v.*), Pelus ium, *g.* ii. *n.*
Perdiccas, Perdicc as, *gén.* æ. *m.*
Périclès, Pericl es, *g.* is. *m.*
Pérínthe (*v.*), Perinth us, *g.* i. *f.*
Persée, Perse us, *g.* i. *m.*
Pertinax, Pertin ax, *g.* acis. *m.*
Persépolis (*v.*), Persepol is, *g.* is. *f.*
Phaéton, Phaet on, *génit.* Phaeton tis. *m.*
Phameas, Phame as, *gén.* æ. *m.*
Phanès, Phan es, *g.* is. m.
Phanias, Phani as, *gén.* æ. *m.*
Phaon, Pha o, *g.* onis. *m.*
Pharaon, Phara o, *g.* onis. *m.*
Pharnabaze, Pharnabaz us, *g.* i. *m.*
Pharnace, Pharnac es, *g.* is. *m.*
Phébé, Pheb e, *g.* es. *f.*
Phédime, Phedim a, *gén.* æ. *f.*
Phère (*de*), Pheræ us, a, um.
Phéron, Pher o, *gén.* onis. *m.*
Phidippide, Phidippid us, *g.* i. *m.* *ou* Phidippid es, *g.* is. *m.*
Philémon, Philem on, *g.* onis. *m.*
Philippe, Philippus, *g.* i. *m.*
Philistins, Philistæ i, *gén.* orum. *m. pl. ou* Philistini, *g.* orum. *m. pl.*
Philon, Phil o, *g.* onis. *m.*
Philonide, Philonid es, *g.* is. *m.*
Philotas, Philot as, *g.* æ. *m.*
Philoxène, Philoxen us, *g.* i. *m.*
Phocéens, Phocæ i, *g.* orum. *m. pl.*
Phocion, Phoci on, *g.* onis. *m.*
Phormion, Phormi o, *gén.* onis. *m.*
Phyton, Phyt o, *gén.* onis. *m.*
Pie, Pi us, *g.* i. *m.*
Pierre, Petr us, *g.* i. *m.*
Pilate, Pilat us, *g.* i. *m.*
Pindare, Pindar us, *g.* i. *m.*
Pisistrate, Pisistrat us, *g.* i. *m.*
Pison, Pis o, *g.* onis, *m.*
Pithon, Pith o, *g.* onis. *m.*
Pittacus, Pittac us, *g.* i. *m.*
Placide, Placid ius, *g.* ii. *m.*
Plancine, Plancin a, *gén.* æ. *f.*
Plancus, Planc us, *g.* i. *m.*
Platon, Plat o, *gén.* onis. *m.*
Pline, Plin ius, *g.* ii. *m.*
Plotius, Plot ius, *g.* ii. *m.*
Plutarque, Plutarch us, *g.* i. *m.*
Polémon, Polem on, *gén.* onis. *m.*
Pollion, Polli o, *g.* onis. *m.*

Pollux, Poll ux, *g.* ucis. *m.*
Polybe, Polyb ius, *g.* ii. *m.*
Polycarpe, Polycarp us, *g.* i. *m.*
Polydamas, Polydam as, *g.* antis. *m.*
Polysperchon, Polysper-ch on, *g.* ontis. *m.*
Polystrate, Polystrat us, *g.* i. *m.*
Pompée, Pompe ius *g.* ii. *m.*
Pompéianus, Pompeian us, *g.* i. *m.*
Pompilius, Pompil ius, *g.* ii. *m.*
Pompose, Pompos a, *gén.* æ. *f.*
Pomposianus, Pomposian - us, *g.* i. *m.*
Pont-Euxin, Pont us - Eu-xin us, *g.* i, i. *m.*
Popilius, Popil ius, *g.* ii. *m.*
Porsena, Porsen a, *g.* æ. *m.*
Porus, Por us, *g.* i. *m.*
Pothin, Pothin us, *g.* i. *m.*
Prédarète, Predaret es, *g.* is. *m.*
Prexaspe, Prexasp es, *gén.* is. *m.*
Priene (*v.*), Prien e, *g.* es. *f.*
Primus, Prim us, *g.* i. *m.*
Prix (*St.*), Præject us, *g.* i. *m.*
Protagoras, Protagor as, *g.* æ. *m.*
Prudence, Prudent ius, *g.* ii. *m.*
Prusias, Prusi as, *g.* æ. *m.*
Ptolémée, Ptolemæ us, *g.* i. *m.*
Publicola, Publicol a, *g.* æ. *m.*
Pulcher, Pulch er, *g.* ri. *m.*
Putiphar, Putiph ar, *g.* aris. *m.*
Pylade, Pylad es, *g.* is. *m.*
Pyle (*île*), Pyl us, *g.* i. *m.*
Pyrrhus, Pyrrh us, *g.* i. *m.*
Pythagore, Pythagor as, *g.* æ. *m.*
Pythias, Pythi as, *g.* æ. *m.*
Pythius, Pyth ius, *g.* ii. *m.*
Quinte-Curce, Quint us, Curt ius, *g.* i, ii. *m.*
Quintilien, Quintilian us, *g.* i. *m.*
Quintilius, Quintil ius, *g.* ii. *m.*
Quintius, Quint ius, *gén.* ii. *m.*
Quintus, Quint us *g.* i. *m.*
Raguel, Ragu el, *g.* elis. *m.*
Raphaël, Rapha el, *g.* elis. *m.*
Rébecca, Rebecc a, *g.* æ. *m.*
Régulus, Regul us, *g.* i. *m.*
Rémus, Rem us, *g.* i. *m.*
Rhège (*v.*), Rheg ium, *g.* ii. *n.*
Rhodes, Rhod us, *g.* i. *f.* (*de Rhodes*, Rhod ius, a, um.)
Roboam, Roboam us, *g.* i. *m.*
Rodilard, Bodilard us, *g.* i. *m.*
Romulus, Romul us, *g.* i. *m.*
Rosacès, Rosac es, *g.* is. *m.*
Roscius, Rosc ius, *g.* ii. *m.*
Roxane, Roxan a, *g.* æ. *f.*
Ruben, Rub en, *g.* enis. *m.*

Sabins, Sabin i, *g.* orum. *m. pl.*
Sagonte (*v.*), Sagunt us, *g.* i. *f.* *ou* Sagunt um, *gén.* i. *n.*
Salamine (*v.*), Salamin a, *g.* æ. *f.* *ou* Salam is, *g.* inis. *f.*
Salinator, Salinat or, *g.* oris. *m.*
Salomon, Salom on, *g.* onis. *m.*
Samson, Sams on, *g.* onis. *m.*
Samuel, Samu el, *g.* elis. *m.*
Sapor, Sap or, *g.* oris. *m.*
Sara, Sar a, *g.* æ. *f.*
Sardanapale, Sardanapal us, *g.* i. *m.*
Sardes (*v.*), Sard es, *g.* ium. *f. pl.*
Saturne, Saturn us, *g.* i. *m.*
Saul, Saul us, *g.* i. *m.*
Saül, Saül, *g.* is. *m.*
Scévola, Scævol a, *g.* æ. *m.*
Scipion, Scipi o, *gén.* onis. *m.*
Scytopolis (*v.*), Scythopol - is, *g.* is. *f.*
Sébastien, Sebastian us, *g.* i. *m.*
Sédécias, Sedeci as, *g.* æ. *m.*
Séjan, Sejan us, *g.* i. *m.*
Séleucus, Seleuc us, *g.* i. *m.*
Sélimonte (*v.*), Selimont us, *g.* i. *f.* *ou* Selimont um, *g.* i. *n.*
Sempronius, Sempron ius, *g.* ii. *m.*
Sénèque, Senec a, *g.* æ, *m.*
Septime, Septim us, *g.* i. *m.*
Sertorius, Sertor ius, *g.* ii. *m.*
Servius, Serv ius, *g.* ii. *m.*
Sésostris, Sesostr is, *g.* is. *m.*
Sévère, Sever us, *g.* i. *m.*
Sextius, Sext ius, *g.* ii. *m.*
Sextus, Sextus, *g.* i. *m.*
Sicyone (*v.*), Sicy one, *g.* onis. *f.*
Sidon, Sid on, *g.* onis. *f.*
Sidoniens, Sidon ii, *g.* orum. *pl. m.*
Silure, Silur us, g. i. *m.*
Siméon, Sime on, *g.* onis. *m.*
Simon, Sim on, *g.* onis. *m.*
Sisara, Sisar a, *g.* æ. *m.*
Sisygambis, Sisygamb is, *g.* is. *f.*
Smerdis, Smerd is, *g.* is. *m.*
Socrate, Socrat es, *g.* is. *m.*
Sogdien, Sogdian us, *g.* i. *m.*
Solon, Sol on, *g.* onis. *m.*
Sophocle, Sophocl es, *gén.* is. *m.*
Sophrone, Sophron ius, *g.* ii. *m.*
Sparte (*ville*), Spart a, *g.* æ. *f.*
Spartiates, Spartiat æ, *g.* arum. *m. pl.*
Stangorus, Stangor us, *g.* i. *m.*
Statire, Statir a, *g.* æ. *f.*
Stilpon, Stilp on, *g.* onis. *m.*
Straton, Strat o, *g.* onis. *m.*
Sulpicien, Sulpician us, *g.* i. *m.*
Sunamite (*la*), Sunamit is, *g.* idis. *f.*
Suzanne, Suzann a, *g.* æ. *f.*
Suse (*ville*), Sus a, *g.* orum. *n. pl.*

Sylla, Syll a, *g.* æ. *m.*
Syphax, Syph ax, *g.* acis. *m.*
Tacite, Tacit us, *g.* i. *m.*
Tarquin, Tarquin ius, *g.* ii. *m.*
Tarse (*v.*), Tars us, *g.* i. *f.*
Taxile, Taxil us, *g.* i. *m.*
Térence, Terent ius, *g.* ii. *m.*
Téribaze, Teribaz us, *g.* i. *m.*
Tertullien, Tertullian us, *g.* i. *m.*
Thaïs, Tha is, *g.* is. *f.*
Thalès, Thal es, *g.* etis. *m.*
Thase (*île*), Thass us, *g.* i. *f.*
Thaumaste, Thaumast es, *g.* is. *m.*
Thébains, Theban i, *g.* orum. *m. pl.*
Thébé, Theb e, *g.* es. *f.*
Thèbes (*v.*), Theb æ, *g.* arum. *f. pl.*
Thémistocle, Themistocl es, *g.* is. *m.*
Théodore, Theodor us, *g.* i. *m.*
Théodore, Theodor a, *g.* æ. *f.*
Theodose, Theodos ius, *g.* ii. *m.*
Theodote, Theodot es, *g.* is. *m.*
Théopompe, Theopomp us, *g.* i. *m.*
Théramène, Theramen es, *g.* is. *m.*
Thérèse, Theres ia, *gén.* iæ. *f.*
Thermopyles, Thermopyl æ, *g.* arum. *pl. f.*
Théron, Ther o, *g.* onis. *m.*
Thessaliens, Thessal i, *gén.* orum. *m. pl.*
Thessalie, Thessali a, *gén.* æ. *f.*
Thesta, Thest a, *g.* æ. *f.*
Thibault, Theobald us, *g.* i. *m.*
Thoas, Tho as, *g.* antis. *m.*
Thomas, Thom as, *g.* æ. *m.*
Thrasybule, Thrasybul us, *g.* i. *m.*
Thucydide, Thucydid es, *g.* is. *m.*
Thyus, Thy us, *g.* i. *m.*
Tibère, Tiber ius, *g.* ii. *m.*
Tigrane, Tigran es, *g.* is. *m.*
Timolaus, Timola us, *g.* i. *m.*
Timoléon, Timole on, *g.* ontis. *m.*
Timon, Tim on, *g.* onis. *m.*
Timothée, Timothe us, *g.* i. *m.*
Tissapherne, Tissaphern es, *g.* is. *m.*
Tite. Tit us, *g.* i. *m.*
Tite-Live, Tit us-Liv ius, *g.* i. ii. *m.*
Titus, Tit us, *g.* i. *m.*
Tobie, Tobi as, *g.* æ. *m.*
Torquatus, Torquat us, *g.* i. *m.*
Totila, Totil a, *g.* æ. *m.*
Trajan, Trajan us, *g.* i. *m.*
Trasimène, Trasimen us, Lac us, *g.* i, ûs. *m.*
Tullius, Tull ius, *g.* ii. *m.*
Tullus, Tull us, *g.* i. *m.*
Turcius, Turc ius, *g.* ii. *m.*
Turenne, Turenn ius, *g.* ii. *m.*
Tyr (*v.*), Tyr us, *g.* i. *f.*
Tyriens, Tyri i, *g.* orum. *pl. m.*
Udiaste, Udiast es, *g.* is. *m.*

Ulysse, Ulyss es, *g.* is. *m.*
Usthazade, Usthazad es, *g.* is. *m.*
Valens, Valens, *g.* entis. *m.*
Valère, Valer ius, *g.* ii. *m.*
Valérien, Valerian us, *g.* i. *m.*
Valérius, Valer ius, *g.* ii. *m.*
Varron, Varr o, *g.* onis. *m.*
Varus, Var us, *g.* i. *m.*
Védius, Ved ius, *g.* ii. *m.*
Vénus, Ven us, *g.* eris. *f.*
Vérus, Ver us, *g.* i. *m.*
Véturie, Vetur ia, *g.* iæ. *f.*
Victor, Vict or, *g.* oris. *m.*
Vincent, Vincent ius, *g.* ii. *m.*
Virgile, Virgil ius, *g.* ii. *m.*
Virginie, Virgin ia, *g.* iæ. *f.*
Virginius, Virgin ius, *g.* ii. *m.*
Vitellius, Vitell ius, *g.* ii. *m.*
Volsques, Volsc i, *g.* orum. *pl. m.*
Voltaire, Voltar ius, *g.* ii. *m.*
Xantippe, (*nom d'homme*), Xantipp us, *g.* i. *m.*
Xantippe (*nom de femme*), Xantipp e, *g.* es, *f.*
Xénophon, Xenoph on, *g.* ontis. *m.*
Xerxès, Xerx es, *g.* is. *m.*
Xyste, Xyst us, *g.* i. *m.*
Zacharie, Zachari as, *g.* æ. *m.*
Zaleuchus, Zaleuch us, *g.* i. *m.*
Zébédée, Zebedæ us, *g.* i. *m.*
Zélateurs, Zelator es, *g.* um. *pl. m.*
Zénon, Zen o, *g.* onis. *m.*
Zoïle, Zoïl us, *g.* i. *m.*
Zopire, Zopir us, *g.* i. *m.*

FIN DU TOME PREMIER.

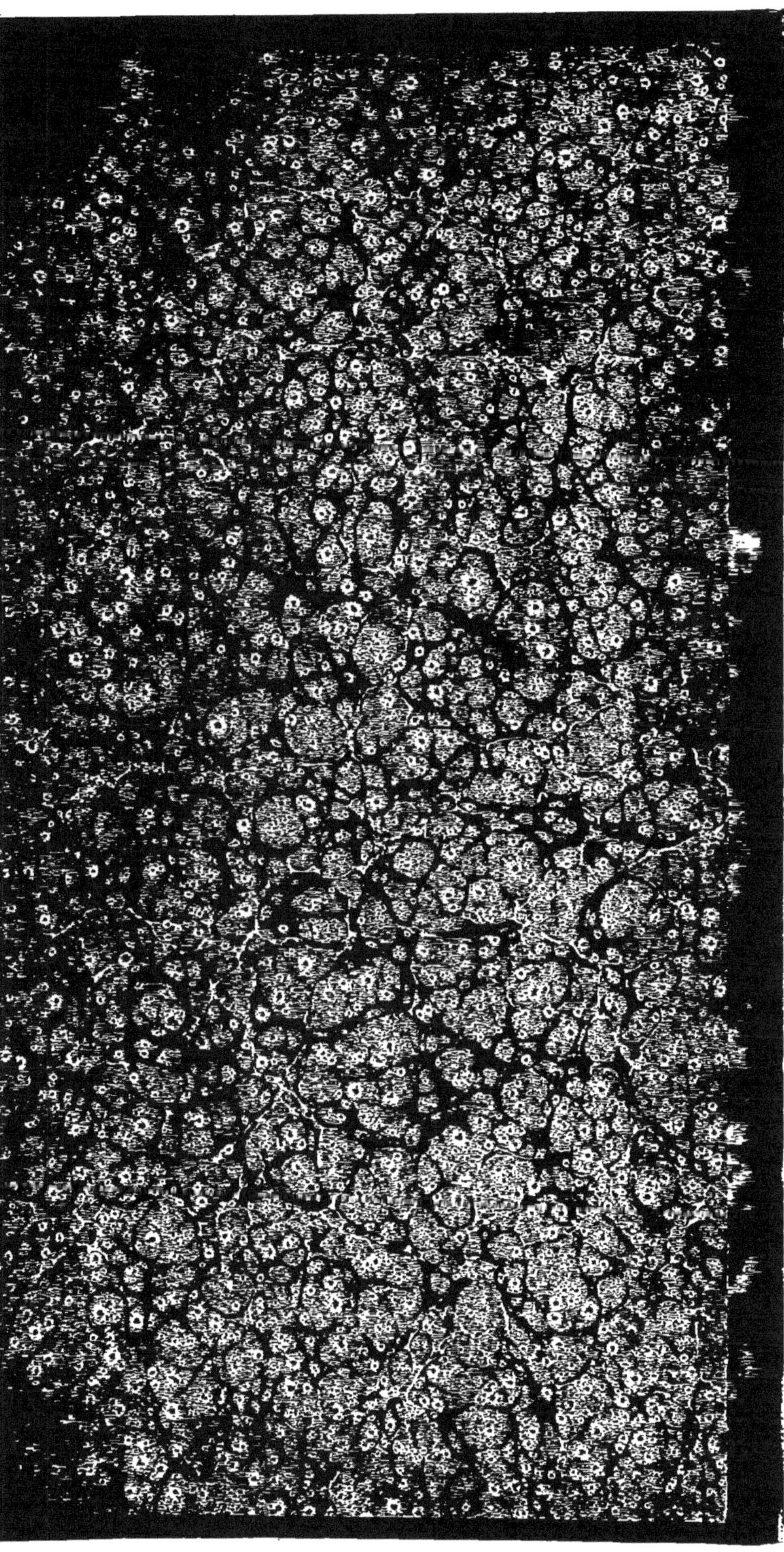

www.ingramcontent.com/pod-product-compliance
Lightning Source LLC
LaVergne TN
LVHW020558110826
845149LV00002B/302

9782019611040